교실 속에 들어간 따뜻한
부모준비교육

교실 속에 들어간 따뜻한

부모준비교육

채정현 · 박미정 · 김성교
유난숙 · 유미숙 · 김성희

(주)교 문 사

들어가는 말

자녀를 가진 사람들은 대부분 좋은 부모가 되는 것이 가장 어려운 일 중의 하나라고 생각할 것이다. 결혼하여 임신을 하고 아이를 낳았는데 어떤 모습으로 자녀를 키워야 할지, 어떻게 키워야 할지 그리고 그들에게 좋은 부모가 된다는 것은 어떤 것인지에 대한 준비를 하지 못해서 혼란스러워하고 있다. 그들은 '이럴 줄 알았으면 자녀를 낳기 전에 미리 준비를 하였으면 좋았을 텐데' 하고 후회도 할 것이다. 대학교 시절 어느 교수님께 들은 이야기가 기억난다. 연세가 지긋하신 여교수님께서는 태교를 하는 것은 아이가 뱃속에서 생길 때부터 하는 것이 아니라 아이를 갖기 20년 전부터 해야 한다고 말씀하셨다. 지금 생각하면 이 말씀은 자녀에게 좋은 부모란 전 인격적으로 성숙한 인성을 갖추어야 하는데 그 시간이 그만큼 오래 걸린다는 뜻일 것이다. 인격의 성숙은 교육의 최종 목표이기에 어떤 특정한 교과교육을 통해서 길러질 수는 없을 것이다.

하지만 학생들이 부모가 된다는 것의 의미는 무엇인지, 부모가 되기 전에 자신을 소중하게 여기는 것이 얼마나 중요한지, 자녀에게 줄 가장 소중한 선물이란 엄마, 아빠가 서로 사랑하며 사는 것이기에 배우자 선택이 얼마나 중요한지, 태아의 발달과정은 어떠하며 그 과정에서 무엇을 해야 할지, 부모-자녀와의 의사소통방법은 어때야 하는지, 자녀를 교육하는 것과 관련된 한국 사회의 문제가 무엇인지를 성찰하여 새로운 것을 깨닫고 미래 자녀를 만날 준비를 해야겠다는 결심을 하고 행동을 변화시킬 수 있는 교육을 한다면 좀 더 현실적인 태교가 될 것이다.

가정교육학을 전공하는 사람으로 가정과교육이 어떻게 하면 우리 사회에 기여할 것인지, 어떻게 하면 학생들에게 실제로 건강한 가정생활을 할 수 있도록 도와줄 것인지 오랫동안 고민해왔다. 고민 끝에 학생들에게 미리 부모가 되는 준비를 시켜서 실제적인 태교를 할 수 있게 하는 것이 어떨까 싶었다. 가정과교육은 가족, 가정, 가정생활을 대상으로 하기에 가정과교육이 가정과 사회에 기여하는 구체적인 방법으로 미래형 인재를 양육할 부모가 되는 준비를 할 수 있는 교육을 하는 것이 의미 있는 일이라 생각했다. 그 이유는 첫째, 한국은 물적 자원이 풍부하지 않은 나라이기에 인적 자원의 수준을 높이는 교육을 강화해야 한다. 인적 자원의 수준을 높이기 위해서 청소년들이 미래에 유능한 인재를 잘 양육해야 할 부모가 될 준비를 하게 하면 그들은 물론 그들의 자녀까지도 미래에 한국을 이끌 인재가 되어 우리 사회에 기여를 하게 될 것이다. 둘째로는 청소년이 미래 자녀를 만날 준비를 함으로써 현재 자신의 모습을 반성하고 그들의 현재 부모를 미래의 부모인 자신의 입장과 바꾸어서 생각하여 부모를 좀 더 이해할 것이기 때문이다.

이를 위해서 교사 위주의 이론 중심 수업보다는 학생들을 중심으로 그들 스스로 성숙한 부모가 되기 위한 전반적인 문제를 머리와 가슴으로 깨닫고 성찰하고 반성하고 새롭게 결심하고 계획하여 행동에 옮길 수 있는 수업이 효과적일 것이다. 특히 현재 중 · 고등학교 학생들인 'n세대(Net generation)'는 다른 사람에 의한 강요를 싫어하며 자신이 주인이 되어 자유로운 선택을 하는 것을 좋아하는 특징이 있기에 그들 스스로 동기 유발을 할 수 있는 수업을 할 필요가 있다. 이러한 수업은 잘 구조화가 되어야 하기에 교사 혼자서 수업안을 개발하고 시행하는 것은 무리가 있다. 이에 현장에서 오랜 경험을 가진 가정과교사들이 힘을 합하여 청소년을 대상으로 한 부모준비교육을 위한 프로그램을 개발하였다.

처음에 이 프로그램을 개발할 때는 가정과교사를 대상으로 중 · 고등학교 가정과수업의 일부분으로 사용할 것을 목적으로 하였는데 개발하고 보니 가정과교사가 아닌 타 교과교사라도 기본적으로 창의적 재량활동 시간에 활용할 수 있으며, '기술 · 가정', '가정과학', 기타 특기 · 적성 시간 및 방과 후 활동 시간에 활용할 수 있다. 대학생을 대상으로 하는 교양과목이나 더 나아가서 학교 외의 다양한 기관이나 단체에서도 청소년의 부모준비를 교육하는 시간에도 활용될 수 있으리라 본다.

이 책은 크게 2부로 나누어진다. 제1부에서는 청소년을 위한 부모준비교육의 이해, 제2부에서는 부모준비교육 프로그램을 제시하였다. 구체적으로 제1부에서는 부모준비교육 프로그램의 배경이 되는 개관적 설명과 이론을 중심으로 청소년을 위한 부모준비교육의 필요성, 실천과학으로서의 가정교육학 실천개념과 실천적 문제중심 교육과정 패러다임, 동기유발 수업에 대해서 소개하였다.

제2부는 수업시간에 활용할 수 있는 부모준비교육 프로그램의 실제 부분으로서 구체적으로 부모준비교육 프로그램의 의의, 목적, 특징, 활용방법, 구성을 소개한 후 학습주제 선정 배경 및 이유, 세부 프로그램 내용을 소개하였다. 그리고 차시별로 활용할 수 있는 교수학습과정안 및 학생용 학습자료와 교사용 참고자료를 제시하였다.

이 책의 내용은 학술진흥재단의 연구비 보조에 의해서 진행된 결과물이다. 연구비를 보조해 준 학술진흥재단에 감사하며 연구 주제 선정과 내용의 구상에서부터 책을 출간하는 모든 과정에 이르기까지 영감을 주시고 도움을 주신 하나님께 감사드린다. 이 책을 출간하도록 이끌어 주신 교문사 류제동 사장님, 양계성 부장님과 편집부 직원분들, 저작권 동의를 흔쾌히 해주신 여러 출판사 관계자 분들께 감사드린다. 그리고 책이 출간되는 처음부터 지금까지 모든 수고와 노력을 함께 나누고 격려와 위로를 아끼지 않은 사랑하는 가족들에게도 감사의 인사를 드린다.

이 책이 미래에 좋은 부모가 되기 위해 멋진 사춘기를 보내고 있을 청소년들에게 '너희는 좋은 부모가 될 수 있어' 라는 따뜻한 메시지를 전달할 수 있는 편지와도 같은 역할을 할 수 있다면, 그래서 그들의 삶이 변화되고 그들이 만드는 가정이 행복하고 웃음이 넘치는 작은 천국이 된다면 이보다 더 큰 보람은 없을 것이다. 그것이 바로 가정교육학을 전공하는 이들의 바람이자 가정교육의 희망찬 미래가 아닐까 생각한다.

2006년 7월

청람골에서 저자 일동

차 례

제2부 청소년을 위한 부모준비교육 프로그램

실천적 문제 I

미래형 인재를 키울 부모가 되기 위해서 나는 무엇을 준비해야 하는가?

T Teacher(교사용 자료) S Student(학습자료)

3 부모됨의 준비(4차시 수업)

1/4차시 좋은 부모 되기 • 122

2/4차시 배우자 선택 • 128

3/4차시 부모 역할 시도 • 135

4/4차시 미래의 가족 계획하기 • 142

실천적 문제 II
미래형 인재가 될 자녀를 잘 양육하기 위해서 나는 무엇을 해야 하는가?

T Teacher(교사용 자료) S Student(학습자료)

1 임신 및 출산 & 아동의 발달 단계에 따른 양육(4차시 수업)

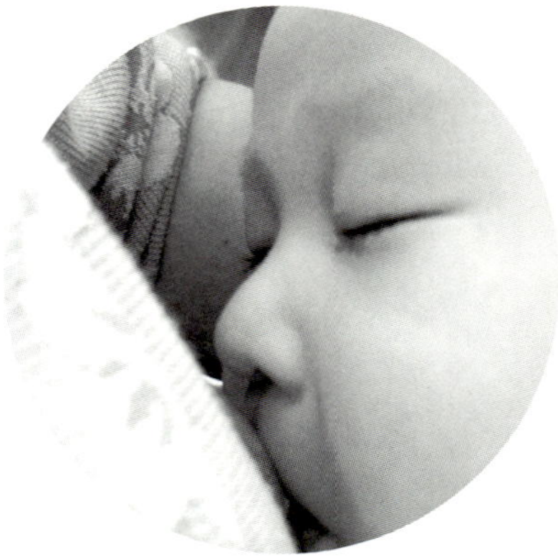

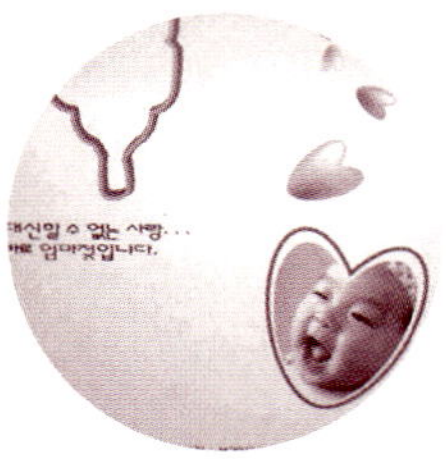

실천적 문제 III

미래형 인재가 될 자녀를 교육하는 것과 관련된 한국의 사회적 문제를 해결하기 위해서 나는 무엇을 해야 하는가?

T : Teacher(교사용 자료) S : Student(학습자료)

1 가족문제와 사회문제의 이해 & 미래형 인재 양육을 위한 부모됨(5차시 수업)

1부

청소년을 위한 부모준비교육에 대한 이해

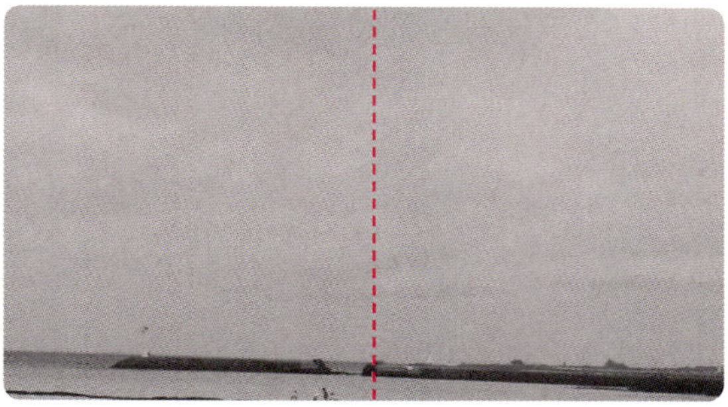

부모준비교육의 필요성

부모교육이란 부모의 자녀에 대한 이해와 지식을 증진시켜서 부모의 사고와 감정 그리고 양육행동의 습관적인 방법을 검토해 보고 동시에 자녀를 양육하는 새로운 방법을 습득하도록 도와주는 다양한 교육적 경험이라고 정의할 수 있다(윤기영 · 서지영, 2001). 실제로 부모교육은 치료적 입장의 부모교육과 예방적 입장의 부모교육 두 가지로 나누어 볼 수 있다. 전자는 이미 부모가 된 사람을 대상으로 실시하는 것이며, 후자는 아직 부모가 되지 않은 청소년들이나 미혼남녀 등을 대상으로 부모가 될 준비를 하게 하는 것이다. 따라서 부모 준비 교육이란 예방적 입장의 부모교육이라 할 수 있다. 이은화 등(1996)은 부모역할을 바람직하게 수행하기 위해서는 부모가 된다는 것이 무엇을 의미하는 지에 대한 명료한 개념화가 필요하며, 이는 청년기 이전에 형성되어야 한다고 주장한다. 이러한 입장에서 부모의 자질을 향상시키기 위해 부모 준비 교육이 필요하다는 사실이 많은 연구를 통해 강조되고 있다. 그들은 인간성장 발달의 과정에서 볼 때, 청년기는 청소년기보다 정서적으로 성숙하여 있고, 시기적으로도 결혼에 대한 기대도 높을 것으로 예상되기 때문에 효과적인 부모 준비 교육의 실시를 위하여 대학에서 부모 준비 교육에 관한 과목을 제공하고 이를 필수 과정으로 이수하게 하는 방안을 제안하였다.

하지만 좋은 부모가 된다는 것은 전인격적인 변화를 요구하기에 대학교에서는 물론 중 · 고등학교에서도 교육되어야 할 필요가 있다. 중 · 고등학교의 경우는 청소년의 98% 이상이 진학하기에 부모가 될 모든 국민을 대상으로 부모 준비 교육을 할 수 있다는 이점도 있을 것이다. 뿐만 아니라, 학교에서의 부모 준비 교육은 타 기관에서의 교육보다는 수업의 내용과 교수방법 면에서 학습자의 요구나 수업 목표에 적합하게 전문적으로 실행될 수 있다는 장점도 있다. 실제로 윤기영과 서지영(2001)은 사회 기관에서 행해진 부모교육 프로그램에서의 문제점으로 학습내용을 적합하게 전달할 수 있는 교육적 기능이 약하기에 이를 강화할 수 있는 방안이 마련되어야 할 것을 요구하고 있다.

현재 중등 현장에 적용중인 제 7차 교육과정에서 고등학교 2, 3학년에게 '가정과학' 은 선택과목으로 되어 있는데, 그 과목의 몇 가지 영역 가운데 부모 준비 교육을 위한 내용이 일부 포함되어 있다. 구체적으로 부모역할 준비, 임신과 출산, 자녀 돌보기, 어린이 질병과 응급사고 등이다. 하지만 현재의 교과서 내용은 아동을 양육하는 방법에 대한 단편적인 지식을 담은 내용으로 국한되어 있으며 고등학교 학생들이 학습하기에는 지식 위주의 전문적인 내용으로 이루어져 있어서 학습자의 의식을 일깨워 부모가 될 준비를 할 수 있도록 유도하지 못하고 있다. 하루 평균 28명의 아동들이 그들의 부모에 의해서 길거리에 버려지고 있으며 부모들이 자녀들을 장기간 방치하거나 학대하는 일들이 증가하고 있는 최근의 실정(연합뉴스, 2004)을 고려할 때 청소년들이 부모가 되기 전에 올바른 부모가 되는 준비를 할 수 있도록 돕는 것은 시급하다. 이에 부모가 된다는 것이 무엇이며, 왜 부모 준비 교육을 받아야 하는지, 성공적인 부모의 자질은 어떤 것이며, 청소년기부터 성숙한 부모가 되기 위해서 어떤 준비를 할 것인가를 이론이나 지식으로 알기보다는 의식하고 가슴으로 느끼고 이해하여 실제로 부모가 될 준비를 실천할 수 있도록 도와주는 내용의 프로그램을 개발할 필요가 있다.

이러한 프로그램을 개발할 때, 최근 시대의 특성은 무엇이며 이러한 시대에 따라 미래에 학생들과 학생들이 낳을 자녀들을 어떤 인재로 키워야 할 지, 이에 따라 교육은 어떻게 달라지고 있는 지를 파악할 필요가 있다. 이은화 등(2004)은 최근의 지식정보화 시대는 속도(speed)의 시대, 감성의 시대, 정보와 기술의 시대, 개성의 시대, 질(quality)의 시대, 가정 중심의 시대, 창조의 시대, 세계화 시대의 특성을 지니고 있다고 하였다. 그들은 이러한 시대에 따라 미래형 인재는 창의적 사고를 할 수 있는 사람, 자신의 모습을 인정하고, 자신의 가치를 알며, 자신의 일에 자긍심을 느끼는 사람(자신을 사랑할 수 있는 사람), 내적인 동기에 의해서 자발적으로 일할 수 있는 사람, 더불어 살아갈 수 있는 사람, 대화능력이 있는 사람(타인과의 감정과 사고 공유), 스트레스와 위기를 극복할 수 있는 사람의 특성을 지녀야 한다고 언급하였다.

이러한 특성을 지닌 미래형 인재를 양성하기 위해서 가정교육 분야에서도 변화의 바람이 불고 있다. 그러한 변화의 공통적인 것은 패러다임의 전환, 즉 대상과 교과의 방향을 바라보는 인식 틀의 전환을 꾀하여서 실천적 문제 중심의 교육과정 패러다임으로 변화하고 있다. 이 교육과정 패러다임은 21세기의 교육 패러다임의 맥과 일치한다. 구체적으로, 개인적인 차원에서는 사고의 유연성, 의사결정권의 확대, 모둠간의 협력을 통한 문제해결, 다국적 문화 이해와 융합력 등을 수용하고 있는데, 이를 위해 교사 중심에서 학습자 중심으로의 전환을 꾀하여 그들 스스로 배운 것을 실천할 수 있도록 구조화하고 있다.

가다머(Gadamer, 1988)는 '실천'의 개념을 헤겔의 변증법적 과정에서 시도되는 해석학적 이해를 통한 부정과 내적 자기반성의 역동성이라고 설명한다. 헤겔(Hegel, 1967)은 '실천'이란 단순히 외면으로 나타나는 행동의 변화만을 의미하는 것이 아니라 정신세계가 현실세계로 이해하는 과정이라고 하였다. 즉, 실천이란 인간의 정신세계를 깨어서 외부의 현실세계를 변화시키려는 힘을 의미한다고 하였다. 헤겔은 정신은 그 자체에 운동법칙이 있어서 기존에 아무 의심 없이 믿었던 믿음과 가치를 내적인 자기반성을 거쳐서 부정하고 새로운 가치를 비판하여 또 다른 가치를 창조하는 변증법적 과정으로 발전해나간다고 하였다. 가다머는 헤겔의 실천개념을 발전시켜서 '실천'이란 정신세계가 해석학적 방법을 통해서 이해되었을 때 나타나는 현실세계로의 이행이며 우리가 경험하고 믿었던 사실이나 믿음에 대한 부정, 다양한 사회와 문화를 개방된 언어를 통하여 이해하여 공동의 선을 추구하는 것으로 표출된다고 설명했다.

이에 학습자 중심의 새로운 교육 패러다임을 채택하고 가다머의 '해석학적 이해와 실천'을 할 수 있도록 부모 준비 교육을 할 필요가 있다. 다시 말하면, 학습자가 다양한 정보에 개방되어서 귀를 기울이고, 기존에 믿었던 사실이나 믿음에 대해서 부정하고 다르게 생각해보며, 공동의 선을 추구하여 더불어 살아갈 수 있는, 그들의 자녀를 미래형 인재로 양육할 수 있는 자질을 준비할 수 있도록 구조화한 부모 준비 교육을 개발할 필요가 있다. 하지만 아무리 부모 준비 교육 프로그램이 성공적으로 개발되었어도 학습자가 학습할 동기를 느끼지 못한다면 아무

소용이 없을 것이다. 이에 학습자의 흥미를 유발하고 자신감과 만족감을 느끼게 할 수 있는 '동기유발 전략을 사용한 교수학습 방법' 을 시행할 필요가 있다.

실천과학으로서의 가정교육학

일반 학자의 실천개념

실천이란 단어의 사전적 정의는 "감성 · 오성 · 이성(직관, 판단, 추론)이 매개되어 외계에 대한 행동이 조건에 대응해서 적절하게 나타나는 행위(yahoo 사전, 2006)"로 생명유기체가 일으키는 외적 자극에 대한 반응과는 대조를 이루는 개념이다. 이러한 실천은 고대, 중세, 근대, 현대에 이르면서 학자들에 따라서 약간씩 다르게 개념화되어 왔다(이학주, 1987).

고대 철학자인 아리스토텔레스는 실천이란 인간의 활동 중에서 특정한 활동만을 의미한다고 하였다. 그는 인간의 활동양식을 이론(theoria), 실천(praxis), 제작(poiesis)으로 나누어 정의하였다. 그에 의하면 이론은 '형상' 에 관계하는 일로서 그 형상의 세계를 관조하는 활동이나 지식이며, 실천은 이론적인 지식을 행위로 옮기는 일로 윤리적이거나 정치적인 행위이다. 또한 제작은 질료를 가지고 물건을 만들거나 예술작품을 창작하는 일이라고 정의했다.

중세의 철학자는 그리스 철학의 존재론과 인식론을 받아들여 이를 신학적으로 해석하는 과정에서 형식의 세계를 관조하는 이론과 질료의 세계를 다루는 실천으로 구분하여 아리스토텔레스가 정의한 실천의 개념을 제외시키고 실천을 제작과 동등하게 개념화하였다.

근대 철학자는 실천이란 지식의 실제적인 결과라고 정의하면서 참된 지식은 실제적으로 유용한 결과를 가져오는 지식이어야 한다고 주장하였다. 그들은 아리스토텔레스가 말한 '제작' 이 지식의 정수이며 자연에 관한 실제적인 지식이 곧 인간의 복지를 향상시켜 줄 것이라고 기대하였다. 칸트는 실천의 의미를 두 가지 측면에서 강조하였는데 하나는 이론의 적용으로서의 실천이며 다른 하나는 윤리적 행위로서의 실천으로 아리스토텔레스가 정의한 실천의 의미를 회복하였다.

현대 철학자인 헤겔에게 실천이란, 정신의 세계가 현실의 세계로 이행하는 과정이다. 그는 이론이란 실재(實在)의 정신적 표현을 의미하며 이론과 실천은 현실과 정신을 연결시키는 교량으로 표현하였다. 헤겔에게 실천이란, 단순히 정신이 실재에 옮겨지는 것만을 의미하지 않고 대상으로서의 실재의 세계에 변화를 가져오게 하는 것이다. 즉, 주어진 실재가 정신의 힘에 의해 그 의미를 달리하거나 아니면 그 역으로 실재가 정신의 변화를 초래하게 하는 변증법적 기제인 것이다(이학주, 1987). 헤겔 사상의 전체적 구조를 성립시킨 핵심 개념이 '정신' 이라면 마르크스의 그것은 '실천(praxis)' 이다. 마르크스가 사용한 실천의 의미는 세계의 변화와 창조를 향한 의식이며 의지이다. 반면에 하버마스는 실천의 의미를 '이해' , 참된 의미의 의사소통을 통한 행위로 간주한다.

가다머의 해석학적 이해와 실천 개념

게오르그 가다머(1988)는 실천개념이란 공동체의 과거 역사나 전통에 참여하여 공동체적인 이해와 합의를 의미함과 동시에 전통을 변형하여 새로운 세계로 나아가는 것을 의미한다고 정의하였다. 가다머는 이해의 의미를 경험의 두 가지 측면, 즉 '자연과학적인 방법론인 경험' 과 '해석학적인 경험' 으로 나누어서 설명하였다. 가다머는 참된 이해는 원저자의 경험을 그대로 재생하는 자연과학적인 방법에서의 체험에서가 아니라 오히려 실존하는 생활세계와 통합하는 해석학적인 체험에서 이루어진다고 하였다.

가다머의 '이해와 실천' 개념은 주로 아리스토텔레스, 헤겔 그리고 하이데거의 사상에 영향을 받았다. 구체적으로 아리스토텔레스의 실천지식, 헤겔의 반성적 철학의 변증법 그리고 하이데거의 세계 내 존재 개념에 토대를 두고 있다. 아리스토텔레스는 실천이란 항상 고정된 상태로 있는 규범적인 것이 아니고 삶의 타당성을 변호하기 위해서 계속적으로 변모하는 과정이라고 본다. 이러한 변모의 과정에서 이미 존재하는 것에 대한 반성이 요구된다. 존재하는 것에 대한 반성을 통한 변모의 과정은 개인 각자의 정체성에 대한 관심을 초월하여 공동체의 합의를 통해서 일어난다. 그 이유에 대해서 가다머는 실천의 특성을 인간의 노동과 언어 특성에 두고 있는데 이것들은 개인에게 속한 것이 아니라 공동체에 속한 것이기 때문이라고 한다.

헤겔의 반성적 철학은 역사의 경험에 대한 변증법적 부정성과 내적 자의식에 대한 반성에 기반을 두고 있다. 가다머는 헤겔의 '타자화의 경험' 및 '자의식의 반성' 이라는 입장을 수용하고 있으며 경험이란 개방되어 있는 미완성의 변증법적 과정이라고 생각한다. 하이데거는 정신을 세계-내-존재(being-in-the world)라는 이해구조에 관련시킨다. 가다머의 실천개념은 하이데거의 이러한 이해 개념에 뿌리를 두고 있다. 하이데거는 이해를 객관적으로 설명할 수 없는 것으로 보고 이해의 역사성에 '참여' 하는 것이라고 파악한다. 뿐만 아니라 하이데거의 이해 개념은 자신이 실존하고 있는 생활 세계의 맥락 내에서 자신의 존재 가능성을 파악할 수 있는 능력이다. 따라서 이러한 이해를 위해서 인간은 현재의 자리에서 현존재가 창조하지 않은 과거의 전통에 참여하고 현존재의 통제능력이 미치지 않는 미래를 포괄해야 한다고 주장한다.

요약하면, 가다머의 실천 개념은 현재의 맥락에서 전통에 참여하여 미래에 개방되어 공동체 속에서 연대성을 형성하는 합의의 상태인 동시에 전통을 변형하여 새로운 세계로 나아가는 것을 의미한다. 이러한 가다머의 실천 개념을 교육에 비추어 보면, 교육자는 학습자가 체험한 기존 구조나 인식 수준이 불완전한 것임을 깨닫고 보다 나은 이해와 인식의 차원으로 거듭 향상하고 쇄신하며 재형성할 수 있도록 학습자를 변화시켜야 한다. 이 과정에서 교사와 학생 그리고 학생과 학생은 진정으로 이해하기 위해서 서로를 살아있는 인격체로 보고, 서로의 주장을 경청하고 그들의 경험에 비추어 자신의 경험을 반성하고 성찰할 것이 요구된다.

위의 글을 종합하면, '실천' 은 고대에서 현대에 이르기까지 학자에 따라서 다양하게 정의되었다. 고대에는 이론적 지식을 행위로 옮기는 선한 행위로, 근대에는 물건을 만드는 제작의 의미, 육체적 생산 활동으로, 현대에서는 이론과 별개의 것이 아닌 이론을 숙고하고 과거의 경험을 부정하고 반성하는 정신 작용을 통하여 나타난 행위이며 현재의 공동체를 보다 발전적으로 변화시키는 고등사고 과정의 결과로 사용되었다. 그리고 이러한 사고 과정에서 해석학적 이해와 부정, 비판과 개방, 창조의 노력이 요구된다.

따라서 가정교육학에서는 실천의 의미를 제작이나 지식의 적용을 통한 실제적 결과로만 볼 것이 아니라 자유롭고 정의로운 가정과 사회를 만들기 위한 강한 의식과 의지를 지닌 행위 그리고 참된 이해를 통해서 타인과 사회를 위해서 행하는 선한 행위로 그 개념의 지평을 넓힐 필요가 있다. 이런 의미에서 실천과학인

가정교육학은 교육을 통해서 가정의 일원인 가족의 의식을 강건하게 성숙시켜 사회를 자유롭고 정의로운 방향으로 변화시켜야할 사명이 있다.

실천적 문제 중심 교육과정 패러다임

가정과교육에서 중요하다고 생각하는 관점은 역사적으로도 달랐고 동시대인이라 할지라도 다르다. 교육과정 관점은 교육과정의 목표, 내용, 조직에 대한 사고방식을 의미하며 이는 교육과정 시행, 특히 교수행동에 영향을 미치는 교사의 교육에 관한 철학적 믿음이다. 그러므로 어떠한 교육과정 관점을 갖느냐에 따라서 교육과정의 목표, 내용, 수업방식, 평가 등이 달라진다. 브라운은 가정과교육과정의 관점을 기술적 관점, 자아실현(실존적) 관점, 실천적 문제 중심(비판적) 관점으로 나누어서 각각의 관점이 가정과교육에서 무엇을 중요하게 여기며 학습자, 사회, 교과내용과 지식, 교육목적 그리고 교수방법에 대해서 어떻게 달리 생각하고 있는지를 비교 · 분석하였다.

기술적 교육과정 관점은 실용주의나 실증주의 사상에 바탕을 두고 실증성과 논리성에 의해서 확보된 과학적 지식을 사회에 적용할 수 있도록 효율적으로 전달하는 것을 중요시한다. 따라서 의도된 목표의 달성을 위해 지식을 선정하고 미리 계획하여 학생들에게 경험시킬 수 있는 교육과정을 설계한다. 이 관점에서 학교는 그 사회의 문화를 다음 세대에 전수하고 계승시키는 중요 기관으로서, 사회 유지에 필요한 지식과 기능들을 효율적으로 학생들에게 전달하고 교육할 책임을 갖는다.

자아실현(실존적) 교육과정 관점은 실존주의 사상에 기초하여 미리 마련된 경험의 목록이 아닌 교육 속에서 개인이 갖는 실존적 경험을 중요시한다. 따라서 이 교육과정 관점에서는 학생들이 자신을 돌이켜 성찰하고 그 의미를 파헤쳐, 그로부터 현재와 미래의 조망을 갖게 함으로써 진정한 자아를 확립해 갈 수 있는 교육과정을 설계한다. 이 교육과정 관점은 가치의 원천은 개인에게 있으며, 개인은 그 자체가 가치 있는 존재로서 스스로 가치를 창조하고 의미 짓는다고 믿는다.

실천적 문제 중심(비판적) 교육과정 관점은 실천적 문제를 중심으로 자신과 타인, 더 나아가서 사회를 위해서 선한 행동(실천)을 할 수 있도록 사고(추론)하는 과정을 강조한다. 이 관점은 비판주의 사상에 기초를 두어 비판적 교육과정과도 맥이 통한다. 또한 실존적 관점의 한계가 개인의 실존에만 관심을 둔 것을 비판하여 진정한 개인의 실존적 해방이란 불평등이 없는 정의로운 사회에서 가능하다고 믿기에 올바른 지식의 배분을 통하여 사회적, 경제적 불평등의 관계를 개선하고 궁극적으로는 사회 정의를 구현해 갈 수 있는 가능성을 중요시한다.

표 1-1은 브라운(1978)이 가정과교육과정의 각 관점에 따라 사회, 학습자, 지식, 교육목표, 교수방법에 대해서 어떻게 생각하는 지를 비교 · 분석한 것이다.

미국 동부지역에서는 1980년대 이후에 가정과교육의 방향을 학습자 중심의 실천적 문제 중심의 패러다임으로 전환하여 이 교육과정을 개발하고 실행하여 왔다. 실천적 문제 중심의 교육과정은 실천이란 단어가 들어감으로써 '선한 행동을 위한 사고' 를 할 수 있도록 안내한다는 점에서 독특하다. 이때 선한 행동은

표 1-1 가정과교육과정의 관점에 따른 다양한 사고

구 분	기술적 관점	자아실현(실존적) 관점	실천적 문제 중심(비판적) 관점
사상	실용 · 실증주의	실존주의	비판주의
사회	사회와 문화는 절대적으로 받아들여지고 보호되어야 한다.	사회와 문화는 개인화를 방해하므로 거부되어야 한다.	사회와 문화는 인간에 의해 창조되고 발달되어야 한다.
학습자	학습자는 사회가 요구하는 지식과 기술을 전수 받아야 한다.	학습자는 자신의 독특한 잠재성을 개발시킬 수 있는 피지 않은 꽃과 같은 존재이다.	학습자는 환경과의 상호작용 속에서 독립적으로 비판하고, 창조적으로 사고하며, 도덕적으로 책임을 져야 하는 존재이다.
지식	지식은 이전 학자들의 연구에 의해 축적된 정보에 따라 전개되어야 한다.	지식은 각 학자의 필요에 따라 선택되어야 한다.	지식은 알아야 할 것(내용)과 알아가야 하는 방법(과정)에 따라 전개되어야 한다.
교육목표	교육목표는 사회에서 요구하는 지식과 기술을 숙달시키는 것이어야 한다.	교육목표는 개인의 잠재력을 개발하고 자신의 존재의미를 발견하게 하는 것이어야 한다.	교육목표는 비판적으로 사고하고 문제를 해결하는 방법을 길러 실천할 수 있는 능력을 기르게 하는 것이어야 한다.
교수방법	교수방법은 교사가 미리 결정한 내용이 설명식으로 이루어져야 한다.	교수방법은 교사의 지시가 없는 자유방임 방식으로 이루어져야 한다.	교수방법은 학생들의 정신적인 성숙을 위하여 교과내용을 비판적으로 분석하며 문제를 해결하는 과정 중에 민주주의적인 방법으로 이루어져야 한다.

자료 : Brown, M.M(1978). Home economics: A definition. AHEA.

상황적 맥락이나 서로에 대한 이해와 존중을 전제로 한다.

미국에서 가정과교육의 방향을 실천적 문제 중심의 교육과정 패러다임으로 전환한 이유는 다음과 같다.

첫째, 위험에 처해있는 학생의 수가 증가하고 있다. 미국에서 한 해에 임신하는 십 대의 수가 백 만 명이 넘는다. 미국의 64개 주에서 청소년의 죽음 중 자살이 두 번째 원인이고 가장 큰 사망원인은 에이즈다. 미국 가정학회의 조사에 의하면 고등학교 3학년 학생의 53%가 마약을 복용한 경험이 있고, 46%가 정기적으로 술을 함께 먹는 친구를 가지고 있다.

둘째, 가족은 더욱 심한 스트레스를 받고 있다. 미국 법무성의 보고에 의하면 일 년에 평균 456,000건의 가족 폭력의 사례가 보고되고 있다. 지난 10년 동안 아동학대는 300% 증가되었다. 반 이상의 아이들은 그들이 18세가 되기 전에 편모나 편부 슬하에서 살 것이 예상된다.

셋째, 미국 교육 개혁안은 교육의 혁명을 꾀하고 있다. 다시 말하면, 전 국민으로 하여금 그들의 지식을 생활에 적용하고 실행하여 행동할 수 있게 이끌어 주도록 하고 있다. 즉, 논리적이고 이성적인 사고력을 기르는 데 중심을 두었다.

넷째, 정보화 시대에서 살아가기에 새로운 기술이 요구된다. 정보는 놀라울 만큼 증가하고 있다. 다량의 중요한 정보를 모두 아는 것은 불가능하다. 새로운 정보가 계속 옛 정보를 대신한다. 오늘날 정보의 85%가 다음 이십 년 후에는 쓸모없는 지식으로 변할 것이 예상되고 있다.

마지막으로, 사회의 변화는 일과 가족생활의 새로운 관계를 요구한다. 1960년대 이래로 다섯 살 이하의 어린이를 가진 어머니의 수가 15%에서 60%로 증가하였다. 두 부모가 있는 가정에서 거의 80%가 맞벌이 부부이다. 가족과 직장에서 책임을 다하는 것이 미국 가족이 직면한 가장 도전적인 임무 중의 하나이다 (Ohio Department of Education, 1993).

실천적 문제 중심의 패러다임은 학습을 전개하는 과정에서 기존의 패러다임과 차이가 난다. 기존의 패러다임에서는 학습을 전개하는 과정에서 특정 이론이나 명제를 제시한 뒤 그것에 대한 구체적인 예나 연습으로서 문제를 풀어나갔다. 그러나 실천적 문제 중심의 패러다임에서는 먼저 문제를 제시하거나 정의하고 자신의 지식과 경험을 출발점으로 하여 문제를 해결한다. 기존의 패러다임에서는 경험의 단계가 생략되고 '일반화/객관화' 의 단계에서부터 학습이 시작되기 때문에 학습자 자신의 개인적 의미와 관련 있는 주제보다도 교육과정 개발자나 교사에게 의미 있고 관심 있는 주제를 선정한다. 반면 실천적 문제 중심의 패러다임은 학습자의 경험을 강조하고 학습자의 동기 및 의미를 살려서 자아성찰과 토의를 통해 지식을 객관화/일반화 해나가며 그 과정에서 자신은 물론 타인과 사회를 위해서 선한 행동인가에 대한 판단을 하게 한다. 이렇게 객관화/일반화한 지식과 기술은 학습자에게 의미 있는 관련을 갖기에 실제 유사한 상황에서의 문제를 만났을 때 적용할 수 있다.

바르트(Barthes)는 학습의 유형을 '플레시(Plaisir)' 적인 것과 '쥬이상스(Jouissance)' 적인 것으로 대별하여 설명하였다. 플레시적인 학습은 직관적으로 경험하는 배움으로 문자를 해독하는 지식 획득, 예측하지 못했던 새로운 상황으로의 반전, 모르던 것을 새롭게 이해하기, 읽는 가운데 맛보는 '아하' 의 감탄 느낌을 주는 학습이다. 반면, 쥬이상스적인 학습은 단순하게 기대하고 믿어왔던 고정된 의미를 가차 없이 바꾸어 놓는 학습이다. 쥬이상스적인 학습은 대부분의 저자들이 '이건 이렇고 저건 저런 것이니 이것이 정말로 진리이다' 라는 식으로 사태의 본질을 규정해 주는 것에 대해 '아하 그렇구나' 라고 이해하기보다 이를 새롭게 해석하여 때로는 그 의미의 반전(反轉)을 꾀하는 학습이다. 바르트는 학습에 있어서 진정한 즐거움은 쥬이상스적인 것이며 쥬이상스적인 학습이야말로 학습의 본질이라고 언급하였다(한준상, 2003, 재인용).

이런 의미에서 실천적 문제 중심의 새로운 패러다임에서 의미하는 실천 개념은 쥬이상스적인 학습의 유형과 통한다고 볼 수 있다.

동기유발 수업

학습자의 동기는 지적 특성과 더불어 수업효과를 결정짓는 중요한 요인 중의 하나이다. 동기는 인간행동을 일으키는 근원적인 힘으로 간단히 정의 될 수도 있지만, 실제 수업 상황에서 학습자들의 동기는 표출되는 양식과 형태에 있어서 복잡하고 다양하게 나타난다. 교사들은 이러한 학습자의 동기를 다루는 일을 어려워하는 경향이 있으며, 흔히 자신들이 학습자의 동기를 통제할 수 없다고 말한다. 이것은 사실일 수도 있지만 지나치게 단순한 생각이다. 왜냐하면 교사들이 학습동기를 통제할 수는 없지만 학습동기에 영향을 줄 수는 있기 때문이다(켈러 · 송상호, 2001). 오수벨(Ausubel)은 "동기와 학습의 관계는 일방적인 것이 아니라 상호 밀접한 관계를 맺고 있으며, 학습동기가 자발적으로 유발될 때까지 학습활동을 연기할 필요는 없으며, 오히려 학습을 통한 만족감에서 학습하려는 동기를 유발할 수 있도록 학생들의 지적 활동을 자극하고 촉진시켜줄 수 있는 수업 접근이 중요하다"고 강조하고 있다(박성익, 1990).

이러한 동기와 학습의 관계를 기초로 하여 여기에서는 학습동기의 개념을 살펴본 뒤에 학습동기 이론 및 동기유발 전략에 대해서 살펴보고자 한다.

학습동기 개념

동기(motivation)란 어떤 목표를 지향하는 행동을 일으키고 방향을 잡아주고 유지하는 힘의 총합으로써 움직인다는 의미의 라틴어 모웨레(movere)에서 유래되었으며 인간의 행동을 일으키는 근원적인 힘으로 이해되고 있다(김정원, 1995). 이와 같은 동기는 행동을 활성화하는 작용을 하고, 산만한 상태에서 목표 지향적 행동까지의 광범위한 상태를 포함하며, 학습을 촉진하는 작용을 한다는 특징이 있다.

동기가 행동에 미치는 기능은 발생적 기능, 방향적 기능, 강화적 기능의 3가지 측면에서 살펴볼 수 있다(김정원, 1995). 발생적 기능은 행동을 하도록 자극을 시키는 행동의 출발점 혹은 시발적 기능으로 이해될 수 있으며, 방향적 기능은 일정한 목표를 향해 행동을 하도록 하는 기능을 말한다. 강화적 기능은 동기가 행동의 원동력이 되어 행동을 강화시키는 것으로 칭찬이나 질책과 같은 외부적 상황이 특정한 행동을 수행하도록 유도한다. 이러한 동기의 세 가지 기능은 동기를 연구하는 심리학자들이 학교 학습과 관련하여 초점을 두어 왔던 세 가지 기본적인 질문, 즉 '학습자로 하여금 어떤 행동을 시작하도록 이끄는 것이 무엇인가? 어떤 특정의 목표를 향해 나아가도록 이끄는 것이 무엇인가? 그 목표의 도달을 위해 꾸준히 나아가도록 이끄는 것이 무엇인가?' 등의 일반적인 질문에 대한 설명이 된다.

인간에게 작용하는 많은 동기 중에서 교수 · 학습 상황에서 학습자의 행동 범주를 학습에 적용하여 학습자의 행동을 이끌어 주는 동기를 학습동기라고 한다면, 학습동기는 학습자로 하여금 특정 학습의 준비 또는 일련의 학습을 지속시키도록 하는 내적 · 외적 조건이라고 할 수 있다. 학습동기에 대해 울펵(Woolfolk)은 학습활동을 가치 있는 것으로 여겨 열심히 하려는 경향이라고 정의하였으며, 브로피(Brophy)는 학습활동을 의미 있고 가치 있는 것으로 인식하여 의도한 학습목표를 성취하려는 경향으로 정의하였다(신우엽, 2000). 최병연(2002)은 학습동기란 배우는 것을 가치 있게 생각하고 배우기 위해 최선을 다하려는 성향이라고 정의하였다. 이처럼 학습동기는 특정 과제를 학습하려 하는 추진 경향이라고 할 수 있으나, 단순하게 학습활동을 마친다거나 또는 기본적으로 요구되는 최저 학업성취수준을 달성하는 것이 아니라 학구적 학습 행위를 수행하거나 유발시키는데 도움이 되는 지식이나 기능을 획득시키는 동인을 의미한다(박성익, 1990)고 할 수 있다.

한편, 학습동기의 범주를 외재적 동기와 내재적 동기로 구분해 보면, 먼저 외재적 동기(extrinsic motivation)는 학습자가 외부로부터 받을 수 있는 강화자로서의 동기를 의미하며, 행동주의적 관점에서의 성적이 우수한 학생에게 상장을 주거나 심부름을 했을 때 용돈을 주는 것과 같은 경우이다. 이때 학습자는 활동 그 자체보다 결과에만 관심을 기울이게 되어, 외재적 동기는 학습자의 내적인 면에 긍정적인 영향을 주지만 대체로 학습자 내부의 동기를 감소시키거나, 학습자에게 낮은 자기 인식을 형성시킬 수 있다는 비판을 받기도 한다.

내재적 동기(instrinsic motivation)는 학습자가 본질적으로 가지고 있는 동기로서, 학습자의 흥미나 호기심과 같은 스스로의 욕구에 대한 반응을 의미한다. 학습자가 내재적으로 동기화 되었을 때에는 일을 하도록 어떤 유인이나 벌을 필요로 하지 않는다. 왜냐하면 활동 그 자체가 보상적이기 때문이다.

많은 연구자들은 내재적 동기가 외재적 동기보다 학습을 위해 좀 더 중요한 구인이라는 점에 동의한다. 즉, 보다 나은 학습결과를 위해서는 내재적 동기가 유발되도록 해야 한다는 것이다. 경우에 따라서는 외재적 동기와 내재적 동기가 혼합되어 나타날 수도 있으며, 이 두 가지가 서로 갈등관계에 있을 수도 있다. 수업 목적에 따라 어느 것이 더 강조되어야 할지도 달라질 수 있는 것이다(켈러 · 송상호, 2001). 이러한 학습동기는 학습자의 학습과 관련하여 불안, 기대수준, 자아개념과 같은 동기 요소에 의하여 영향을 받으며, 흥미와 호기심 자극, 학습 목표의 확인, 상과 벌의 이용, 교사의 열정과 자극, 경쟁과 협동의 적절한 사용, 교사의 적극적인 조력 등의 변인을 통해 학습자의 학습동기를 증진시킬 수 있는데(이장춘, 1998), 어떤 요소나 변인들을 중요시하느냐에 따라 여러 가지 이론들이 있다.

학습동기이론

학습동기의 문제는 학습 심리학의 주요 연구 영역으로 다루어져 왔으며, 동기의 다양한 측면들을 설명하는 많은 개념들과 이론들이 있다 그러나 각 이론들은 동기의 다른 측면을 설명하거나 행동의 다른 원인에 초점을 맞추고 있기 때문에 양립될 수 있으며 따라서 한가지의 이론만으로 모든 것을 설명할 수 없다고 할 수 있다(전성연 · 최병연, 1999).

학습동기에 대한 심리학적 이론은 많으나 여기에서는 강화이론, 귀인이론, 사회인지이론, 욕구위계이론을 중심으로 고찰해보고자 한다.

강화이론(Reinforcement theory)

강화이론은 동기를 전적으로 관찰 가능한 행동의 관점에서 개념화한 것으로 인간 행동은 외부의 자극에 의해 야기될 수 있다고 가정한다. 또한 교사의 칭찬이나 보상이 학생으로 하여금 학습에 매력을 느끼도록 하여 학업에 전력함은 물론 그 결과 학업성취가 개선된다는 이론(이달석, 1997)으로서 오랫동안 일관된 강화를 받아온 행동은 더 강한 반응을 나타내고 그렇지 못한 것은 약한 반응이 나타난다고 보고 외적 강화에 강조를 두었다. 여기서 동기는 강화에 의해서 형성된 자극에 대한 계속적인 행동적 반응을 말하며, 학습에 대한 보상으로 높은 점수나 상을 주는 것 등으로 학생들을 동기 유발시킬 수 있다고 본다(이수영, 2001). 스키너(Skinner)는 행동의 발생 확률을 증가시킨 결과를 정적 강화인자로, 행동의 발생 확률을 감소시킨 결과를 벌로 정의한다. 부적 강화 인자는 어떤 것을 제거하거나 강도를 약화시킴으로써 행동의 발생 확률을 증가시키는 결과를 말하며, 강화이론가들은 이런 강화 원리를 학교 현장에서 이용해 행동을 수정하려는 시도를 해 왔다(전성연 · 최병연, 1999).

강화이론과 같은 행동주의 관점에서 본 동기유발 전략으로는 흥미와 호기심의 자극, 상과 벌의 사용, 교사의 열정과 자극 및 적극적인 조력 등을 들 수 있으며, 이것은 동기유발(ARCS) 전략의 요소 중 주의집중, 관련성, 자신감, 만족감 증대를 위한 방법들을 시사하고 있다고 할 수 있다.

귀인이론(Attribution theory)

인간을 능동적이고 적극적으로 사고하는 이성적인 존재로 보는 인지주의이론은 행동주의적 관점에 대한 반발로부터 발전되었다. 인지적 접근의 중심 가정 중의 하나는 인간의 행동은 단순히 과거의 외적 강화에 의해 결정되는 것이 아니라 인간의 사고에 따라 반응한다는 것이다. 이러한 인지적 관점에 바탕을 둔 와이너(Weiner)의 귀인이론은 어떤 일의 성공이나 실패에 대하여 자신의 행동에 대한 원인을 귀속시키는 경향성에 대한 이론이다. 즉, 학습자들이 학습결과의 성공과 실패의 원인을 무엇으로 지각하느냐에 따라 학습동기 및 학습에 대한 기대가 좌우된다고 본다. 이 이론은 실패와 성공의 원인에 관한 학생 자신의 지각을 강조함으로써 학습동기의 유발에 학생 자신의 능동적 책임을 중요시한다. 귀인이론에서의 동기는 행위에 있어서 학생의 인지적 과정과 원인에 중점을 둔 것으로 성공과 실패의 원인을 주로 능력, 노력, 학습과제의 난이도, 운(재수)으로 설명하고 있다(이달석, 1997).

동기에 대한 귀인이론이 학교 교육에 시사하는 바는 학생들이 학교 학습에서의 성공과 실패를 자신의 능력, 운 또는 타인과 같이 자신들이 통제할 수 없는 힘에 귀인 시킬 때보다 자신들의 노력 또는 노력 부족으로 귀인 시킬 때 학습하고자 하는 동기가 더욱 증진될 것이라는 점이다. 따라서 성공은 자신의 노력의 결과이며, 실패는 노력의 부족 때문이라고 지각한다면 학습동기는 계속 유지 · 증진될 것으로 본다.

이처럼 인지주의 관점에서의 동기유발 전략은 성취동기의 육성이나 불안의 조절을 들 수 있으며 동기유발(ARCS) 전략 중 특히 자신감 수립을 위한 방법들을 제시하고 있다.

사회인지이론(Social cognitive theory)

사회인지이론은 동기에 대한 행동주의 접근과 인지주의 접근을 통합한 것으로 반두라(Bandura)가 엄격한 강화이론에 대한 대안으로 제안했으며, 학습자의 능력과 스스로 방향을 지으려는 경향, 그에 영향을 미치는 사회적 요인의 중요성을 강조한다. 즉, 사회인지이론가들은 강화와 벌과 같은 개인적 경험이 실제 행동에 항상 영향을 미치지는 않으며, 사람들은 물질적 보상보다는 일을 통해 얻을 수 있는 자아 존중감과 자기만족을 가치 있게 여긴다고 주장한다. 따라서 사회인지이론은 자기 효능감에 초점을 맞추고 있다. 또한 사회인지적 동기는 학습동기, 학습목표와 학습사태에서 개인의 기대와 관련이 있다고 봄으로써 사람은 어떤 행동을 할 때 목표를 설정하고 그 목표를 달성할 수 있으리라고 믿는 방향으로 행동한다는 것이 사회인지적 동기이론의 기본 전제이다. 현재의 수행 정도를 설정한 목표와 견주어 보고 얼마나 진전되고 있는지를 알면 학습자는 자신의 숙달에 대한 자기 효능감을 체험하게 된다. 따라서 학습동기는 학습자 자신이 어떤 행동을 함으로써 소망한 성과를 달성할 것이라는 신념과 자신이 목적달성 행동을 할 수 있거나 그러한 행동을 학습할 수 있다는 신념에 의해 좌우된다는 것이다. 여기에서 타인과의 사회적 비교가 성과 기대와 효능감 기대를 형성하는 중요한 정보의 원천이 된다(이달석, 1997).

사회인지이론 관점에서의 동기유발 전략은 긍정적 자아개념의 확립, 기대수준의 조절, 학습목표의 확인 등을 들 수 있으며, 동기유발(ARCS) 전략 중 특히 자신감 수립 부문과 만족감 증대 부문에서 여러 가지 방법들을 제시하고 있다.

욕구위계이론(Need hierarchy theory)

인간 행동의 기본적 동인으로 외부적 요인에 초점을 맞추고 있던 행동주의적 관점과 인간 행동의 무의식적인 욕구와 내부의 본능에 초점을 맞추고 있던 정신분석학적 관점에 대한 반동으로 개인의 지각과 내부의 욕구에 대한 반응에 초점을 맞춘 인본주의적 관점이 대두되었는데 이러한 인본주의적 접근의 대표적인 이론으로 매슬로우(Maslow)의 욕구위계이론을 들 수 있다.

매슬로우는 인간욕구에 대해 가장 우선적이고 기본적인 생리적 욕구에서부터 자아실현욕구를 포함하는 욕구위계를 제시하면서 모든 사람이 자아실현을 위해 노력한다고 주장했다. 우선 하위욕구(생존, 안전, 소속, 자존)들이 충족됨으로써 상위욕구(지적 성취, 심미적 감상, 자아실현)를 자유롭게 추구하게 되고 궁극적으로 자아실현에까지 이르게 된다고 결론지었다. 이처럼 욕구위계이론은 인간의 욕구가 위계적으로 작용한다고 주장하며, 이러한 욕구들이 충족되지 않으면 그것을 충족하기 위해 동기가 증진된다고 하였다. 또한 욕구가 충족되면 인간의 동기는 멈추는 것이 아니라 오히려 더 많은 충족을 위해 동기가 증진된다고 하였다(정종진, 1996). 다시 말하면 알고 이해하고자 하는 노력이 성공하면 할수록 더욱 더 깊이 알고 이해하기 위해 열심히 노력하게 된다는 것이다.

욕구위계이론은 교과학습활동에 있어 학생 행동을 이해하고 지도하는 데 도움이 된다. 학습현장에서 학습자들의 자아실현욕구가 실현될 때 학습활동은 활기차게 되는데, 학습자들이 학습태도가 바람직하지 못할 때 그것 자체를 책망하기보다는 하위욕구 중 혹시 결핍된 욕구가 없는 지 원인을 찾아보는 것이 학생과의 관계에서 상호이해와 신뢰를 증진시킬 수 있으며 보다 좋은 지도방안을 찾는 계기가 될 것이다.

욕구위계이론과 같은 인본주의적 관점에서의 동기유발 전략으로는 질문과 부분 해답의 제시, 경쟁과 협동의 적절한 사용 등을 들 수 있는데 ARCS 동기 유발 전략 중 관련성, 주의집중, 자신감, 만족감 증대를 위한 전략을 제시하고 있다.

켈러의 ARCS(Attention, Relevance, Confidence, Satisfaction) 동기이론

켈러(Keller, 1983)는 많은 동기이론과 개념들에서 인간의 동기에 대한 특성들을 말하고 있으나 각각의 이론들이 동기에 대한 다양한 개념들을 포괄적으로 설명할 수 없음을 지적하고 학습에 관한 여러 관점들을 학습동기, 학업수행 및 교수의 영향에 관한 이론들과 통합하여 학습 결과 변인인 매력성에 초점을 두고 보다 효과적이고 효율적인 수업설계와의 접목을 시도하였다. ARCS 동기이론은 동기에 대한 연구를 종합적으로 다루고 있으며, 학습동기를 유발하고 지속시키기 위한 구체적이고 처방적인 전략을 체계적인 설계과정을 통해 대상 수업에 통합적으로 나타나도록 하는 문제해결 접근을 강조하고 있다. 학습자의 학습동기를 자극, 유지하고, 수업에서 동기유발 전략을 설계하는 방법을 도와주기 위한 학습동기 구성요소를 주의집중(Attention), 관련성(Relevance), 자신감(Confidence),

만족감(Satisfaction)의 네 가지 요소로 제시하였다(켈러와 송상호, 2001).

ARCS 이론에서의 학습동기

ARCS 이론에서의 학습동기는 주의집중, 관련성, 자신감 그리고 만족감이라는 측면에서 설명되는 학습행동의 방향과 세기라고 정의될 수 있다. 이는 첫째, 교사가 처방으로 인한 변화를 실제적으로 관찰할 수 있도록 정의된 학습동기, 둘째, 다른 교사나 수업 설계자가 서로 쉽게 이해할 수 있도록 정의된 학습동기, 셋째, 교사들의 학습동기에 대한 조작적 처치를 가능하게 도와주는 학습동기의 개념을 의미한다. 이러한 세 가지 개념의 준거는 학습동기를 관찰 가능한 세기와 방향으로 개념화함으로써 수업설계자로 하여금 외부로 드러난 변화를 파악할 수 있도록 하며, 동기라는 추상적인 개념 안에 존재하는 내재적, 외재적 요인에 대한 복잡한 논의를 필요 없게 한다. 다만, 학습동기는 특성과 상태에 대한 구분보다는 최소한 부분적이나마 상태이어야 함을 전제로 하며 개인의 정의적, 지적 모든 영역에서의 경험에 의해 영향을 받은 것으로 개념화한다. 이러한 관점은 수업설계자에게 학습동기를 변화시킬 수 있다는 자신감을 갖게 하고, 학습동기의 분석을 강조함으로써 동기에 대한 수업설계자들의 이해를 높일 수 있다. 이것은 동기의 방향과 세기가 네 가지 동기요소, 즉 주의집중, 관련성, 자신감, 만족감의 상호작용에 의해 결정되며, 이 요소들의 분석을 통해 이루어질 수 있다. 또한 학습동기에 대한 구체적이고 정확한 동기 전략을 처치할 수 있도록 학습자가 학습하는 상황에서 동기 상태를 정확히 진단하고 분석한 결과에 근거하여 처방하는 동기설계 과정을 제안한다.

켈러와 송상호(2001)는 동기는 통합적이지만, 교사는 동기를 이해하기 위해서는 분석적인 접근을 해야 한다고 말한다. 즉, 수업을 설계하는 교사가 동기에 대해 분석적인 모델을 가지고 있다면, 수업설계에 적용하기가 훨씬 용이하다는 것이다. 켈러(1983)는 동기유발(ARCS) 전략의 적절한 사용을 위하여 일반적으로 교수설계의 체계적 과정이 크게 분석, 개발, 평가의 세 단계로 되어 있는 것과 맞추어 ARCS 모델을 정의(Define), 설계(Design), 개발(Develop), 평가(Evaluate)의 4단계로 구성하고 이 단계들이 교수설계 단계와 통합될 수 있도록 하고 있다. ARCS의 동기설계 단계를 구체적으로 살펴보면 다음과 같다.

정의 단계에서는 문제 분석, 학습자 분석, 목표 설정의 3가지 분석 작업이 포함되어 있다. 우선 해결해야 할 동기문제가 있는지 분석하고 학습자들을 위해 동기의 유발과 유지가 필요하다고 판단되면 학습자 분석을 실시하여 4가지 동기요소 중 어떤 부분에 더욱 치중하여 전략을 짜야 하는지를 결정하는데 필요한 자료를 얻는다. 학습자 분석 이후에 그것을 통해 나타난 동기의 문제를 바탕으로 하여 그 문제를 해결하려는 목표를 설정한다.

설계 단계에서는 가능한 동기 전략들을 매 목표마다 브레인스토밍의 과정을 거쳐 많이 창출해 내는 활동과 그렇게 해서 열거된 전략 중에서 실제로 사용될 동기전략을 선택해 내는 활동을 포함한다. 가능한 동기전략을 창출해낼 때는 보다 다양하고 광범위한 전략들을 생각해야 하는 보다 창의적인 아이디어가 요구되며, 적절한 동기전략을 선택할 때에는 창출된 전략들을 분석적으로 검토하는 것이 필요하다.

개발 단계에서는 동기목표를 달성하기 위한 구체적 자료를 개발하게 되며 이렇게 개발된 자료는 교수 과정 속에 통합되어야 한다. 즉, 정의, 설계단계를 거쳐 확인된 동기전략들이 교수 과정에서 적용될 때 동기전략과 교수전략들은 내적인 일관성을 유지하여야 한다.

평가 단계에서는 '동기전략을 도입한 교수자료가 학습목표 달성에 효과적, 효율적이었나, 학습자의 동기를 유발 · 유지하였는가?' 에 초점을 맞추어서 검토해야 한다. 동기설계에 유용한 자료를 제공하는 평가를 하기 위해서는 정의 단계에서 설정한 동기목표에 맞추어서 평가하는 것이 좋다.

이상에서 ARCS 동기 설계 단계에 대하여 살펴보았다. 켈러의 ARCS 모델의 각 요소와 구체적인 전략을 살펴보면 다음과 같다(Keller, 1987).

ARCS 이론의 요소 및 전략

ARCS 이론은 수업 상황에서 동기유발전략을 설계하는 방법을 도와주기 위한 학습동기 요소를 주의집중, 관련성, 자신감, 만족감의 4가지 요소로 정하고 각 요소는 하위범주로 세분되었으며, 이 하위범주마다 동기를 유발시키고 유지하는데 필요한 구체적 전략을 다음과 같이 제시하고 있다.

주의집중(Attention)

주의집중 요소는 동기의 요소인 동시에 학습의 선행조건으로써 어떻게 하면 학습자의 주의집중을 유발시키고 그것을 유지시키느냐에 관심이 있다. 여기서 주의집중이란 단순히 감각적인 것으로 관심을 끄는 것만이 아니라 지적인 호기심을 동시에 유발하여 교수·학습 과정이 이루어지는 동안 학습에 대한 주의를 계속 유지시키는 것으로 해석된다. 대부분의 학습이론들이 학습에 있어서 주의집중의 중요성을 강조하고 있는데 이는 학습이 일어나기 위해서는 적어도 학습자가 학습 자극에 주의를 집중해야 하기 때문이다. 학습동기가 유발, 유지되기 위한 필수 조건으로써 학습자의 주의는 주어진 학습 자극에 집중되어야 하고 일단 집중된 주의는 유지되어야 한다.

ARCS 이론에서 주의집중 전략은 호기심, 감동 그리고 주의를 집중시키는데 도움을 주는 여러 요소들을 포함하고 있으며, 지각적 주의환기, 탐구적 주의환기, 변화성에 의한 주의환기의 세 가지의 하위 전략들이 포함된다.

지각적 주의환기 전략은 새롭고 놀라우면서 기존의 것과 모순 되거나 불확실한 사건 또는 정보를 수업상황에서 사용함으로써 학습자의 주의를 유발하고 유지시킨다는 전략이다. 지각적 주의환기가 사용될 수 있는 방법은 애니메이션, 삽화, 역상문자, 도표, 그래프, 음향 및 반짝거림 등의 시청각 자료의 활용과 일상적이지 않은 내용이나 사건, 믿기 어려운 통계 등의 제시, 지나친 지각적 자극이나 주의를 분산시키는 자극 등을 피해야 한다는 등의 방법이 있다.

탐구적 주의환기 전략은 학습자에게 스스로 문제나 질문 등을 만들어 보도록 함으로써 정보탐색활동을 자극하고 문제해결활동을 유도하고자 하는 전략을 말하는 것이다. 일단 지각적 주의환기 전략을 사용하여 학습자의 주의를 끈 후에는 더욱 심화된 수준의 호기심을 유발·유지하도록 해야 하는데, 이는 학습자를 보다 탐구적인 과정에 몰입하게 함으로써 가능해진다. 탐구적 주의환기를 위한 방법으로 적극적인 사고를 유도하는 질문-응답-피드백의 상호작용을 활용하여 학습자의 주의를 환기시키는 능동적 반응을 유도하거나 학습자 스스로 문제를 만들어서 해결하도록 하는 문제해결활동을 구상하게 하고, 탐색 과정에서 문제 상황을 제시하면서 필요한 지식은 부분적으로 제시하는 신비감 제공 등이 있다.

변화성의 전략은 수업의 요소들을 변화시킴으로써 학습자의 흥미를 유지시키기 위한 전략으로 수업 진행 전개 순서상의 변화를 의미하거나 정보가 조직되고 제시되는 방식의 변화를 의미한다. 변화성을 주기 위한 방법으로는 교수 단위를 간결하고 짧게 하고 정보 제시, 연습, 시험 등의 다양한 형태를 적절히 사용하는 방법과 일방적인 정보 제시 수업이나 토론식 수업 등과 같은 교수 · 학습방법을 적절히 혼합한 수업방법의 활용, 수업자료의 적절한 변화, 변화성을 주기 위한 방법과 수업 목표와의 기능적 통합의 방법 등이 있다.

관련성(Relevance)

학습자들은 학습에 대한 주의집중이 유발된 후에는 그들이 학습해야 하는 이유에 대해 의문을 갖게 되고 수업상황에서 볼 수 있는 중요한 개인적 필요를 지각하게 된다. 학습자가 수업활동 중 어떤 개인적 필요, 즉 관련성을 지각하지 못한다면 학습동기를 유발하는 것은 매우 어렵다. 관련성 요소는 '왜 내가 이것을 공부해야 하는가' 에 대한 긍정적인 해답을 제시하고자 하는 노력으로 해석된다. 켈러(1983)는 어떻게 관련성에 대한 해답을 주느냐에 대해 세 가지 방식으로 답하고 있다. 첫째, 현재와 미래의 일들을 수행하는 데 현재의 학습이 도움이 된다는 것을 보여주는 방식이고, 둘째는 학습 그 자체에서 가치를 알고 즐거움을 찾도록 도와주는 방식이며, 셋째는 결과보다 학습의 과정에 초점을 맞추도록 하는 방식이다. 학습의 과정이 개개인 학습자의 요구나 특성에 맞게 전개되어 학습자가 학습의 관련성을 지각할 때 동기는 유발되고 유지될 것이다. 수업의 과정에서 관련성을 증가시키기 위한 전략에는 친밀성 전략, 목표 지향성 전략, 필요나 동기와의 부합성 강조 전략 등이 있다.

친밀성을 위한 전략은 학습자의 경험과 가치에 연관되는 예문이나 구체적인 용어, 개념 등을 사용함으로써 학습동기를 활성화시키고자 하는 것이다. 친밀성을 위한 구체적인 방법으로 개인적으로 흥미 있는 언어와 그래픽, 친숙한 이름, 인물, 그림 등을 사용하거나 구체적인 실례의 활용과 친밀한 예문이나 배경지식을 활용하는 방법이 있다.

목표 지향성의 전략은 유용성을 나타내는 진술이나 예문을 제공하거나 성취 목표를 제시하여 학습자에게 기준을 세우도록 하는 것이다. 목표 지향성 전략의 구체적 방법으로 학습 과제의 중요성이나 실용성에 중점을 둔 목표의 분명한 제시, 학습자에게 학습활동 자체의 목적을 제시해 주기에 용이한 게임, 시뮬레이션 등의 학습 형태 이용, 학습자에게 다양하게 제시된 목표 중에서 스스로에게 적합한 목표를 선택하도록 하는 방법 등이 있다.

필요나 동기와의 부합성 강조 전략은 교수의 과정 또는 방법 측면의 관련성을 강조하는 것으로 언제, 어떻게 학습자의 학습양식과 개인적 관심에 수업 전략을 연결시키느냐에 관련된 것이다. 구체적인 방법으로 목표 수준의 선택 가능성을 부여하거나 성취욕구를 자극할 수 있도록 학업성취 점수체제를 활용하는 방법, 소속 욕구가 높은 학습자의 동기가 저하되지 않도록 경쟁적인 게임에 참여를 선택적으로 부여하는 비경쟁적인 학습상황의 선택 기회 제공, 두 사람 이상의 학습자들이 협동적으로 학습할 수 있도록 기회를 제공하는 방법 등이 있다.

자신감(Confidence)

자신감 요소는 학습자들이 학업수행을 계속하도록 영향을 주며 학업수행 그 자체에 영향을 미치기 때문에 동기의 요소로 중시되고 있다. 여기서의 자신감은 성공을 보장한다는 의미는 아니고, 성공에 대한 기대정도로 이해될 수 있는데, 이는 여러 가지 요인에 영향을 받는다. 학습자들에게 자신감을 주기 위해서는 학습자가 실수를 하더라도 당황하지 않고 계속 학습할 수 있는 자유로운 학습 상황을 만들어 주어야 하며, 학습자들이 이러한 새로운 기능과 지식을 숙달한 후 과제를 수행할 때에는 그들의 성취도를 최대한 높이기 위하여 어느 정도의 도전감과 모험심을 주어 자신의 능력에 대한 기대치를 높여주는 것이 필요하다. 자신감을 높이기 위한 전략에는 학습의 필요조건 제시 전략, 성공기회의 제시 전략, 개인적 조절감 증대의 전략 등이 있다.

학습의 필요조건 제시의 전략은 학습자에게 수행의 필요조건과 평가 기준을 제시함으로써 학습자가 성공의 가능성 여부를 짐작하도록 도와주려는 것이다. 구체적인 방법으로 수업의 목표와 구조를 분명하게 제시하거나 피드백과 함께 연습의 기회 제공 및 평가 기준을 분명히 제시하는 방법, 학습자의 성공을 돕기 위해 선수지식, 기술이나 태도 등에 대한 분명한 진술문을 제공하거나 학습자에게 시험 문제 수, 시간제한 등의 시험의 조건들을 알려주는 방법 등이 있다.

성공기회의 제시 전략은 학습 과정과 수행의 조건에서 의미 있는 성공의 경험을 할 수 있도록 적절한 수준의 도전감을 제공한다. 이를 위한 구체적 방법으로는 쉬운 내용에서 어려운 내용으로 수업을 조직하고, 너무 지나친 도전과 지루함을 방지하기 위해 학습의 필요조건과 선수지식, 기술을 부합시켜 적절한 수준의 난이도를 유지하고, 다양한 수준의 출발점을 제공하며, 시간, 자극의 속도, 상황의 복합성의 변화를 통해 다양한 수준의 난이도를 제공하는 방법 등이 있다.

개인적 조절감 증대의 전략은 성공에 대한 개인의 노력이나 능력을 지원해줄 수 있는 피드백과 조절의 기회를 제공한다. 구체적인 방법으로 학습자들이 언제든지 학습상황에서 빠져나갈 수 있고 돌아오고 싶을 때는 다시 돌아올 수 있으며, 학습의 전 상황으로 가서 복습도 할 수 있게 하는 방법과 학습자가 다음 내용으로 스스로 진행할 수 있도록 학습 속도 조절 기회를 주는 방법, 학습자가 여러 가지의 다양한 학습과제와 난이도에 따라 자신에게 맞는 것을 선택하게 수업을 조직하는 방법, 학습자의 성공을 그의 노력이나 능력으로 돌리도록 유도할 수 있는 언어를 사용하는 방법 등이 있다.

만족감(Satisfaction)

동기의 한 요소로 만족감이 강조되는 이유는 학습자의 노력의 결과가 그의 기대와 일치하고 학습자가 그 결과에 대하여 만족한다면 학습동기는 계속 유지될 것이며, 이는 학습자의 학업수행에도 영향을 미치게 되기 때문이다. 만족감은 학습의 초기에 학습자의 동기를 유발시키는 요소라기보다는 일단 유발된 동기를 계속 유지시키는 역할을 하는 것으로 지적되었다. 켈러(1983)는 만족감에 영향을 미치는 요소를 크게 학습의 내적 결과와 외적 결과로 구분하였다. 내적 결과에는 학습자의 학업수행 및 그 결과에 대한 인지적 평가와 기타 내적 보상이 포함되며, 외적 결과에는 강화와 피드백이 포함된다. 만족감 증대를 위한 구체적 전략은 내재적 강화, 외재적 보상, 공정성 강조 전략 등이 있다.

내재적 강화 전략은 학습자의 내적 동기를 유지시키기 위해 학습자가 새로 습득한 지식이나 기술을 실제 또는 모의상황에 적용해 보도록 하는 기회를 제공하는 것을 말한다. 구체적 방법은 새롭게 습득한 지식 및 기술을 적용해 볼 수 있도록 연습 기회를 제공하고, 새롭게 습득한 지식이나 기술이 다음 후속 학습상황에서 적용될 수 있도록 수업이 설계되어야 하며, 흥미 있는 영역에 대한 정보 제공과 학습의 지식이나 기술을 적용해 볼 수 있는 모의 상황이나 게임 등을 수업 끝에 첨가시켜 적용의 기회를 증가시키는 방법이 있다.

외재적 보상 전략은 바람직한 행동을 계속 유지시키기 위하여 성공적인 학습 결과에 대해 긍정적 피드백이나 보상을 제공하는 것을 의미한다. 이 전략은 행동주의 원리를 반영한 것으로 외적 보상을 강조하고 있다. 구체적인 방법으로 새로운 지식이나 기술을 배우는 단계에서 학습자의 반응 후에 긍정적 피드백이나 보상을 주고, 학습자가 배운 지식이나 기술을 적용해보는 연습 단계에서는 적절한 강화를 사용하는 방법, 옳은 반응 뒤에는 긍정적인 외부 보상을 하고 틀린 반응 뒤에는 보상을 제공하지 않으며, 보상이 실제 수업상황보다 더 흥미롭지 않으면 안되도록 외적 보상을 사려 깊게 사용하는 방법, 학습자가 과제를 달성하는 동안에 또는 성공적인 과제수행을 한 후에 개인적인 주의를 집중하는 방법 등이 있다.

공정성 강조 전략은 학습자의 학업 성취에 대한 기준과 결과가 일관성 있게 유지되어야 한다는 것으로 학습자의 학업 수행에 대한 판단을 공정하게 함과 동시에 성공에 대한 보상이나 기타의 강화가 기대한 대가로 주어져야 함을 암시한다. 이를 위한 구체적 방법으로 수업내용이 구조가 제시된 수업목표와 일관성을 유지하게 하고, 연습한 내용과 평가내용의 일치, 연습과 시험이 목표와 일관성을 유지하게 하는 방법이 있다.

학습동기와 가정과 수업

가정과교육은 남녀 학생 모두가 시대적 변화에 따라 생활의 향상과 발전을 위해 이바지할 수 있는 능력을 기르도록 역할을 담당해야 할 것이다(박미정, 2000). 그러나 이러한 능력들은 단순히 학업성취도만 향상된다고 달성될 수 있는 목표가 아니며 학습자들이 실제적으로 가정과목에 흥미를 가지고 학습하고자 하는 욕구, 즉 학습동기를 형성하고 이에 근거하여 행동으로 표출될 수 있을 때 달성될 수 있는 것이다. 학습자들이 어떤 교과에 대하여 배울 필요가 있다고 느끼거나 알고자 하는 관심이나 흥미를 가질 때 학습의 효과를 얻을 수 있는데 이는 보편적으로 사람들은 자기가 흥미 있는 곳에 자신의 육체적 · 정신적 총력을 집중하기 때문이다.

실제, 교육적 환경의 변화로 인한 다양한 교수 · 학습 방법에 대한 필요성과 가정과 수업의 질 향상을 위하여 교수 · 학습 방법에 대한 연구(김소라, 2002; 황옥주, 2001; 김금옥 · 김명자, 2000; 문성희, 1999; 이재복, 1999)가 계속 이루어지고 있으며, 그러한 연구가 교수 결과의 효과성, 효율성, 매력성의 측면에서 볼 때 학습동기와 매력성의 측면은 다소 소홀히 취급되어 왔음을 알 수 있다.

지금까지 가정교과의 학습동기에 관한 연구를 살펴보면 학습동기를 목적으로 하거나 학습동기와 직접적으로 관련한 교수 · 학습 방법을 적용시킨 연구보다 다양한 교수 · 학습 방법의 적용을 통해 학업성취도(황옥주, 2001; 김금옥 · 김명자, 2000; 구영순, 1997), 학습태도(황옥주, 2001; 김금옥 · 김명자, 2000), 자아존중감(김소라, 2002; 이재복, 1999), 창의성(이현미, 1999), 비판적 사고력(변현진, 1999), 도덕성(문성희, 1999) 등의 효과를 분석한 연구들에서 이차적으로 나타나는 효과로 학습동기에 대해 언급되는 경우가 대부분이다.

유은영(2001)은 맵(map)식 자료제작활동을 통한 협동학습이 학생들의 흥미유발에 효과적이었다고 보고하였고, 김윤경(2001)은 고등학교 가정과 주거 단원을 중심으로 한 연구에서 문제중심학습을 적용한 가정과 수업이 학생들의 능동적인 문제해결 과정을 통하여 사회성 및 학습에 대한 내적 동기를 증진시키는 데 효과적이었다고 보고하였다.

구영순(1997)은 협동학습이 가정과 수업에서 학습자의 흥미 유발에 효과가 있음을 제시하였고, 이재복(1999)은 협동학습을 적용한 가정과 수업이 학생의 자아존중감에 미치는 효과를 검증하는 연구에서 학습동기의 자극에도 효과가 있음을 제시하였다. 한편 가정교과에 대한 인식 조사 연구에서 가정교과가 중요하고(이은정 · 신상옥, 1992), 실생활에서의 필요도는 높지만 수업에 대한 선호도가 그다지 높지 않으며(문정숙 · 김여숙, 2001; 이미숙, 1999; 이준임, 1997), 가정교과에 대한 관심도와 흥미도가 저조하다(박미정, 2000; 김종로, 2000; 오현주 · 홍성야, 1997)는 연구 결과와, 기능 중심 교과, 학교 교육에서 배우지 않아도 되는 교과, 입시 위주 교과목에 비해 중요도가 떨어지는 교과라는 사회의 부정적 인식과 입시라는 교육의 현실적인 문제에 의해 교육현장에서 이해되지 못하고 소외되고 있는 여건에서 가정과 수업이 목표에 부합하며, 21세기에 적합한 교과로서의 역할을 수행하기 위해서는 먼저 학습자의 가정과 수업에 대한 학습동기 향상이 선행되어야 한다고 생각한다.

그 동안 미국의 가정교육자들(Arcus, 1997; Thomas, 1997; Bubolz, 1997; Coombs, 1997; Baldwin, 1997)은 실천적 문제 중심 교수법이 가정교과를 가르칠 때 동기를 유발하기에 적합하다고 주장하였다. 우리나라에도 90년대 중반부터 실천적 문제 중심 교수법을 적용하여 교재개발을 하고 이를 현장에 실행한 연구들(윤복순 · 채정현, 1998; 변현진 · 채정현, 2002; 문성희 · 채정현, 2001; 김재

광 · 채정현, 1999; 채정현, 1999, 채정현 외, 2003; 최기옥 · 채정현, 2000; 박미정 · 채정현, 2002; 채정현 · 유태명, 2006)이 활발하게 이루어졌다. 이들 연구의 대부분은 가족관계, 식생활, 자원관리, 의생활, 주생활 단원에 적용하여 이 교수법이 의사결정력, 비판적 사고력, 도덕성, 창의력, 자존감을 향상시킴을 입증하였다. 하지만 이 교수법을 부모교육을 주제로 적용하여 교재를 개발하지는 않았다. 또한 실천적 문제 중심 교수법은 구체적으로 어떻게 학습자의 동기를 유발하는지를 나타나게 하지 않아서 이 교수법이 동기를 유발하는 지에 대한 언급이 없다.

이상의 선행 연구 결과를 통해서 가정교과에서의 동기유발을 위한 체계적이고 구체적이며 다양한 수업 전략이 부족함을 알 수 있다. 이에 기존 동기이론을 체계화하여 제시한 켈러의 동기유발(ARCS) 전략을 교실에서의 부모 준비 교육을 위한 수업에 적용하여 보다 효율적, 효과적, 매력적인 수업을 설계할 필요가 있다.

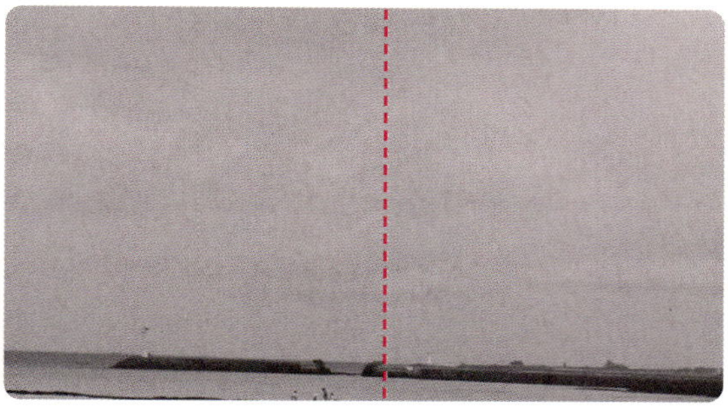

2부

청소년을 위한 부모준비교육 프로그램

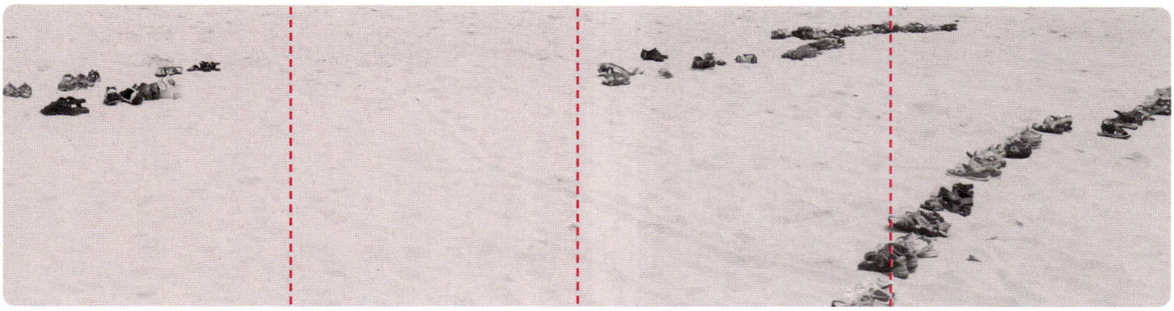

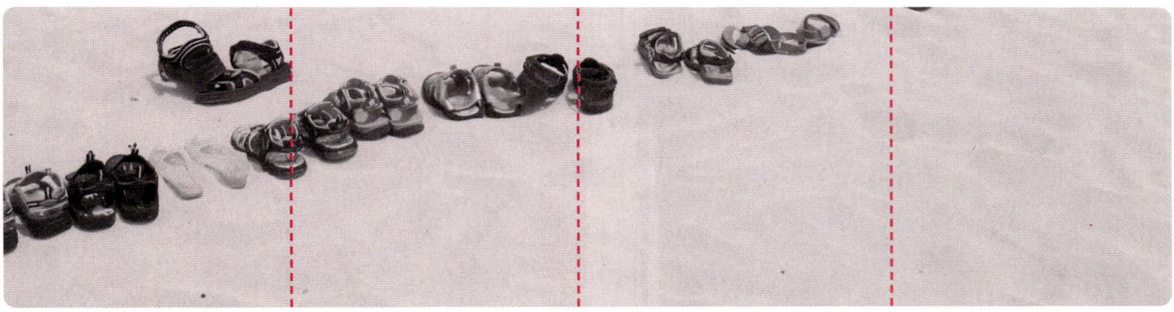

부모준비교육 프로그램을 시작하기 전에

프로그램 의의

- 이 프로그램은 미래의 부모가 될 중 · 고등학생을 대상으로 '가다머(Gadamer)의 해석학적 이해와 실천의 철학을 바탕으로 부모됨의 자질' 을 길러주기 위해 개발되었다.
- 이것은 '실천' 을 위한 학습으로 학생 스스로의 인식을 일깨워서 현실에서의 행동 변화를 꾀하여 미래의 주역이 될 인재를 양육할 '부모됨' 의 준비를 돕는 프로그램이다.

프로그램 목적

- 이 프로그램의 목적은 청소년들이 우리나라 미래를 이끌 인재를 양육할 수 있는 미래의 부모로서 자질과 책임감을 갖고 부모 준비를 할 수 있게 하는데 있다.
- 이 프로그램은 첫째, 직장과 가정에서의 책임을 질 수 있는 능력, 둘째, 개인과 가족의 문제를 해결할 수 있는 능력, 셋째, 타인과의 관계를 잘 할 수 있는 능력, 넷째, 지도자적 자질을 형성할 수 있는 능력을 향상시켜 자신은 물론 가정과 사회를 긍정적으로 변화시키는 주체적이고 자율적인 행동을 하도록 돕는 데 목적이 있다.

프로그램 특징

- 이 프로그램은 '부모됨'의 주제를 가다머(Gadamer)의 '해석학적 이해와 실천'의 철학을 바탕으로 동기유발(ARCS)수업 전략을 활용하여 개발하였다.
- 이 프로그램은 가다머의 철학적 사고의 바탕인 개방성, 부정성, 다양성, 공동의 선 추구, 너와 나의 관계의 개념을 '*생각문 열기*', '*다르게 보기*', '*더불어 살기*'에 적용하였다.

- 동기유발(ARCS)수업 전략의 적용은 학습자의 주의력(Attention)을 집중시키기 위해서 동영상, 그림, 사진, 음악, 노래, 시사 자료 등을 활용하였고, 실생활과의 연계로 학습자들의 흥미와 학습할 내용에 대한 관련성(Relevance)을 확인시키고, 긍정적 피드백과 다양한 학습 경험 제공을 통해 자신감(Confidence)과 만족감(Satisfaction)을 갖도록 하였다. 이 프로그램의 교수-학습 과정안에서 사용된 원문자기호 Ⓐ, Ⓡ, Ⓒ, Ⓢ는 동기유발(ARCS) 전략의 첫 글자를 뜻하는 약칭 기호이다.
  - Ⓐ : 주의력(Attention)
  - Ⓡ : 관련성(Relevance)
  - Ⓒ : 자신감(Confidence)
  - Ⓢ : 만족감(Satisfaction)

- 이 프로그램의 참여를 통해 학생들은 다음과 같은 점에서 변화될 것이다.

  • 부모됨의 준비를 위하여 필요한 신념과 가치를 깨닫게 될 것이다.
  • 반성적 사고를 통해 의사결정 능력, 부모됨의 동기 의식, 가족 문제 해결 능력을 키우게 될 것이다.
  • 부모됨과 관련된 우리 사회의 병리현상을 바르게 인식하고, 자주적인 자녀교육에 대한 꿈을 갖게 될 것이다.

프로그램 활용방법

- 이 프로그램은 총 30 차시의 학습 내용으로 순차적으로 수업을 진행할 수 있도록 시간을 확보할 필요가 있다.

- 기본적으로 창의적 재량활동 시간을 활용할 수 있으며, '기술 · 가정', '가정과학', 기타 특기 · 적성 시간 및 방과 후 활동 시간에 활용할 수 있다.
- 가능하면 전체 내용을 순차적으로 진행하는 것이 좋으나 필요시 프로그램의 일부 내용을 선택하여 적용할 수 있다.
- 각 차시별 학습활동자료는 수업 유형 및 시간에 따라 선택적으로 다양하게 활용할 수 있다.

프로그램 구성

- 이 프로그램은 "해석학적 이해와 실천을 할 수 있는 부모가 되기 위해서 지금 무엇을 해야만 하는가?" 에 대답할 수 있도록 다음과 같이 구성하였다.

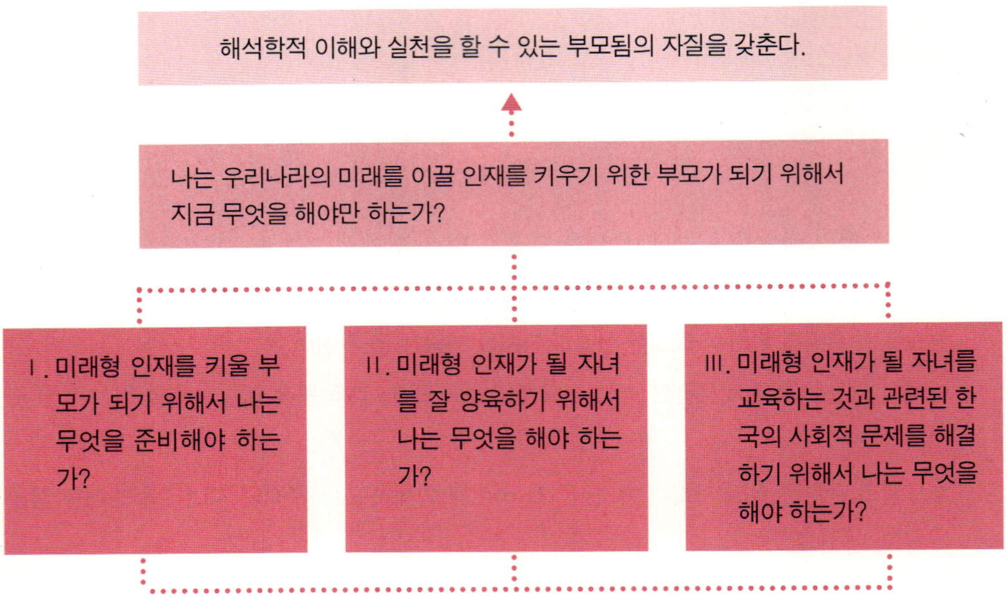

실천문제	학습 주제	학습 내용
Ⅰ. 미래형 인재를 키울 부모가 되기 위해서 나는 무엇을 준비해야 하는가?	1 부모가 되기 위한 나의 준비, 자아 키우기	• my life 사랑하기 • my self 찾기 • 행복한 삶으로의 도약
	2 부모됨의 의미	• 가족의 의미 • 부모됨 교육의 필요성 • 부모됨 • 부모됨에 대한 생각 • 사람들은 왜 부모가 되려고 하는가 • 부모됨의 책임
	3 부모됨의 준비	• 좋은 부모 되기 • 배우자 선택 • 부모 역할 시도 • 미래의 가족 계획하기
Ⅱ. 미래형 인재가 될 자녀를 잘 양육하기 위해서 나는 무엇을 해야 하는가?	1 임신 및 출산 & 아동의 발달단계에 따른 양육	• 태아발달과정과 태교 • 출산과정과 출산법 • 모유 수유 • 아동의 발달단계에 따른 양육
	2 긍정적인 부모-자녀 관계 형성	• 부모-자녀 관계 • 부모 양육 유형에 따른 아이의 성장 • 부정적 부모-자녀 관계 • 긍정적 부모-자녀 관계 • 긍정적인 부모-자녀 관계를 만들기 위한 의사소통 방법 • 자녀 스스로 건강하게 성장할 수 있도록 도와주기
Ⅲ. 미래형 인재가 될 자녀를 교육하는 것과 관련된 한국의 사회적 문제를 해결하기 위해서 나는 무엇을 해야 하는가?	1 가족문제와 사회문제의 이해 & 미래형 인재 양육을 위한 부모됨	• 가족과 사회현상의 관계 • 타인과의 관계 • 일과 가족생활의 조화 • 양성평등 사회에서 부모의 리더십 • 미래 사회의 변화

학·습·주·제··선·정··배·경··및··이·유

Ⅰ-❶ 부모가 되기 위한 나의 준비, 자아 키우기

중 · 고등학생들이 올바른 부모가 되는 준비를 실천할 수 있도록 돕는 것은 시급하다. 이에 부모가 된다는 것이 무엇이며, 왜 부모 준비 교육을 받아야하는지, 성공적인 부모됨의 자질은 어떤 것이며, 중 · 고등학교 시절부터 성숙한 부모가 되기 위해서 어떤 준비를 할 것인가를 실천할 수 있도록 수업을 개발하고 실행하는 것이 중요하다. 그러나 그보다 선행되어야 할 것은 이들이 자신의 삶을 사랑할 줄 아는 사람으로 성장하는 일이다. 현재의 중 · 고등학생들에게 부모가 된다는 것은 조금은 아득한 일이고 자신과는 관련이 없는 먼 얘기처럼 느껴질 수 있다. 따라서 자신의 삶을 사랑하고, 자신을 사랑할 줄 아는 사람됨 교육으로부터 부모됨 교육을 시작한다.

나 자신을 찾는 수업에서는 사람의 성격을 9가지로 분류해 분석한 에니어그램을 활용하여 자신의 성격 유형을 찾아봄으로써, 자신을 좀 더 정확하고 깊이 알아감과 동시에 타인의 성격 유형에 대해서도 관심을 가지고 이해하려는 열린 마음을 갖도록 유도한다. 이는 성격의 좋고 나쁨이 없듯이 좋은 사람, 나쁜 사람은 없으며 저마다 세상을 협력하여 살아가기 위한 공동체임을 인식할 수 있게 한다. 아울러 자신의 성격 유형을 분석해 봄으로써 자존감을 향상시킬 수 있다.

행복한 삶으로의 도약에서는 자신의 삶을 조명하고, 자신을 돌아본 시점에서 행복한 삶을 살기 위한 첫 발걸음을 내딛는 수업이다. 자신의 행복한 삶에 대한 순위를 매겨보고, 현재 자신이 갖고 있는 것과 갖추어야 할 것들을 준비하는 과정을 통해 성공적인 부모로서의 행복한 삶을 꿈꾸고 구체적으로 그려 볼 수 있도록 한다.

I-❷ 부모됨의 의미

사회 변화에 따라 가족의 유형이나 개념, 가치에 대한 사고와 규범이 변화되어가는 과정에서도 가족은 한 사회를 존속시키는 가장 기본적 공동체이다. 다시 말해 가족은 부부, 부모, 자녀, 형제자매 등의 관계로 맺어지고 생활하며 구성원들의 욕구를 충족시키는 애정과 혈연을 바탕으로 한 경제적, 거주 공동체라 할 수 있다.

가족의 자녀출산, 양육, 교육, 노동력 재생산 등의 기능은 사회의 구성원들을 충원하고 경제활동을 통해 국가 경제의 원동력이 된다. 내부적으로는 가족 단위의 작은 목표와 욕구 충족을 이루며 밖으로는 사회발전, 국가 및 질서 유지에 필수적이다. 그러나 최근 다양한 상황과 변화로 인해 가족 해체가 늘면서 사회 불안 요소로 등장하고 있다.

우리 삶의 역사는 인간이 형성하는 가족으로부터 그 다음 세대로 계속 이어지는 부모됨을 통한 생명의 연속이 있을 때 가능하며, 그 부모됨은 삶의 경험을 통해 끊임없이 성장해 가는 과정이다. 부모됨의 의미를 숙고하고 배우는 기회를 통하여 학생들이 부모됨에 대해 보다 긍정적인 접근을 하게 되는 출발점이 될 것이다.

가족이 성장하고 변화하는 동안 각기 다른 모습과 가치를 갖게 되겠지만 대부분의 사람들은 부모 역할을 수행할 것이다. 따라서 본 주제에서의 교육활동들은 실제 학생들의 삶 속 부모들과 부모됨에 대한 개인적 믿음과 가치를 비교할 기회를 제공할 것이며, 실제 생활의 부모됨 역할을 경험하는 데 도움을 줄 것이다.

Ⅰ-3 부모됨의 준비

부모됨의 준비가 중 · 고등학생들에게 자신과 관계없는 먼 이야기로 느껴지지 않도록 하는 것이 중요하다. 따라서 부모됨 준비의 시작은 자신의 현재 삶에 충실한 것부터 출발함을 인식하도록 한다. 자신의 자아를 키워나가며, 부모가 되어서도 끊임없이 자신의 성장을 위해 노력하는 사람이야말로 좋은 부모의 조건임을 알도록 한다.

미래 자녀에게 줄 가장 큰 선물은 배우자와의 사랑이기에 배우자를 선택하는 과정에서는 자신의 배우자 선택 기준을 객관적으로 살펴보는 기회를 제공하며, 편견과 선입견을 버리고 상대방을 바라보는 안목을 기르되 사랑의 마음을 가질 수 있도록 돕는다. 예화를 통하여 진정한 사랑에 대해 생각하는 기회를 제공해주며 미래의 배우자 선택에 대한 바른 기준을 세울 수 있도록 유도한다.

그 다음엔 직접 미래의 부모가 되었다는 가정 하에 부모 역할을 시도해 보는 수업으로 진행된다. 현실에서 충분히 있을 수 있는 문제 상황을 가상으로 설정한 후, 그 상황을 해결하기 위해 학생들은 부모가 되어 자신들의 지식과 수단을 동원한다. 그 과정에서 부모됨의 어려움, 부모됨에서 갖추어야 할 자질, 부모됨에 필요한 수단 등을 깨닫게 된다.

이 단원의 마지막 차시에는 현대의 다양한 가족 모습에서 각각의 상황에 맞는 부모 역할을 알아보고, 학생들이 미래의 자신의 가족 형태를 스스로 선택해 보고 부모됨까지도 계획하여 결정하도록 하는 주인의식을 기르도록 돕는다. 이 모든 차시의 핵심은 학생들 스스로 문제를 인식하고, 문제를 해결하기 위한 수단과 방법을 찾고, 문제를 해결하기 위해 노력하는 과정이다. 구체적으로 표현하자면, 실천적이고 끊이지 않는 문제, "부모됨을 위하여 나는 무엇을 해야만 하는가?" 에 초점을 맞춘다. 이것이 바로 실천적 문제 중심 수업의 핵심이다.

Ⅱ-❶ 임신 및 출산 & 아동의 발달단계에 따른 양육

요즘 저출산 문제로 초고령 사회로의 진입이 초읽기에 들어섰다. 우리 사회의 지속적인 성장을 위해 임신, 출산, 양육에 많은 관심을 기울이는 것이 절대적으로 필요하다.

우리 선조들은 '스승이 10년을 가르쳐도 어머니가 태중에서 열 달을 가르친 것만 못하고, 어머니가 열 달을 가르쳐도 아버지가 하룻밤 부부 교합할 때 정심(正心)함만 못하다' 고 생각할 정도로 아기를 가지는 순간부터 몸가짐과 마음가짐을 바로 하였으며, 태교도 중요하게 여겼다.

건강하고 똑똑한 아기를 가지려면 건강한 엄마, 아빠의 심신이 필수조건이라고 할 수 있다. 배란된 난자의 생존기간은 24시간밖에 안 되며, 정자의 수정 능력은 평균 48시간 지속되는 것을 고려하여, 건강한 난자와 정자를 만날 수 있도록 준비된 임신을 하는 것이 필요하다. 이는 타이밍 임신법이라고 할 수 있는 유태인의 '닛다' 라는 전통 임신법에서도 언급되고 있는 내용이다. 청소년교육, 아동교육, 유아교육도 중요하지만, 태내교육, 더 나아가서 예비 부모들의 준비된 자세가 미래의 인재를 키우기 위해 필수적이다.

출산과정은 자궁의 수축과 진통으로 인하여 고통스럽지만 자연스러운 현상이며, 이는 산모보다 10배의 고통을 견디며 태어나는 아기를 돕는 것이라 할 수 있다. 출산이라고 하면, 우리는 대체로 병원 침대 위에서 혼자 외로이 고통을 견뎌내며 힘들게 낳는 모습을 떠올리게 되는데, 요즘에는 이런 출산문화를 바꾸자는 움직임과 함께 출산을 온 가족이 함께 새 생명을 경건하게 맞이하는 아름다운 모습으로 준비하는 사람들이 늘고 있다. 그러므로 산모와 아기를 생각하는 '부드러운' 분만법이 많은 예비부모들에게 관심을 받고 있다. 이러한 '부드러운' 분만법은 여성들이 출산을 병원에 의존하기 전, 예로부터 우리 조상들이 사용해왔던 방법이며, 산모와 아기가 원래 갖고 있던 내재적인 힘의 재발견이라고 할 수 있다.

엄마가 아기에게 젖을 먹이는 것 또한 경제 개발과 성장을 최고의 미덕으로 생각했던 지난 몇 십 년 동안 소홀해 왔던 부분이다. 이제 모유의 소중함을 깨닫기 시작하면서, 아기에게는 세상에서 더없이 좋은 먹을거리이며, 산모의 건강뿐 아니라 환경 친화적인 모유를 먹이는 것이 사회에도 유익하다는 것을 알게 되었다. 그러므로 모유가 미래의 인재를 키우기 위해 필수적이라는 것을 인식하고, 모유를 성공적으로 먹이기 위한 방법을 모색하는 것이 필요하다.

부모가 아동의 성장을 위한 최적의 물적 토대와 경험을 제공하기 위해서는 아이들의 발달수준과 욕구를 이해해야 한다. 아동의 빠른 성장발달은 부모들의 적절한 양육을 힘들게 하는 요인이기도 하다. 발달의 한 단계에 익숙해지게 되면 아이들은 기다리지 않고 또 성장하기 때문이다. 또한 부모들이 아동의 발달적 징후를 인식하여, 그에 맞게 대응하고 혹여 아이가 발달 지체 혹은 다른 문제들을 겪게 될 때 적절한 조언과 도움을 청할 수 있는 것도 중요하다.

Ⅱ-❷ 긍정적인 부모-자녀 관계 형성

부모-자녀 관계는 다른 어떤 관계보다도 오래 지속되며, 다양한 형태로 상호작용 하는 관계이다. 생후 초기 부모가 자녀를 전적으로 보살피고 양육하는 관계에서 자녀의 성장에 따라 서로 정서적 지지를 주고받는 협력자의 관계 혹은 부양의 관계로 변화하여 부모-자녀 관계는 자녀는 물론 부모의 자아존중감과 삶의 만족도에도 많은 영향을 미치고 있다.

이와 같이 부모는 자녀의 성장과 발달에 가장 많은 영향력과 책임을 가진 존재로서 자녀의 조화로운 성장과 발달을 도모하고 미래형 인재가 될 자녀를 잘 양육하기 위해서는 먼저 다양한 부모-자녀 관계와 그러한 관계에 영향을 미치는 요인을 살펴볼 필요가 있다. 그리고 다양한 부모의 양육 유형이 자녀에게 어떤 영향을 미치는지 살펴 부모 역할의 중요성을 인식하게 하고, 문제 상황의 모든 책임을 부모한테 돌리는 것이 아니라 입장을 바꿔 생각해 볼 기회를 제공함으로써 미래의 부모인 학생들이 상황에 따라 어떻게 행동하는 것이 바람직할지 생각해볼 수 있는 기회를 갖도록 하였다.

아동학대, 가정폭력 등의 사회적 문제와 맞물려 부정적인 부모-자녀 관계의 특성을 알게 하고 그러한 관계에서 발생하는 문제와 영향을 살펴 단순히 문제를 회피할 것이 아니라 대안을 찾아볼 수 있도록 하며, 긍정적인 부모-자녀 관계는 단시간의 노력으로 쉽게 이루어지는 것이 아니라 상호 노력으로 형성됨을 알고 긍정적인 부모-자녀 관계를 위한 의사소통 방법과 실천 가능한 방안들을 제시하고자 하였다.

같은 맥락에서 변화하는 부모-자녀 관계에서 자녀를 스스로 건강하게 성장할 수 있도록 도와주기 위해서 어떤 노력이 필요한지, 긍정적인 부모-자녀 관계라는 이상에 묻혀 버리기 쉬운 자주성과 채찍에 대해서도 살펴보았다.

따라서 본 주제에서는 현재 자녀의 위치에서 미래 부모에 대한 준비를 하는 학생과 그들의 자녀에게 모두 도움이 될 수 있도록 하기 위해 긍정적인 부모-자녀 관계를 바탕으로 미래의 부모로서 자녀의 긍정적인 행동을 촉진시키는 방법뿐만 아니라 현재 자신의 긍정적인 행동을 촉진시키는 방법도 고려해볼 수 있도록 하는데 주안점을 두었다.

Ⅲ-❶ 가족문제와 사회문제의 이해 & 미래형 인재 양육을 위한 부모됨

오늘날 우리 사회는 정보화, 세계화의 물결 속에서 급격한 변화를 겪고 있고 그 변화의 속도는 앞으로 더욱 가속될 전망이다. 따라서 지금까지의 부모역할 수행 방식만으로는 다양한 가족문제에 대처할 수 없게 되었다. 더욱이 우리가 기르는 자녀는 미래사회를 살아가게 되는데, 그들은 지금보다도 더 급격한 변화 속에서 다양한 상황에 대처해야 할 것이기에 기존의 지식과 상식만으로는 어려움을 겪게 될 것이다. 따라서 미래를 살아갈 우리들의 자녀를 교육하는 데 있어서는 급격한 사회변화에 슬기롭게 대처할 수 있는 역량을 기르는 데 초점을 두어야 할 것이다.

시대의 변천과 더불어 가정의 기능이 과거에 비해 많이 약화되었다고는 하나 가정은 여전히 인간을 교육하는 최선의 장소이자 기본적인 장소이다. 그곳에서 성숙한 인간으로 거듭 태어나게 되는 것이다. 오늘날 정보화 사회의 대세 속에서 가정의 많은 기능들이 사회로 옮겨지고 있기는 하나 사회에서 대행해 줄 수 없는 몇 가지 기능 중에 자녀에게 올바른 가치관을 심어주는 역할이 있다.

물론 가치관을 형성하는 상당 부분은 학교교육이 담당하고 있기는 하나 학력 증진을 최우선으로 하는 학교 교육만으로는 많이 부족하고 또한 교육의 적절한 시기가 중요한 만큼 가정교육을 따를 수가 없는 것이다. 이에 대부분 부모를 모델로 가정에서 형성되는 자녀의 가치관 교육은 자녀양육에 있어 무엇보다 중요한 기능이 되는 것이다. 사회화를 담당하는 부모들이 해야 할 일은 자녀들이 미래사회의 질서를 주도하고 사회발전에 기여할 수 있도록 준비시키는 일이다. 급속히 변화하는 사회에서 자녀가 살아갈 사회가 어떤 것인지 자녀에게 어떤 가치, 태도, 기술, 능력을 갖추어 주어야 할지를 예측하고 그에 대처를 시키는 것이 미래형 인재양성을 위한 부모교육이 되는 것이다.

현대사회는 산업화가 진행되면서 많은 것이 변화하고 있다. 그 중에서도 사회구조가 크게 변모하면서 맞벌이 부부가 늘어나고 핵가족화 현상이 심화되는 등 가정의 모습이 많이 달라졌다. 현대가정의 위기문제로는 자녀양육에 대한 부담감으로 출산을 기피하는 저출산과 독신주의, 사회의 고령화, 과도한 학벌 위주의 사회현상에 편승하는 가정교육, 자녀교육비 부담감과 자녀를 소유물로 생각하는 가치관으로 인한 동반 자살, 학교에서의 왕따와 폭력아동 증가 등을 들 수 있다.

이에 미래형 인재를 양성하기 위한 부모교육이라는 주제로 학습 활동을 함으로써 이상과 같은 한국의 사회문제로 대두되고 있는 몇 가지 사안들을 되짚어 보고 토의하는 과정을 통하여 지금의 자신을 성찰할 수 있는 기회를 가지면서 자신의 가치관을 새롭게 정립하게 될 것이고, 미래의 다양한 문제에 대한 대처능력을 지닌 미래형 인재 양성을 위한 부모준비 교육에 도움을 줄 수 있으리라 기대한다.

세부 프로그램 내용

실천적 문제 I

미래형 인재를 키울 부모가 되기 위해서 나는 무엇을 준비해야 하는가?

T : Teacher(교사용 자료) / S : Student(학습자료)

학습주제	학습 내용	교수 학습 자료
1 부모가 되기 위한 나의 준비 & 자아 키우기	1. my life 사랑하기	T 1 우리의 미래 (만화자료)
		T 2 나는 아버지의 아들
		S 1 레나 마리아 - My life
		S 2 행복한 인생
	2. myself 찾기	T 3 자존감 기르기
		S 3 나는 누구인가? 〈9가지 성격 유형〉
		T 4 9가지 성격 유형 분석
		S 4 자아 이미지 메이킹
	3. 행복한 삶으로의 도약	T 5 행복의 순위 (신문자료)
		S 5 '행복한 삶' 기사 만들기
		S 6 내 안에 있는 보물 발견하기
		T 6 풍선이 뜨는 이유
2 부모됨의 의미	1. 가족의 의미	S 7 가족은?
		T 7 가족의 의미
		S 8 가족! 왜 소중할까요?(1)
		S 9 가족! 왜 소중할까요?(2)
		T 8 건강한 가족
		S 10 건강한 가족은?
		S 11 가족 우표 응모하기
		T 9 가족♬(1)
		T 10 가족♬(2)

학습주제	학습 내용	교수 학습 자료
2 부모됨의 의미	2. 부모됨 교육의 필요성	T 11 부모교육의 개념
		T 12 부모교육의 목적 및 필요성
		T 13 부모교육의 필요성
		S 12 '준비 안 된 부모들', 아기 잡는다
		S 13 '부모 자격증', 필요할까요?
		S 14 우리는 부모됨을 어떻게 배우는가?
	3-4. 부모됨	T 14 부모됨
		T 15 부모가 자녀에게 주는 시
		T 16 자녀가 부모님께 드리는 시
		S 15 부모됨의 의미
		T 17 부모됨의 의미
		S 16 부모됨의 끝은 있는가?
		S 17 부 모
		S 18 가장 아름다운 가위 바위 보
		S 19 부모님을 닮아드린 적이 있나요?
		S 20 부모가 되어서야만 알 수 있을까요?
	5. 부모됨에 대한 생각	S 21 부모됨에 대한 나의 생각
		T 18 미혼남녀 19% "자녀 없어도 돼"
		S 22 내가 믿는 부모됨에 관한 진실
		S 23 부모가 되는 것은 어떤 느낌일까?
	6. 사람들은 왜 부모가 되려고 하는가	S 24 사람들은 왜 부모가 되려고 하는가?
		T 19 사람들은 왜 부모가 되려고 하는가?
		S 25 부모됨의 비용(희생)
		T 20 부모됨의 어려움
		T 21 20세기의 부모의 의사결정방법의 변화
		S 26 부모됨의 보상

학습주제	학습 내용	교수 학습 자료
2 부모됨의 의미	7. 부모됨의 책임	S 27 부모됨의 책임
		T 22 부모됨의 책임 (역할)
		S 28 부모됨의 약속
		S 29 부모됨에 관한 미디어 메시지 - 과제 수행 -
3 부모됨의 준비	1. 좋은 부모 되기	S 30 세 가지 질문
		T 23 세 가지 질문의 해답 (예시)
		S 31 좋은 부모가 되기 위한 나의 자아 키우기
		T 24 히딩크 감독 같은 부모가 되자
	2. 배우자 선택	T 25 편견
		T 26 거꾸로 된 그림이 보여주는 진실 - '확신(내가 가진 편견)' 이 눈앞의 진실을 가린다 -
		S 32 배우자 선택에 대한 나의 가치관
		S 33 나의 결혼 이유 - "네가 진짜로 원하는 게 뭐야~!" -
		T 27 결혼의 동기 (통계자료)
		S 34 진정한 사랑이란
	3. 부모 역할 시도	S 35 언제까지나 너를 사랑해
		S 36 부모 역할 해보기
		S 37 하우스 룰(house rule) : 가족 간의 '약속' 만들기
		T 28 좋은 부부관계 속에서 좋은 부모가 된다
	4. 미래의 가족 계획하기	S 38 미래의 나의 가족 모습
		S 39 현대의 다양한 가족 모습
		S 40 부모됨의 선택 - 부모, 될 것인가? 말 것인가? -
		T 29 함께 있으면 좋은 사람

실천적 문제 II

미래형 인재가 될 자녀를 잘 양육하기 위해서 나는 무엇을 해야 하는가?

학습주제	학습 내용	교수 학습 자료
1 임신 및 출산 & 아동의 발달 단계에 따른 양육	1. 태아발달과정과 태교	S 41 엄마! 나 여기 있어요
		T 30 입덧의 증상과 이겨내는 방법
		S 42 태아가 자라는 과정
		T 31 태아의 발달과정
		S 43 태교 알아보기
		S 44 너무 소리 내지 말아요
		T 32 우리들의 아기는 살아있는 기도라네
		T 33 아기를 가질 때 부모의 준비된 마음이 얼마나 중요한가
		T 34 아기를 생각하는 감성 태교법
	2. 출산과정과 출산법	T 35 아기는 엄마의 진통보다 10배의 고통을…
		T 36 출산과정
		T 37 제왕절개술의 나라
		T 38 다양한 자연분만방법
		S 45 제왕절개술과 다양한 출산법
		T 39 출산의 기쁨을 되찾읍시다!
		T 40 그럼, 어느 분만법을 택할 것인가? - 내게 맞는 분만법 -
		S 46 아가야, 안녕?
	3. 모유수유	T 41 세상에서 가장 아름다운 모습
		T 42 읽어주면 좋은 시 - '아가야! 아가야!' -
		T 43 엄마 젖을 먹이면 왜 살이 빠지나?
		T 44 모유를 먹이면 어떤 점이 좋을까?

학습주제	학습 내용	교수 학습 자료
1 임신 및 출산 & 아동의 발달 단계에 따른 양육	3. 모유수유	S 47 우리나라 모유수유 실태
		T 45 모유수유 영상자료
		S 48 모유수유 영상자료
		S 49 엄마 젖 먹이기 홍보작품 만들기 I
		S 50 엄마 젖 먹이기 홍보작품 만들기 II
		S 51 엄마 젖 먹이기 홍보작품 만들기 III
		S 52 엄마 젖 먹이기 홍보작품 만들기 IV
	4. 아동의 발달단계에 따른 양육	T 46 세상에서 가장 아름다운 단어 '어머니'
		S 53 아동의 발달적 특징을 아는 것이 왜 중요한가?
		T 47 아동의 연령에 따른 발달적 특징 및 부모의 역할
		S 54 발달과업표
		T 48 부모-자녀 관계의 발달적 역할
		T 49 아기 성장 보고서
		T 50 정서지능, 창의성, 대인관계
		S 55 정서지능 향상 프로그램
		S 56 창의성 향상 프로그램
		S 57 대인관계 향상 프로그램
		S 58 나는 얼마나 좋은 부모일까?
2 긍정적인 부모-자녀 관계 형성	1. 부모-자녀 관계	S 59 업어주는 자동차
		T 51 지금까지 겪은 모든 일은 머릿속에 저장되어 있다
		S 60 기억 속의 서랍 정리하기
	2. 부모 양육 유형에 따른 아이의 성장	S 61 딸이 차려준 밥상
		S 62 부모의 양육 스-타-일
		S 63 이럴 땐 어떻게?

학습주제	학습 내용	교수 학습 자료
2 긍정적인 부모-자녀 관계 형성	2. 부모 양육 유형에 따른 아이의 성장	T 52 상황에 따른 부모의 행동 특성
		T 53 부모의 양육 스타일과 아이에게 나타나는 결과
	3. 부정적 부모-자녀 관계	S 64 엄마 눈은 달마시안, 아이의 마음은?
		S 65 짐승처럼 방치… 버려진 아이들
		T 54 아동 학대 바로 알기
		S 66 사랑 받고 존중 받아야 할 가치
	4. 긍정적 부모-자녀 관계	S 67 이런 부모, 이런 자녀가 되겠습니다
		S 68 아이들이 진정으로 원하는 것은?
		T 55 어린이들에게 필요한 새로운 비타민
		S 69 아이들은 생활 속에서 배운다
	5-6. 긍정적인 부모-자녀 관계 만들기	S 70 난 어떤 모습이지?
		S 71 이런 말은 삼가주세요!
		S 72 자녀에게 긍정적인 메시지를 입력하는 방법
		T 56 어떻게 말하느냐에 달려있다 -긍정적인 말의 효과-
		S 73 5가지 사랑의 언어
		T 57 5가지 사랑의 언어
		T 58 부모의 칭찬에도 뿌리와 가지 있어야
		S 74 칭찬 일기 쓰기
		T 59 칭찬 일기 쓰기 지도
	7. 자녀 스스로 건강하게 성장할 수 있도록 도와주기	S 75 나는 누구일까요?
		S 76 어차피 자식보다 오래 못사니… 홀로 서게 하라
		T 60 피터팬 양산하는 사회
		S 77 우리 자녀를 건강하고 바르게 키우는 방법
		T 61 자녀를 바르게 성장하도록 돕는 방법
		S 78 아버지의 선물, 나의 선물?

실천적 문제 III

미래형 인재가 될 자녀를 교육하는 것과 관련된 한국의 사회적 문제를 해결하기 위해서 나는 무엇을 해야 하는가?

학습주제	학습 내용	교수 학습 자료
1 가족문제와 사회문제의 이해 & 미래형 인재 양육을 위한 부모됨	1. 가족과 사회현상의 관계	S 79 참혹한 현장 뉴스
		T 62 학교에서는 열등생이지만 사회에서는...
		S 80 너무나 버거운 자녀교육!
		S 81 "아이 유학 서둘지 마세요."
		T 63 '고독감', '외도 유혹' 견디며 자녀 성공에 올인
		S 82 자식은 나의 소유물인가?
		T 64 자녀는 부모의 소유물이 아니다!
		T 65 자살의 충동으로부터 헤어날 수 있을까?
		S 83 가족문제와 사회문제
	2. 타인과의 관계	S 84 왕따는 왜 생겨날까요?
		S 85 사회성 체크리스트
		T 66 왕따는 부모가 만든다!
		T 67 왕따 징후와 대처법
		S 86 걸핏하면 싸우고 폭력을 쓰는 아이, 어떻게 해야 할까요?
		T 68 가정교육 잘못된 아이들이 학교에서 폭력

학습주제	학습 내용	교수 학습 자료
1 가족문제와 사회문제의 이해 & 미래형 인재 양육을 위한 부모됨	3. 일과 가족생활의 조화	S 87 돼지책
		T 69 부모의 일을 자랑스럽게 여기게 해 주세요!
		S 88 "나, 임신!" 발표에 주위는 "너 정말 고민 되겠다."
		T 70 늘어나는 자녀 양육에 대한 부담
		S 89 자녀 출산정책은 어떻게 변화해 왔을까!
		T 71 표어, 포스터로 보는 가족계획 40년
	4. 양성평등 사회에서 부모의 리더십	S 90 나의 슬픈 일기장을 펼쳐보면서…
		T 72 양성평등을 가로막는 우리들의 TV 문화
		T 73 남아선호사상의 유래와 관련 문화
	5. 미래사회의 변화	T 74 미래사회의 모습
		S 91 우리가 추구하는 미래사회의 인재는?
		T 75 미래형 인재양성을 위한 부모의 역할
		S 92 미래사회의 부모의 책임과 리더십
		T 76 새롭게 요구되는 미래형 리더의 자질

1/3차시

My life 사랑하기

학습목표 : 건강한 자아를 형성한 사람이 건강한 부모가 될 수 있음을 안다.
건강한 자아를 형성하기 위하여 스스로를 사랑하는 사람이 되도록 노력한다.

교수학습 자료 및 준비	교사	교사용 자료 1, 2	수업 준비	OHP
	학생	학습자료 1, 2		인터넷 동영상
지도시 유의점 교사 Tip	• 건강한 자아를 형성한 사람이 건강한 부모가 될 자격이 있음을 인식시킨다. • 동영상을 볼 때 장애를 부각시키지 말고, 주인공의 삶 속에 나타난 도전의식과 삶에 대해 감사하는 마음, 자신의 핸디캡을 자신의 소중한 일부로 인식하고 오히려 그것을 통하여 행복하게 생활하는 삶을 초점으로 삼는다.			

단계	내용	활동
도입	Ⓐ 교사용 자료 [우리의 미래]를 통하여 기존에 학생들이 갖고 있는 대학입학 꿈에서 더 나아가 자신의 삶을 크게 바라보는 시각을 갖도록 생각문 열기를 한다.	생각문 열기
	Ⓐ 학생들에게 교사용 자료 [나는 아버지의 아들]을 읽어준 후, 자녀로서 자신의 모습을 되돌아보는 기회를 갖게 한다. 부모에 대한 느낌을 생각문 열기를 통해 나눈다. - 아들/딸로서 아버지에게 갖고 있는 나의 느낌 나누기 - 아들/딸로서 어머니에게 갖고 있는 나의 느낌 나누기	생각문 열기
	학습목표를 제시한다.	
전개	Ⓡ 이번에는 시야를 미래로 내다보고, 자신이 부모가 되었을 때를 생각해 보도록 한다. 부모가 된다는 것은 자기 자신을 스스로 책임질 수 있는 존재가 되었음을 의미한다.	다르게 보기
	Ⓐ 다음 동영상을 보고 학습자료 [레나 마리아-My life]를 해보도록 한다. http://dory.mncast.com/mnc_movie.swf?movieID=628 I N20066964242 레나 마리아	생각문 열기
정리	Ⓒ 학생들의 '나의 인생(My life)' 에 대해서 격려하고 자신감을 심어준다. Ⓒ Ⓢ 자신의 삶을 진정 사랑할 줄 아는 사람이 건강한 부모가 될 수 있음을 인식시키고, 학생들 모두 건강한 부모가 될 자격이 있음을 격려한다. 학습자료 [행복한 인생]을 한 후 마무리 한다.	더불어 살기
	차시예고 : Myself 찾기	

교사용 자료 I-1-T1

우리의 미래 (만화자료)

자료 : http://cartoon.stoo.com

교사용 자료 Ⅰ-1-T2 나는 아버지의 아들

에이브라함 링컨의 아버지 토마스 링컨은 1637년 영국에서 이민 온 직공의 후예로 신발 만드는 일에 종사했다. 링컨이 미국의 대통령에 선출되었을 때 그런 사실을 알게 된 상원의원들은 커다란 충격을 받았다. 대부분이 명문 귀족 출신이었던 상원의원들은 신발 제조공의 아들 밑에서 일한다는 게 여간 불쾌하지 않았다.

링컨이 의원들을 상대로 연설을 하기 위해 단 위에 서는 순간 어느 거만해 보이는 상원의원이 일어나서 링컨을 향해 말했다.

"당신이 대통령이 되다니 정말 놀랍소. 그러나 당신의 아버지가 신발 제조공이었다는 사실을 잊지 마시오. 당신의 아버지는 우리 가족의 신발을 만들기 위해서 가끔 우리 집을 찾아오곤 했었소. 이 신발 역시 바로 당신의 아버지가 만든 것이오."

상원의원의 말이 끝나자 여기저기서 킥킥거리는 웃음이 새어나왔다. 링컨은 조용히 서 있었다. 훤칠한 키의 링컨은 조금도 흔들리지 않았다. 그의 두 눈에는 눈물이 가득 고여 있었다. 그러나 그것은 부끄러움의 눈물이 아니었다. 링컨이 단호하게 말했다.

"고맙습니다. 의원님 덕분에 한동안 잊고 있던 내 아버지의 얼굴이 기억났습니다. 내 아버지는 신발 제조공으로 완벽한 솜씨를 가진 분이었습니다. 나는 아버지를 능가할 수 없습니다. 다만 아버지의 위대함을 따르려고 노력할 뿐이었습니다. 나의 아버지는 많은 귀족들의 신발을 만드셨습니다. 여기 이 자리에 모인 분들 가운데는 내 아버지가 만드신 신발을 신은 분들도 계실 것입니다. 만일 신발이 불편하다면 저에게 말씀하십시오. 아버지의 기술을 옆에서 보고 배웠기 때문에 조금은 손봐드릴 수 있을 겁니다. 나는 아버지의 아들입니다. 내 아버지가 만드신 신발을 최선을 다해 고쳐 드리겠습니다. 물론 저의 솜씨는 돌아가신 아버지에 비교할 수 없습니다만……."

의회장에는 무거운 침묵이 흘렀다.

자료 : 유재덕(1999), 청소년을 변화시키는 이야기 131가지. 도서출판 호산.

학습자료 Ⅰ-1-S1

레나 마리아 - My life

☐학년 ☐반 ☐번 이름: ☐

레나 마리아의 책
"발로 쓴 내 인생의 악보"

나를 처음 만나는 사람은 인사를 하기 위해 정중하게 손을 내미는 경우가 있다. 그렇지만 나는 "안녕하세요"라고 대답할 뿐이다. 금세 알게 되는 사람은 손을 얼른 집어넣고 미소 짓거나 가볍게 포옹함으로 인사를 대신한다. 어떤 사람은 매우 난처한 표정으로 어떻게 하면 그 어색한 상황에서 벗어날 수 있을까 고민한다.

그 사람과 가까워졌을 때, 처음 만났을 때를 기억하냐고 묻는 경우가 있는데 다행히도 거의 기억하지 못한다. 팔이 없기 때문에……. 나는 다른 사람과 악수할 시간이 없다. 팔이나 손이 없어서 편리한 점은 절대 반지나 장갑을 잃어버릴 염려가 없다는 것이다.

어릴 때 같은 반 친구 집에 놀러 갔을 때의 일이다. 아빠가 데리러 와서 나는 돌아갈 준비를 하고 있었다. 친구 엄마는 내 장갑을 찾는 일에, 온통 신경을 쓰고 계셨다. "안 찾으셔도 됩니다." 아빠가 말했다. "하지만 밖이 꽤 추워서, 장갑을 끼어야 되요." 하지만 친구 엄마는 곧 장갑을 찾을 필요가 없다는 것을 깨달았다.

6학년 때 학교에서 나를 돌보아주던 보조간호사는 매우 다정한 분으로, 나에게 크리스마스 선물을 주었다. 선물을 주기 전날, 그녀는 자신의 실수를 깨달았다. 반지를 사버린 것이다! 당황하여 허둥지둥 상점으로 되돌아갔고, 반지는 사슬 목걸이로 바뀌어졌다.

나는 이런 에피소드들이 재미있다. 다른 사람들이 이렇게 작은 실수를 하거나 당황하는 것을 보고 오히려 즐거워하는 경우도 종종 있다. 상대방을 난처하게 만들려는 것이 아니라 핸디캡이 있다는 것을 느끼지 못하거나 잊어버리고 있는 것을 즐기는 것이다. 누군가를 만나고 얼마간의 시간이 흐르면 그 사람은 내 핸디캡에 대해 나와 똑같이 반응하기 시작한다. 그것을 보는 것은 유쾌한 일이다. 그들도 내게 장애가 있다는 사실을 잊어버린 것이다.

자료 : 레나 마리아 지음, 유석인 옮김(2003). 발로 쓴 내 인생의 악보. 토기장이.

Q 윗 글은 "발로 쓴 내 인생의 악보" 서문에 나오는 글이다. 이 글과 동영상을 통해 비추어볼 때, 레나 마리아의 삶(My life)을 그녀 스스로 어떻게 느끼고 있나요?

Q 자신의 삶을 사랑하는 것이 행복한 삶으로 이끄는 힘인 것을 느낄 수 있나요? 지금 나의 행복을 가로 막고 있는 장애물은 무엇이며 이를 극복할 방법은 무엇인가요?

"아버지가 아이를 사랑한다는 걸 어떻게 표현하면 좋습니까?" 라는 질문에 대부분의 아버지는 아이에게 선물을 사준다고 대답할 것이다. 경우에 따라서는 시간을 내서 아이와 함께 놀아준다는 사람도 있을 것이다. 그러나 이러한 대답은 어떨까요?

"아이의 어머니를 사랑하면 아이는 저절로 알게 됩니다."

Q 자신을 진정 사랑할 준비가 되었나요? 자신을 사랑하는 사람이 부모가 되어 배우자도 진정으로 사랑할 수 있으며, 그 속에서 아이는 저절로 사랑받고 있다는 사실을 느끼며 자라게 됩니다. 자신의 삶을 사랑하기 위해 지금 나에게 가장 필요한 것은 무엇인가요?

학습자료 Ⅰ-1-Ⓢ2

행복한 인생

학년 반 번 이름:

세계의 인구가 100명의 주민이 사는 작은 마을로 축소됐다고 가정했을 경우 아시아인이 57명, 유럽인이 21명, 미국인이 14명, 아프리카인이 8명이다. 여성이 52명, 남성이 48명이다. 백인 아닌 사람이 70명, 백인이 30명이다. 6명이 전 세계 재산의 57%를 소유하고 있다. 80명이 열악한 주택에 산다. 70명이 문맹이다. 50명이 영양실조로 고통 받고 있다. 1명이 죽기 직전이고, 1명이 곧 탄생하는 순간이다. 1명이 컴퓨터를 보유하고 있다.

아침에 일어났을 때 당신이 건강하다고 느낀다면, 당신은 이번 주 중에 죽을 세계 100만 명의 사람들보다 행복한 것이다.

당신이 전쟁에서 포로가 되어 고독하거나 고문으로 인한 고통과 배고픔을 느낀 경험이 없다면, 당신은 세계 500만 명의 사람들보다 행복한 것이다.

당신이 박해를 받거나 체포되거나 고문당하거나 죽임을 당하지 않을까 하는 공포 없이 예배에 참석할 수 있다면, 당신은 세계 200만 명의 사람보다 행복한 것이다.

당신 집 냉장고에 먹을 것이 있고 옷도, 살 집도, 잘 곳도 있다면, 당신은 세계 75%의 사람보다 풍족한 것이다.

당신이 은행에 돈이 있고, 지갑 안에 돈이 있고 혹은 책상 서랍에 약간의 잔돈이 있다면, 당신은 세계 경제계 상위 계층에 속하는 8% 중 1명이다.

당신이 이 글을 읽을 수 있다면, 세계에서 글을 못 읽는 2억 명의 사람보다 당신은 행복한 것이다.

자료 : 레나 마리아 지음, 유석인 옮김(2002). 해피데이즈. 토기장이.

Q 이 글을 읽고 있는 여러분은 지금 행복하다고 생각하나요? 자신의 삶을 사랑하는 것이 미래에 부모가 되는 것과 어떤 연관이 있다고 생각하나요?

2/3차시

Myself 찾기

학습목표 : 성격테스트를 통하여 자신을 좀 더 구체적으로 알 수 있다.
나는 남과 다르며 '다름'은 좋고 나쁨으로 구분 지을 수 없는 독특함인 것을 이해할 수 있다.
서로 다른 성격을 가진 사람들을 이해할 수 있다.

교수학습 자료 및 준비	교사	교사용 자료 3, 4	수업 준비	컴퓨터실 클래식음악 CD, OHP
	학생	학습자료 3, 4		
지도시 유의점 교사 Tip	• 성격테스트를 할 수 있도록 개인별 컴퓨터가 구비된 환경을 권장한다. 가능하면 컴퓨터실에서 진행하도록 하지만, 어려울 경우에는 집에서 각자 성격테스트를 하고 결과를 출력해 올 수 있도록 사이트 주소를 알려주고 숙제로 내 줄 수도 있다. • 서로 다른 9가지의 성격 유형에 대해 우열을 나누지 말고, 각각의 특성이 모두 다름을 인식시키며 모든 유형의 사람들이 필요함을 강조한다. • 시간이 허락되면, 둘씩 짝을 지어 서로의 성격에 대해 테스트를 해 주는 시간을 갖도록 한다.			

단계	내용	
도입	Ⓐ 교사용 자료 [자존감 기르기] 만화장면을 보여 주며 이와 같은 경험에 대해 이야기해 본다. - 점원이 귀찮도록 옆에 붙어 있어서 정작 원하는 옷을 맘대로 입어보지 못한 경험 - 점원이 신경을 쓰지 않아 무시당한다고 느꼈던 경험 - 친구랑 옷가게에 갔는데, 수줍어하는 친구를 보고 답답해하던 경험	생각문 열기
	학습목표를 제시한다.	
전개	Ⓡ 나는 남과 다르며, 어떤 경우에는 나 자신조차도 스스로 잘 모르고 있는 경우가 있다. 학습자료 [나는 누구인가?〈9가지 성격 유형〉]을 통하여 자신을 좀 더 구체적으로 알아보는 시간을 갖도록 한다.	생각문 열기
	Ⓒ 성격 유형 테스트를 할 수 있는 인터넷 사이트를 안내하고 잔잔한 클래식 음악을 틀어주며 진지하게 테스트에 임할 수 있도록 격려한다. (www.윤태익.com → "!?성격테스트")	다르게 보기
	Ⓒ Ⓢ 9가지의 성격 유형에 대해 교사가 해석해주되, 모든 성격 유형의 사람들이 이 세상을 살아가는 데 조화를 이루어야 함을 강조한다. 자신의 성격 유형에 대해 구체적으로 알 수 있게 된 학생들은 자신감과 만족감을 얻게 된다.	더불어 살기
정리	Ⓡ 학습자료 [자아 이미지 메이킹]을 통하여 자신을 나타내는 음식을 선정하여 4컷 만화를 구성해 보자. - 만화에서 표현된 '간장'의 이미지 - 나를 표현할 수 있는 음식 & 나만의 이미지 선정	생각문 열기
	차시예고 : 행복한 삶으로의 도약	

교사용 자료 Ⅰ-1-T3 자존감 기르기

http://www.marineblues.net/

학습자료 Ⅰ-1-S3

나는 누구인가? 〈9가지 성격 유형〉

☐학년 ☐반 ☐번 이름: ☐

사람의 성격을 9가지로 분류해 분석한 에니어그램에서 말하는 것은 9가지의 서로 다른 성격의 소유자들은 모두 귀한 존재들이라는 점이다. 자신과 다른 모습으로 살아가려고 할 때가 아니라, 자신이 속해 있는 성격 유형의 장점들을 발전시킬 때 우리는 행복하고 만족한 삶을 살아갈 수 있다. 그것은 사랑하는 사람과의 관계에도 도움을 준다.

Q 어느 날 어린 동생이 문을 열고 들어오는데 어디서 맞았는지 얼굴이 엉망이 되어 들어왔습니다. 나는 동생을 보고 어떻게 반응할까요?

A
① "어느 녀석이 그랬어?" 하며 화가 치밀어 오른다. 곧바로 동생을 앞세워 때린 아이를 찾아갈 것이다.

② 우선 어린 동생이 맞고 온 것이 너무 마음이 아플 것 같다. 그래서 얼른 울음을 그치도록 동생을 달래줄 것이다.

③ 일단 무엇보다도 어떻게 된 일인지 상황을 파악하는 것이 중요하다고 생각한다. 그래서 동생에서 물어볼 것이다. "어떻게 된 거야? 어디서 그랬어? 누가 때렸어? 왜 맞은 거야?"

내 대답은? 〈　　　　　〉

에니어그램으로 알아보는 나의 성격 유형은?

WWW.윤태익.COM ☞ ⁉ 성격테스트 ☞ STEP 1. 내가보는 나 LET'S GO! | STEP 2. 내가보는 남 LET'S GO!

테스트 결과 나는 (　　)번 성격 유형을 갖고 있는 사람이다.

■ 자세한 결과를 출력하여 보고 친구들의 것과 서로 바꾸어가며 읽어보세요.

교사용 자료 Ⅰ-1-T4　9가지 성격 유형 분석

→ 학습자료 질문에 대한 해설

① 솔직 과감한 행동파이다. 그래서 말보다는 행동이 먼저 앞서며 또한 내면에는 지배 욕구가 있어서 어떠한 상황이나 사람이 자신의 영역 안에서 통제되지 않으면 분노를 터뜨리며, '당연히 그래야지!', '솔직하게 말하면' 이라는 말을 자주 사용한다.

② 인간관계의 달인들이다. 사람의 마음을 잘 이해하고 공감하며 감성이 매우 풍부하다. 이들의 주된 관심은 타인과의 관계에 있다. 다른 사람들이 자신을 어떻게 생각할 지에 대해 매우 관심이 많으며 자기 이미지를 중요하게 여긴다.

③ 명쾌한 논리와 이성을 갖고 있는 사람이다. 이들의 주된 관심사는 전반적인 상황과 정보이다. 항상 나와 조직이 처한 상황이 어떻게 돌아가는지를 파악하고 이성적인 대응을 하려 든다. 이들은 안전에 대한 욕구가 강하기 때문에 불안하고 초조함을 잘 느끼며, 항상 미래에 관심이 많다.

자료 : 삼성 SDS전자 사보, 2005년 5월 '사람@꿈' 에 실려 있는 윤태익 의식발전소 소장의 글에서

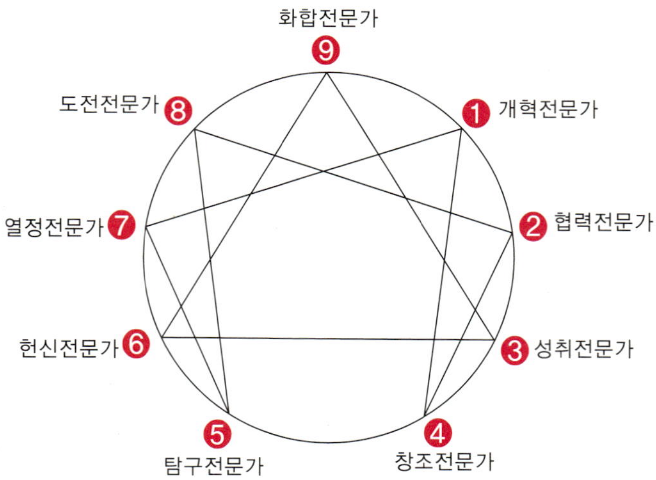

에니어그램은 2천년 이상의 역사를 지닌 대단히 유래 깊은 인간학이다. 이 에니어그램의 중심 명제는 인간은 아홉 가지 심리 유형 중 하나를 자기 것으로 하여 세상을 살아간다는 것이다. 에니어그램이란 단어는 그리스어로 9를 의미하는 에니어(ennea)와 그림이라는 뜻의 그램(gram)의 합성어로 아홉 개의 점이 있는 그림을 나타낸다.

1. The Reformer (개혁가, 완벽주의자)

매사에 완벽을 기하고 스스로의 이상을 건설적인 자세로 추구하며, 이를 위한 노력을 아끼지 않는다. 항상 공정함과 정의를 염두에 두고 정직하고 신뢰할 수 있는 성품으로 자신의 윤리관에 자신감을 갖고 있다. 인상이 깔끔하고 항상 절제하는 자세를 잃지 않고 '해야 한다' 라는 말을 자주 한다. '올바른 길을 걷고 있다', '매사를 정확하게 파악하고 있다' 는 생각에 만족감을 느낀다.

좋은 상태에 있을 때 : 도덕적이다　신뢰할 수 있다　건설적이다　똑똑하다
이상주의적인 사고　정직하다　공정하다　자제력이 있다
나쁜 상태에 있을 때 : 선악을 기준으로 판단하기 쉽다　완고하다　독선적이다
강박관념에 시달린다　흠잡기를 좋아한다　지나치게 꼼꼼하다
걱정이 많다　질투가 심하다

2. The Helper (도움을 주고자 하는 사람, 조력자, 협력가)

정이 많고 곤경에 빠진 사람들에게 도움의 손길을 뻗치며 주변사람들에게 도움이 되는 일을 마다하지 않는다. 타인이 필요로 하는 것에 몰두하지만 타인의 도움을 필요로 하고 있는 자기 자신에 대해서는 자각하고 있지 못하다. 예리한 직감을 갖고 있고 주위 사람들의 기분을 이해하고 거기에 맞출 수 있기 때문에 적응력이 뛰어나다. 또한 다양한 자기 모습을 갖고 있어 상대방에 따라 다른 모습을 연출할 수 있다. 자신을 돌보기보다는 타인을 돌보고 도와주는 것에 만족을 느낀다.

좋은 상태에 있을 때 : 정이 많다　사람을 잘 돌본다　적응력이 뛰어나다
직관력이 뛰어나다　마음이 넓다　매사에 열중한다
사람들의 기분을 이해한다
나쁜 상태에 있을 때 : 순교자처럼 행동한다　돌려서 표현한다　사람을 조종한다
독점하려 한다　히스테리가 심하다　남이 시키는대로 한다
감정을 너무 드러낸다　논리적이지 못하다

3. The Achiever(성취자, 야심가, 성공가, 성취하는 사람)

항상 효율을 중시하고 성공을 위해서는 자신의 생활을 희생시키더라도 개의치 않는다. 자신이 세운 목표를 향해 남들도 효율적으로 매진할 것을 바라며 주위 사람들의 의욕을 고취시키는 것도 능숙하다. 인생의 가치를 '성공이냐 실패냐' 라는 척도로 재고 실적을 중시하는 정력가이다. 자신감에 넘친 인상으로 주위 사람들에게 좋은 인상을 심어주려 한다. '성공했다', '일을 효율적이고 성공적으로 완수해냈다' 는 것에 가장 큰 만족을 얻는다.

좋은 상태에 있을 때 : 낙관적이다 자신감에 넘쳐 있다 근면하다 유능하다 자신의 힘으로 일을 추진한다 정력적이다 실질적이다
나쁜 상태에 있을 때 : 신뢰할 수 없다 자아도취에 빠진다 잘난 척 한다 자만한다 천박하다 심술궂다 지나친 경쟁의식을 갖는다

4. The Individualist(개인주의자, 특별한 존재를 지향하는 사람, 창조자)

자신은 특별한 사람이라고 자부하고 있으며 무엇보다도 감동을 중시하고 평범함을 싫어한다. 다른 사람들보다 슬픔이나 고독 등을 진하게 느낄 수 있다고 생각하며 타인에 대한 이해심이 많고, 사람들을 받쳐주고 격려하는 것을 좋아한다. 또한 자신을 드라마 속의 연기자처럼 느끼고 있으며 행동에서 패션에 이르기까지 세련된 느낌과 표현력이 풍부하다는 인상을 준다. '나는 특별한 존재이다', '나는 독특한 존재이다.', '나는 감수성이 풍부하다' 라는 자기 모습에 가장 큰 만족을 느낀다.

좋은 상태에 있을 때 : 마음이 따뜻하다 이해심이 많다 자기 성찰이 뛰어나다 표현력이 풍부하다 독창적이다 직관적이다 사람들을 뒷받침하고 격려한다 세련됐다
나쁜 상태에 있을 때 : 의기소침해진다 자의식이 너무 강하다 죄책감에 사로잡힌다 도덕을 내세운다 움츠러든다 옹고집을 부리거나 변덕스럽다 너무 깊은 생각에 잠긴다 질투심, 복수심이 생기고 물고 늘어진다 고민에 빠진다

5. The Investigator(탐구자, 관찰자)

지식을 쌓아 가는 것을 좋아하며 항상 현명하게 판단하려고 노력한다. 분석력과 통찰력이 뛰어나며 객관적이고 방관자적인 태도를 일관되게 유지하려고 한다. 현실을 파악하는 관찰력이 뛰어나지만 말이 적고 태도가 조심스럽다. 어리석은 판단을 내리는 것을 두려워하며 일을 시작하거나 의견을 발표하기 전에 정보를 열심히 수집해 상황을 정확하게 파악하려고 한다. 또한 고독을 즐기는 경향이 강하고 자신만의 시간을 아주 중요하게 여긴다. '지혜로운 사람', '현명한 사람', '무엇이든지 잘 알고 있는 사람' 이라는 자신의 모습에 가장 큰 만족을 느낀다.

좋은 상태에 있을 때 :	분석적이다 끈기가 있다 예민하다 현명하다 객관적이다 통찰력이 예리하다
나쁜 상태에 있을 때 :	지적인 면에서 오만하다 내놓기를 아까워한다 옹고집 쌀쌀맞다 흠잡기를 좋아한다 내성적이다

6. The Royalist(충실한 사람, 헌신자)

자기 자신을 안전하게 보호하려고 하는 6타입은 양면성을 갖고 있다. 강한 보호자를 찾고 그 보호자에 대해 대단히 충직하고 자신의 책임을 다한다. 그러나 한편으로는 납득할 수 없는 권력에 반항하고 약자의 주장에 공감하며 불리한 싸움에 과감하게 도전하는 면도 있다. 상대방의 조그마한 언동으로부터 그 진의를 파악하는 능력을 갖고 있으며 신뢰할 수 있는 관계라면 따뜻한 정과 마음을 보여준다. '충실하다', '성실하다' 는 자신의 모습에 만족을 느끼면서도 '솔직한 사람', '사회규범에 순응하지 않는 사람', '위험에 과감히 맞서는 사람' 이라는 자신의 모습에도 만족을 느낀다.

좋은 상태에 있을 때 :	충실하다 남들에게 호감을 준다 마음이 따뜻하다 정이 많다 실질적이다 남들을 잘 도와준다 책임감이 있다
나쁜 상태에 있을 때 :	경계심이 지나치게 많다 타인을 조종하려 한다 무슨 일을 저지를지 모른다 선악으로 판단하기 쉽다 피해 망상적이다 자신을 지나치게 방어한다 화를 잘 낸다

7. The Enthusiast(열정적인 사람, 이상주의자)

모든 일을 낙관적으로 보려고 하며 밝고 명랑하다. 그리고 자기 주변에서 즐거움을 찾아내는 능력이 뛰어나다. 좋아하는 사람들이 주변에 많이 있으며 자기 자신도 매력적인 인간이 되려고 노력한다. 또한 항상 즐거운 계획을 세우고 아이디어를 생각해 내며 호기심이 많고 상상력이 풍부하다. '정말 즐겁다', '너무나 유쾌하다', '앞으로의 계획이 무궁무진하다' 는 것에 만족을 얻는다.

좋은 상태에 있을 때 :	즐거운 일을 좋아한다 자주성이 있다 상상력이 풍부하다 열중한다 건설적이다 신속하다 자신감에 넘쳐 있다 매력적이다 호기심이 왕성하다
나쁜 상태에 있을 때 :	자기 자신에 도취된다 충동적이다 어느 하나에 집중하지 못한다 반항적이다 자제력을 잃어버린다 독점하려고 한다 광적인 상태에 빠진다 자신에 대해 파괴적이다 안정감을 상실한다

8. The Challenger(도전하는 사람, 저항하는 사람)

자신이 옳다고 생각하는 것에 대해서는 전력을 다해 싸우는 전사이다. 용기와 힘이 넘치고 부정이나 태만, 허영심 등을 재빠르게 꿰뚫어 그것에 결연히 대항한다. 권력구조를 파악하는 능력이 뛰어나며 자신의 강한 힘을 발휘할 수 있는 위치를 확보하는 능력도 갖추고 있다. 거드름을 피우지 않고 성실하며 약자를 옹호하고 보호하려고 한다. '힘이 있다', '할 수 있다', '힘에 넘친다' 는 자신의 모습에 가장 만족을 느낀다.

좋은 상태에 있을 때 : 단도직입적이다 권위가 있다 성실하다 정력적이다
허세를 부리지 않는다 사람을 감싼다 자신감을 갖고 있다
나쁜 상태에 있을 때 : 타인을 조종하려 한다 반항적이다 둔감하다 오만하다
자기중심적이다 회의적이다 억지를 부린다

9. The Peacemaker(평화주의자, 화합하는 사람)

갈등이나 긴장을 피하는 평화주의자로 자신의 내면이 혼란스러워지는 것을 싫어한다. 다른 사람들에게 쉽게 동화되기 때문에 주위 사람들의 영향을 받기 쉽지만 좋은 환경에 있으면 마음이 넓고 동요되는 일이 없으며 인내심이 강하다. 편견이 없고 다른 사람의 기분을 이해할 줄 알기 때문에 타인의 고민을 잘 들어준다. '안정감' 과 '조화' 로 넘쳐 있는 상태에 가장 큰 만족을 느낀다.

좋은 상태에 있을 때 : 붙임성이 있다 온순하다 마음이 넓다 인내심이 강하다
넓게 받아들인다 소홀함이 없다 편견이 없다
타인의 심정을 이해하고 타인의 입장에서 생각한다
나쁜 상태에 있을 때 : 현실적인 대처를 못한다 무관심하다 옹고집을 부린다
편견이 없다 강박관념에 사로잡힌다 넓게 받아들인다 둔감하다
마음이 연약하다 나태하다 소극적이고 수동적인 행동으로 저항한다
선악으로 판단하기 쉽다

[더 알아보기]

http://www.윤태익.com 윤태익 의식발전소
http://cafe.naver.com/mindcare.cafe 에니어그램과 게슈탈트-자신을 찾아서
http://www.kesi39.or.kr/main/main.php 한국에니어그램영성연구소
http://eko9.com 에니어그램 코리아

자아 이미지 메이킹

학년 반 번 이름:

아래 만화를 참고하여 나의 이미지를 나타내는 음식을 선정한 후 4컷 만화를 구성하여 보자.

자료 : 장차 현실(2003). 엄마, 외로운 거 그만하고 밥 먹자. 한겨레 신문사.

1	2
3	4

3/3차시

행복한 삶으로의 도약

학습목표 : 행복한 삶을 위한 목표와 방향을 정할 수 있다.
행복한 삶을 위해 자신이 갖추어야 할 것과 버려야 할 것을 알 수 있다.

교수학습 자료 및 준비	교사	교사용 자료 5, 6	수업 준비	모둠별 편성 OHP
	학생	학습자료 5, 6		
지도시 유의점 교사 Tip	• 행복한 삶에 대하여 막연하고 추상적인 상상에 그치는 것이 아니라, 구체적이고 확실한 목표와 방향을 선정하도록 한다. • 행복한 삶 속에 '가족'의 의미가 부여되도록 한다.			

도입	Ⓐ Ⓡ 교사용 자료 [행복의 순위]를 보여주며 느낌을 서로 이야기한다. - 초등학생의 통계자료는 무엇을 의미하는지 생각 나눔 - 초등학생들의 가족에 대한 바램 & 현실의 가족의 모습 - 내가 생각하는 '행복한 삶' - 다른 친구들이 생각하는 '행복한 삶' 학습목표를 제시한다.	생각문 열기
전개	Ⓡ 모둠별로 교사용 자료를 참고로 하여 새롭게 순위를 매겨서 신문기사를 다시 작성해 보도록 한다. ['행복한 삶' 기사 만들기] 모둠별 활동 - 우리 모둠이 생각하는 '행복한 삶' - 1순위부터 9순위까지 매기기 Ⓒ 이번에는 자신이 생각하는 행복한 삶의 순위를 다시 작성해 보자. 이때 자신이 추가하고 싶은 항목을 넣어도 좋다. - 나의 행복한 삶 1순위~5순위 - 행복한 삶을 위해 갖고 있는 것 & 갖추어야 할 것	다르게 보기 더불어 살기 다르게 보기
정리	Ⓢ 자신만의 독특한 개성을 가진 풍선이 하늘 높이 떠오르는 기분 좋은 상상을 하며 [내 안에 있는 보물 발견하기] 활동으로 마친다. 차시예고 : 가족의 의미	더불어 살기

교사용 자료 Ⅰ-1-T5

행복의 순위(신문자료)

♣ "가족과 오순도순이 행복" 초등학생 45%가 일순위로 여겨

전국 초등학교 4~6학년생 622명에게 '행복한 삶이 뭐냐' 고 물었더니 '가족과 함께 걱정 없이 사는 것' 이라고 응답한 학생이 280명(45%)으로 가장 많았다.

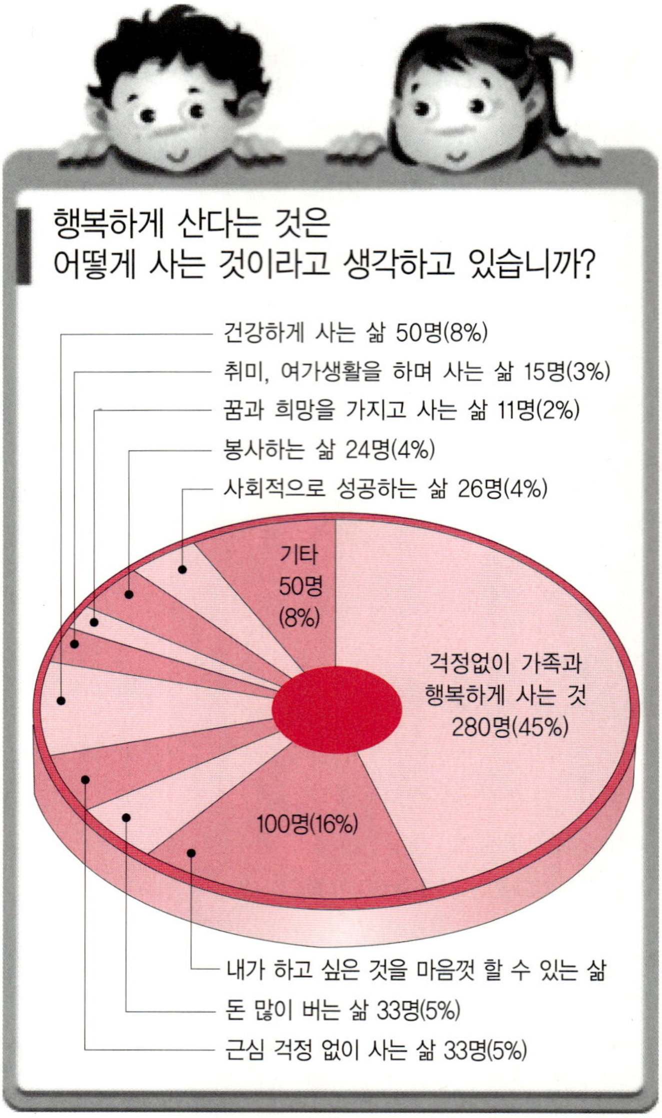

자료 : 한겨레신문, 2004년 11월 14일자

학습자료 Ⅰ-1-Ⓢ5

'행복한 삶' 기사 만들기

☐학년 ☐반 ☐번 이름: ☐

[행복의 순위] 신문기사 자료를 참고로 하여, 우리 모둠원을 대상으로 설문을 했다고 가정한 후 새롭게 기사를 작성해 봅시다.

방법 : 각 모둠원이 생각하는 행복의 순위를 정하여 9점부터 1점까지 점수를 부여한다. 모둠원이 모두 응답한 후 각 항목에 대한 점수의 합계를 가지고 새롭게 순위를 매기도록 한다.(단, 순위가 높을수록 점수도 높게 부여한다. 1순위-9점, 9순위-1점)

항 목	모둠원 1	모둠원 2	모둠원 3	모둠원 4	모둠원 5	모둠원 6	점수 합계	순위
가족과 행복하게 사는 것								
건강하게 사는 것								
취미 · 여가생활을 하며 사는 것								
꿈과 희망을 가지고 사는 것								
봉사하는 것								
사회적으로 성공하는 것								
하고 싶은 것을 마음껏 하며 사는 것								
돈 많이 버는 것								
근심 걱정 없이 사는 것								

♣ "(　　　　　　　　　　　　)" 중 · 고생이 일순위로 여겨

(　　　)학교 (　)학년 (　)반 (　　)모둠원에게 '행복하게 산다는 것은 어떻게 사는 것이라고 생각하고 있습니까?' 라고 물었더니 ....

✻ 이번에는 '내가 생각하는 행복한 삶' 에 대해 생각해보도록 한다. 위에서 나온 항목이어도 좋고, 자신이 생각하는 항목을 새롭게 첨가하여 1순위~5순위를 매겨본다.

※ 1순위 :

※ 2순위 :

※ 3순위 :

※ 4순위 :

※ 5순위 :

누군가에게 내 것을 양보하는 것도 행복입니다.

Q 이러한 '행복한 삶' 을 위해서 현재 내가 갖추고 있는 것과 미래에 내가 갖추어야 하는 것은 무엇인가요?

〈현재 - 내가 갖추고 있는 것〉	〈미래 - 내가 갖추어야 할 것〉

학습자료 Ⅰ-1-S6

내 안에 있는 보물 발견하기

□학년 □반 □번 이름: ______

뉴욕 시청 앞 공원에서 풍선을 파는 풍선 장수가 있었습니다.
이 풍선 장수는 아침에 나와서 풍선에 가스를 넣고 공원 안으로 날려 보냅니다.
색색의 풍선이 공원 위를 날면 공원에서 놀던 아이들이 엄마를 보고 풍선을 사달라고 조릅니다. 엄마들은 밖으로 나갈 때면 이 풍선 장수의 풍선을 삽니다.
굉장한 상술이죠? 몇 개를 광고용으로 버리고 더 많은 풍선을 파는 것입니다.
어느 날, 꼬마 한 명이 하루 종일 풍선 장수 아저씨를 쳐다보면서 공원에서 시간을 보내고 있었습니다.
장사가 다 끝난 아저씨가 자동차의 시동을 걸려고 하는데 이 꼬마가 달려오더니 창문을 두드리며 아저씨에게 물었습니다.
"아저씨, 검은 풍선도 하늘로 뜨나요?"
이놈이 나를 놀리는가 싶어서 아이를 보니 풍선 장수는 그 아이가 흑인인 것을 보게 되었습니다.
이 아이는 색색의 풍선이 하늘로 뜨는데 자기 피부색하고 똑같은 풍선이 보이지 않아서 아저씨에게 검은 풍선은 안 뜨는가 하여 질문을 한 것입니다.
풍선 장수 아저씨는 그 아이를 가슴에 안고 이렇게 말해 주었습니다.
"얘야……

자료 : 양원석(2003). 준비하는 자의 미래 심기. 도서출판 이미지.

Q 풍선 장수는 흑인 아이에게 뭐라고 말을 했을지 적어봅시다.

Q 나만의 풍선이 하늘 높이 오를 수 있다는 자신감을 가로막고 있는 장애물은 무엇인가요?

Q 나의 미래를 위해 꼭 필요한 것은 무엇인가요? (한 음절로 답해 보세요.)

(예시) **꿈** **끼** ㄲ ㄲ ㄲ

교사용 자료 Ⅰ-1-T6 풍선이 뜨는 이유

풍선이 뜨는 것은
색깔때문이 아닙니다.
그 속의 내용물 때문에 뜹니다.

겉모습보다는
속 내용물이 중요합니다.
겉사람보다는
속사람이 중요합니다.
보이는 소유보다는
보이지 않는 꿈이 중요합니다.

★ 인생에 필요한 다섯 가지 " ㄲ " (예시자료)

① 꿈 - 희망, 비전, 계획
② 끼 - 재능, 달란트
③ 꾀 - 지혜, 지식
④ 깡 - 열정
⑤ 끈 - 좋은 사람과의 연결, 관계

자료 : 양원석(2003). 준비하는 자의 미래 심기. 도서출판 이미지.

1/7차시

가족의 의미

학습목표 : 가족의 의미를 생각할 수 있다.
건강한 가족과 부모와의 관련성을 생각할 수 있다.

<table>
<tr><td rowspan="2">교수학습
자료 및 준비</td><td>교사</td><td>교사용 자료 7, 8, 9, 10</td><td rowspan="2">수업
준비</td><td rowspan="2">멀티미디어 시설</td></tr>
<tr><td>학생</td><td>학습자료 7, 8, 9, 10, 11</td></tr>
<tr><td>지도시 유의점
교사 Tip</td><td colspan="4">• 개인적 반영이 의미 있는 학습에 중요하지만, 학생들이 다른 사람들에게 드러내고 싶어 하지 않는 개인적 정보에 대하여 배려해야하며, 학생들의 각기 다양한 문화와 사회 경제적 차이를 고려해야 한다. 가족을 묘사하고 있는 사진을 전시(다양한 문화, 가족의 형태, 가족 삶의 모습을 나타내는 등의 사진)하여 수업의 분위기를 고조시킨다.</td></tr>
</table>

<table>
<tr><td>도입</td><td>Ⓐ 광고 제시 - 학습내용 소개(흥미 유발) - 광고 [소중한 가족]
Ⓡ 광고를 보고난 후의 자신의 느낌(감정)을 표현하기
- 이유(또는 그 단어의 느낌)를 적어 친구들과 느낌을 공유하도록 한다.
학습목표를 제시한다. - 수업 흐름을 위해 학습의 순서 설명</td><td>생각문 열기</td></tr>
<tr><td>전개</td><td>Ⓐ Ⓡ Ⓒ 가족(의미)에 대한 자신의 생각(느낌) 표현, 발표하기
- 완성된 학습자료 [가족은?]을 발표한다.(긍정적 피드백 활용)
- 멀티미디어 설비를 이용하여 발표 학생의 자료를 다른 학생들이 감상할 수 있도록 한다.
Ⓡ 가족과 관련한 선수학습 내용 질문 - 답변하기
- 학생들의 답변을 근거로 가족의 의미 및 가족형태와 그와 관련된 사회적 상황을 간단히 설명한다.
Ⓐ 가족의 소중함에 대해 알기
- 학습자료 [가족 왜 소중할까요?]의 발표를 통해 친구들과의 생각의 차이를 인정하고 느낌을 공유하도록 한다.
Ⓐ Ⓡ Ⓒ 건강한 가족에 대해 알기(질의 - 응답)
- 학생들의 답변(TV 프로그램, 영화, 주변가족)을 근거로 해서 건강한 가족리스트를 칠판에 나열하고 건강한 가족의 특징을 종합하여 유사점, 차이점을 발견하도록 한다.
Ⓢ 토의하기(학습자료 [건강한 가족은?])</td><td>다르게 보기
생각문 열기
다르게 보기</td></tr>
<tr><td>정리</td><td>Ⓒ Ⓢ 수업내용 정리(개별 또는 전체 질문)
- 가족에 대한 수업내용을 이해했는지 확인한다.
- 학생들의 적극적인 수업 참여를 인정해준다.
Ⓐ Ⓡ 학습자료 [가족 우표 응모하기]를 통해 수업 내용 정리를 상기시킨다.(수행활동 동안 가족 관련노래를 제시하여 분위기를 고조시킨다. 〈김건모 노래 '가족'〉, 〈이승환 노래 '가족'〉)
차시예고 : 부모됨 교육의 필요성</td><td>더불어 살기</td></tr>
</table>

학습자료 Ⅰ-2-S7

가족은?

학년 반 번 이름:

Q [소중한 가족] 광고를 본 후 떠오르는 단어 또는 느낌을 적어보세요.

Q 가족은 ...

함께 있으면 행복합니다.

왜냐하면...

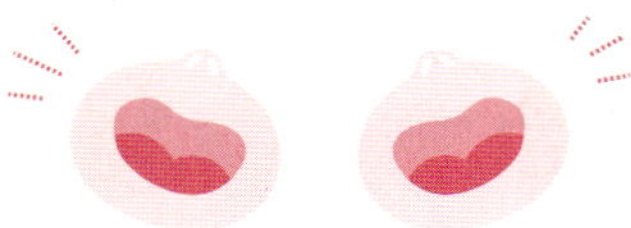

서로에게 힘이 됩니다.

왜냐하면...

모두가 소중한 존재임을 느낍니다.

왜냐하면...

Q '가족' 에 대한 나의 생각(느낌)은? (간단한 문장 또는 그림으로 표현해 보세요.)

교사용 자료 Ⅰ-2-T7 가족의 의미

인간은 출생과 함께 가족이란 집단에 속하게 되며, 그 속에서 친밀한 상호작용을 통해 규범과 가치를 전달받으며 나름의 독특한 문화를 형성한다. 개인의 인성 형성에 강한 영향을 미치는 가족은 사회의 가장 기본적 집단으로 사회 공통의 행동 특징, 문화 규범을 습득시키는 사회화 기능을 담당해 왔다. 그러나 사회 변화에 따라 가족의 개념은 점차 광범위해져 혼인 · 혈연 · 입양 이외에도 구성원의 필요에 따라서 다양한 관계의 사람들이 지속적인 연대의식을 지닌 공동체 집단으로 발전하였다. 또한 가족의 전형성, 보편성, 자연성을 강조하는 지금까지의 '가족(the family)' 개념이 가족의 가변성, 다양성, 유연성을 강조하는 '가족들(families)' 개념으로 변화해야 한다(이정덕, 2000)는 포괄적 정의를 요구하고 있다. 다양한 삶의 양식과 가치관의 변화가 가족의 형태, 기능, 구성 등의 변화를 가속화 하지만 인간 삶의 시작과 끝이 가족임을 생각할 때, 가족은 건강하고 행복한 관계를 형성해 가는 바탕임에 틀림없다.

다양한 가족 형태

보편적인 핵가족이나 직계가족, 확대가족의 형태에서 벗어나 다양한 가족의 형태가 등장하고 있다.

- 수정 확대가족 : 부모와 결혼한 자녀가 근거리에 살면서 잦은 왕래와 협조를 하며 살아가는 가족 형태이다.
- 수정 핵가족 : 외형상으로는 한 울타리 안에 거주하지만 안채, 바깥채, 위 · 아래층에서 따로 거주하며 서로의 독립성을 유지하는 가족 형태이다.
- 무자녀가족 : 자녀 없이 부부만으로 이루어진 가족이다. 결혼하기 전에 부부 중심적 또는 개인주의의 강조로 부모의 역할을 하지 않겠다고 약속하는 경우가 있고, 자녀를 늦게 갖거나 못 갖는 경우가 있다.
- 동거가족 : 한 성인이 혈연관계 또는 친족관계가 아닌 다른 이성과 주거공간을 공유하는 생활 형태이다. 사실혼관계에 있는 가족으로서 결혼식을 할 수도 있고 하지 않을 수도 있다.
- 한(편)부모가족 : 양친 중 한쪽의 사망, 이혼, 별거, 유기 등에 의해서 부모 중의 한쪽과 자녀로 이루어진 가족 유형이다. 현재 이혼율의 증가로 계속 증가하고 있으며, 우리나라의 경우 대부분이 편모 가족이지만, 편부 가족도 증가하고 있다.

- 복합(재혼)가족 : 이혼과 재혼의 자유에 따라 발생한 부수적인 가족의 유형으로 두 명의 성인과 그들 중 한쪽 혹은 양쪽의 자녀들로 이루어진 가족 형태이다.
- 분거가족 : 가족들이 직업상의 이유로 인해 둘 이상의 가구를 형성하여 장기간 별거하는 가족이다.
- 동성애가족 : 여성 또는 남성 간 서로 부부처럼 사는 가족형태이다. 네덜란드는 동성 간 결혼을 합법화한 나라 중 하나이다.
- 공동체가족 : 확대가족의 한 변형으로서 혈연관계는 없으나 서로 가족으로 생각하고 헌신하며 의무감을 갖고 동거하는 가족이다.
- 독신가족 : 여성 또는 남성이 혼자 가구를 이루는 가족이다. 산업화 이후 뚜렷한 증가 추세를 보이고 있으며, 처음부터 자기 개발을 목표로 독신을 선택하는 경우와 결혼 후 사별 및 이혼으로 독신자가 되는 경우가 있다. 또한 성적 가치관의 변화로 인해 성관계가 보편화되면서 독신가족을 선호하는 경향이 더욱 나타나는 추세이다.

독특한 성향, 삶의 양식에 따른 가족 형태

듀크족(Dual Employed With Kids)

아이를 낳아 키우는 맞벌이 부부를 말한다. 1990년대 말 미국 경제의 호황과 함께 늘어났다. 이들은 고소득, 고학력자라는 특징을 가지며 딩크족에 비해 소득은 약간 적지만 집을 소유하는 경향이 강하다.

딘스족(Double Income No Sex)

세계적인 경제 불황으로 치열한 경쟁사회에서 생존하려고 몸부림치는 맞벌이 부부들에게 물리적인 시간의 부족과 스트레스, 피로 누적 등의 이유로 성(sex) 없는 결혼 생활을 영위하는 세대를 가리키는 말이다.

딩크족(Double Income No Kids)

의도적으로 자녀 없이 부부가 맞벌이를 하면서 경제적으로 여유롭게 생활하며 단 둘만의 인생을 즐기고 싶어 하는 삶의 양식으로 부부 공통의 취미와 여가시간을 활용한다.

싱크족(Single Income No Kids)

결혼 적령기를 넘겼으나 의도적으로 결혼을 미루는 부류를 말하며, 결혼에 따르는 자금난이 주된 이유이다.

통크족(Two Only No Kids)

자식들에게 의존하지 않고 손자 · 손녀를 돌보는 데 시간을 뺏기지 않으면서 자신들만의 취미생활과 여가를 즐기는 부부를 일컫는다.

가족! 왜 소중할까요? (1)

☐ 학년 ☐ 반 ☐ 번 이름: ☐

지능이 일곱 살 수준인 장애인 아빠(샘)는 버스정류장 옆 커피 전문점에서 일한다. 자신과 레베카와의 사이에서 태어난 딸(루시)을 첫 대면하지만 레베카는 샘과 딸을 두고 사라져버린다. 샘은 좋아하는 가수 비틀즈의 노래에서 따온 루시 다이아몬드를 딸의 이름으로 짓고 둘만의 생활을 시작한다. 주변 이웃의 따뜻하고 친절한 도움으로 남들이 보기에는 정상적이지 못하지만 그들은 가장 즐거운 시간을 함께 하며 행복한 생활을 한다. 그런데 7살이 된 총명한 루시는 자신이 아버지보다 똑똑해지는 것이 두려워 자꾸 학습장애를 일으키게 되고, 이로 인해 사회복지기관에선 샘이 아빠로서 양육능력이 없다고 판단해 루시를 데려가게 된다. 세상에서 가장 사랑하는 딸과의 행복한 날들을 빼앗기고 실의에 빠진 샘은 이에 맞서 딸을 돌려달라며 주위의 도움으로 법정 다툼을 벌인다. 결국 미국 사회는 가슴으로 나누는 진정한 사랑만 있다면 아빠의 지능은 문제가 될 게 없다고 말한다.

자료 : 아이 엠 샘, 2002년 개봉작

Q 영화 '아이 엠 샘' 에서 보이는 가족의 가치 또는 가족의 소중함에 대한 여러분의 생각은 어떠한가요?

대구 제일고 2학년인 박홍석(16)군은 지난 11일 자신의 간 60%를 떼어 아버지에게 이식하는 대수술을 받은 후 22일 건강한 모습으로 퇴원했다. 말기 간경화로 시한부 인생을 살고 있는 아버지에게 간을 이식하면 건강을 되찾을 수 있다는 주치의의 진단 결과를 듣고 박군이 자청했다. 병원에서 치료중인 아버지 박남호(43)씨는 수술 경과가 좋아 내달 중순이면 건강한 모습으로 퇴원할 것으로 병원에서는 전망하고 있다.

대구시장에서 커튼 가게를 운영하는 박남호씨는 1년 전 갑자기 쓰러져 병원에서 정밀검사를 받은 결과 말기 간경화로 판정 받았다가 최근 박군의 어머니가 남편에게 간을 이식하기 위해 검사를 받는 것을 알고는 박군이 극구 만류하고 자신의 간을 이식해 줄 것을 강력하게 주장해 수술이 이루어졌다. 박군의 모친 김씨는 "처음 내가 간 이식을 하기 위해 말렸으나 제 애비를 살리겠다고 나선 아들의 효심을 꺾지 못했다" 고 말했다.

자료 : 조선일보, 2004년 3월 25일자

Q 여러분이 박홍석군과 비슷한 상황에 놓였다면 여러분의 심경과 행동은 어떠했을까요?

Q 여러분이 이러한 상황에서 어떠한 결정을 내렸을 때, 가장 힘든것은 무엇일까요? 왜 그런 결정을 하게 됐을까요?

학습자료 Ⅰ-2-S9

가족! 왜 소중할까요? (2)

□ 학년 □ 반 □ 번 이름: ______

대구지하철 참사의 희생자들은 수십 미터 지하의 칠흑 같은 어둠 속에서 뜨거운 불길과 유독 가스가 덮쳐오는 극한상황을 맞고는 미국 뉴욕에서 발생한 '9 · 11 테러' 당시 희생자들이 그랬던 것처럼 지상에 있는 가족들과 휴대전화를 통해 애절한 작별인사를 나눴다.

"엄마, 지하철에 불이 났어." "영아야, 정신 차려야 돼."

"엄마, 숨을 못 쉬겠어." "영아, 영아, 영아야……."

"헉헉, 숨이 차서 더 이상 통화를 못하겠어. 엄마, 그만 전화해."

"영아야, 힘을 내. 제발 엄마 얼굴을 떠올려 봐."

"어…엄마, 사…랑해…."

18일 오전 장계순씨(44)가 딸 이선영양(20)과 나눈 짤막한 휴대전화 통화내용이다.

이날 오전 10시쯤 집을 나선 이양의 다급한 목소리를 듣고도 장씨는 처음에는 명랑한 성격의 딸이 장난을 하는 것으로 여겼다. 하지만 딸의 울먹이는 목소리에 깜짝 놀란 장씨는 수시로 끊기는 딸의 휴대전화에 몇 번씩 전화를 걸어 힘을 북돋워 주려고 안간힘을 썼다. 그러나 "엄마 사랑해"라는 힘없는 목소리를 끝으로 전화는 끊겨버렸다. 장씨는 바로 집을 뛰쳐나와 화재가 난 지하철역으로 내달았다. 사고 현장을 헤매던 장씨는 만나는 사람들을 붙들고 "우리 딸 좀 찾아줘요, 반드시 살아있을 거예요"라는 말을 되뇌어 주위 사람들을 안타깝게 했다.

자료 : 동아닷컴, 2003년 2월 18일자

※ 여러분이 매우 위급한 상황에서 휴대전화로 마지막 문자를 남겨야 한다면……

♡ 누구에게?

♡ 전하고 싶은 말은 무엇인가요?
(문자 메시지를 써 보세요)

♡ 그 이유는 무엇인가요?

교사용 자료 Ⅰ-2-T8 건강한 가족

TV 프로그램, 영화, 생활주변, 도서 등에서 건강한 가족을 대표하는 특색을 가지고 있는 가족 목록과 그런 가족의 특징적 행동을 풍부하게 찾아볼 수 있도록 하고, 모둠원끼리 협동하여 작성된 특징들의 유사점과 차이점을 찾아서 '건강한 가족'의 특징들을 더 첨가해 나갈 수 있도록 한다.

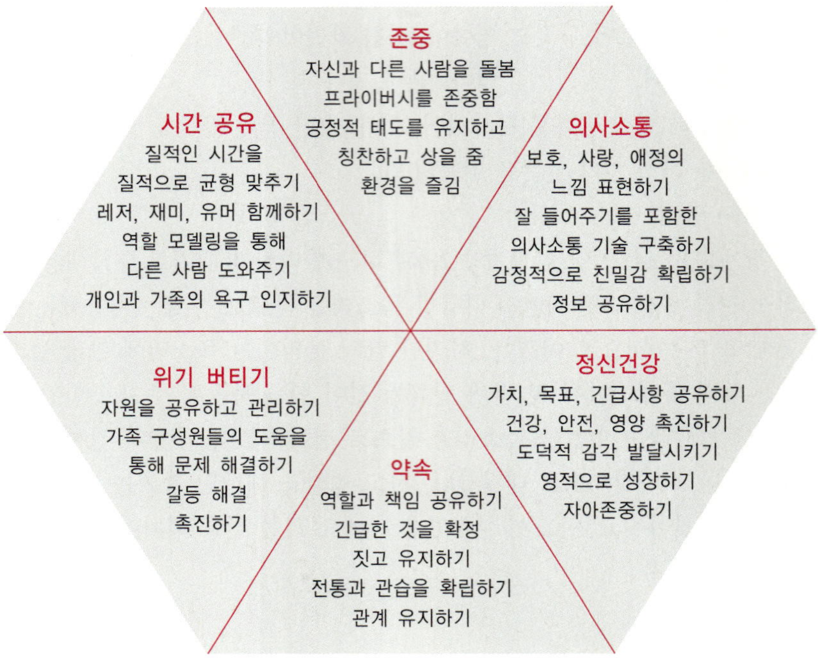

자료 : Joanna Kister, Sandra Laurenson(1995). PARENTING RESOURCE GUIDE. The Ohio state University.

건강한 가족의 특징 [예시]

사랑하고, 가족 구성원들이 서로 존중하며, 문제를 해결할 수 있고, 다른 사람들에게 헌신적이며, 스트레스를 다룰 수 있고, 갈등을 해결할 수 있는 가족의 모습.

학습자료 Ⅰ-2-S10

건강한 가족은?

학년 반 번 이름:

Q 건강한 가족을 대표할 수 있는 특색을 가지고 있는 가족 목록을 3가지 이상 작성하고, 그런 특색 있는 가족을 나타내는 특징적인 행동의 예시를 찾아봅시다.

Q '건강한 가족' 의 공통된 특징은 무엇이라고 생각하나요?

나의 생각은...

Q 건강한 가족을 대표하는 가장 중요한 특징은 무엇이라고 생각하나요? 그렇게 생각하는 이유는 무엇인가요?

Q 만약 여러분의 가족에게 가장 중요하다고 생각되는 이러한 특징이 없다면 무슨 일이 일어날까요?

Q 부모는 건강한 가족 형성(발달)에 어떠한 영향을 줄까요?

Q 건강한 가족이 개인과 사회에 중요한 영향을 준다고 생각하나요? 그렇게 생각한다면 이유는 무엇인가요? 그렇지 않다면 이유는 무엇인가요?

학습자료 Ⅰ-2-S11 가족 우표 응모하기

☐학년 ☐반 ☐번 이름: ☐

Q 여러분이 생각하는 가족에 대한 생각, 느낌 또는 건강한 가족의 특징으로 생각되는 점, 여러분 자신의 가족 느낌, 특징들을 가족 우표에 표현해 보세요(제시된 우표를 참고로 하여 멋진 가족 우표를 응모하세요).

가족 우표 응모란

자료 : http://www.hyodohaja.com

Q 응모한 우표에 대한 설명도 간단히 적어주세요.

교사용 자료 Ⅰ-2-T9

가족 ♬ (1)

노래 김건모 작사 이재경

너무 먼 곳에서 행복을 찾고 매일 부족해서 힘들어했었죠.
몰랐네요. 이제야 보이네요.
가장 소중한건 가족이라는 걸
사실 항상 가까운 곳에 있어서 아무 조건 없이 내편이 돼줘서
고맙다고 말 한마디 못 했었네요.
당연하게 받기만 했었네요.

사랑해요. 이젠 알아요. 무엇도 바꿀 순 없는 거죠.
내 인생에 가장 빛나는 보석 이젠 내가 먼저 사랑할게요.
너무 편안하게 생각을 해서 가끔 심한 말로 함부로 했네요.
미안해요. 한 마디면 풀릴 텐데
뭐가 그렇게도 어색했는지.

아직 효도 한 번 제대로 못했죠.
나이를 먹는 게 때로는 두렵죠.
늦기 전에 받은 사랑의 반이라도 부모님께 돌려 드릴 수 있길
사랑해요. 이젠 알아요. 무엇도 바꿀 순 없는 거죠.

내 인생에 가장 빛나는 보석 이젠 내가 먼저 사랑할게요.
나 하나만 믿는 사람들 그래서 내가 또 사는 거죠.

잘 할게요.
매일 더 사랑하며 함께 행복할 수 있도록
지켜갈 수 있도록 후회하지 않도록 해요.

교사용 자료 Ⅰ-2-T10

가족 ♬ (2)

노래 이승환 작사 이승환, 이지은

밤늦은 길을 걸어서 지친 하루를 되돌아오면
언제나 나를 맞는 깊은 어둠과 고요히 잠든 가족들
때로는 짐이 되기도 했었죠 많은 기대와 실망 때문에
늘 곁에 있으니 늘 벗어나고도 싶고

어떡해야 내가 부모님의 맘에 들 수가 있을지 모르고
사랑하는 나의 마음들을 그냥 말하고 싶지만 어색하기만 하죠

힘겨운 하루를 보낸 내 가족들의 낮은 숨소리엔
어린 날 보살펴 주던 내 누이의 고마운 추억이 있죠
가족이어도 알 수 없는 얘기 따로 돌아누운 외로움이
슬프기만 해요 아무 이유도 없는데

심술궂게 굴던 나를 위해 항상 참아주던 나의 형제들
사랑하는 나의 마음들을 그냥 말하고 싶지만 어색하기만 하죠

힘이 들어 쉬어가고 싶을 때면 나의 위로가 될
그때의 짐 이제의 힘이 된 고마운 사람들

어떡해야 내가 부모님의 맘에 들 수가 있을지 모르고
사랑하는 나의 마음들을 그냥 말하고 싶지만 어색하기만하죠

사랑해요 우리 고마워요 모두 지금껏 날 지켜준 사랑
행복해야 해요 아픔 없는 곳에 영원히 함께여야 해요

2/7차시

부모됨 교육의 필요성

학습목표 : 부모됨 교육의 필요성을 인식할 수 있다.

교수학습 자료 및 준비	교사	교사용 자료 11, 12, 13	수업 준비	멀티미디어 시설
	학생	학습자료 12, 13, 14		
지도시 유의점 교사 Tip	• 현실적으로 이루어지고 있는 부모됨 교육의 실정을 파악하며, 부모됨 교육이 개인의 건강한 가족을 위한 필요성뿐만 아니라 사회적인 측면에서의 필요성을 인식할 수 있도록 사고를 유도한다. • 부모됨 교육이 단순히 출산 또는 육아에 대한 정보 제공에 한정되지 않음을 인식시킨다.			

단계	내용	비고
도입	Ⓐ 전시 학습 확인 - 부모는 건강한 가족 발달에 어떠한 영향을 미치는가? Ⓐ Ⓒ Ⓢ 완성된 [가족 우표 응모하기] 발표하기 - 발표 자료를 전시하여 긍정적 피드백을 제공하며, 느낌을 공유한다. 학습목표 제시	생각문 열기 더불어 살기
전개	Ⓡ '부모는 누구인가, 부모는 어떻게 되는가?'의 질문을 통해서 부모됨 교육에 대해 간단히 언급한다. 부모됨 교육의 개념, 목적, 필요성에 대해 알기 - 질문을 통해 학생들의 답변을 유도하고 그 답변을 칠판에 정리한다. - 학생들의 답변을 기초로 부모됨 교육의 개념, 목적, 필요성을 간단히 설명한다. Ⓐ Ⓡ Ⓒ 학습자료 [준비 안 된 부모들, 아기 잡는다]를 통해 학생들이 부모됨 준비, 부모 교육의 필요성, 건강한 가족과의 연관성, 가족과 사회에의 중요성을 인식할 수 있도록 유도한다. - 학습자료 ['부모자격증', 필요할까요?]를 통해 부모됨의 준비교육이 필요함을 재인식시킨다. Ⓢ 학습자료 [우리는 부모됨을 어떻게 배우는가?]의 역할극을 통해서 각 부모됨을 배우는 데 영향을 미치는 요인의 긍정적, 부정적인 면을 찾을 수 있도록 한다. Ⓡ Ⓢ 학생들이 부모됨 교육에서 학습하기를 원하는 지식, 내용을 파악하여 활용한다.	다르게 보기 더불어 살기
정리	Ⓒ Ⓢ 부모됨 교육의 필요성 정리 차시예고 : 부모됨	

교사용 자료 Ⅰ-2-T11 부모교육의 개념

인간은 부모로 인해 세상에 태어나고 대부분 어느 시점에서 부모가 되거나 부모로서의 역할을 하게 된다. 부모는 자녀가 세상에 태어나서 가장 먼저 만나는 사회적 환경으로서 자녀의 성격과 가치관 형성, 태도, 행동에 이르기까지 중요한 영향을 미친다. 이와 같이 부모 역할은 인간의 어떤 역할보다도 중요하지만 대부분의 부모들은 체계적인 부모교육을 받지 못한 채 부모가 된다. 최근 우리 사회는 정보화 · 세계화의 물결 속에서 급격한 변화를 겪고 있으며 이에 따른 부모 역할의 변화 및 가족 구조와 기능의 급격한 변화가 부모 역할의 수행을 어렵게 하는 중요한 요인이 되고 있다.

부모교육의 개념

부모교육의 정의가 부모 역할의 수행에 변화를 일으켜 가정에서 부모들의 자녀양육 및 지도에서 필요한 자질을 높이는 데 중점을 둔 것이나, 단순히 좋은 부모가 되어 자녀를 잘 양육한다는 것만을 부모교육의 목적이나 정의로 생각하지는 않았고 그 이전에 부모인 '나'를 교육하는 것으로 보았다. 즉, 부모 자신의 자아존중감을 키우게 하고 자기실현을 하게 만드는 교육이라 할 수 있다.

부모의 자녀에 대한 교육은 의도를 가지고 이루어지는 형식적인 교육과 의도하지는 않았지만 생활 속에서 부모의 삶에 대한 태도, 가치관, 자아존중감 등을 배우는 비형식적인 교육에 의해 이루어진다. 따라서 부모가 삶에 대해 어떤 가치관을 가지는지, 부모의 생활양식은 어떠한지, 부모의 사회적 관계는 어떠한지 등이 자녀에게 간접적으로 전달된다고 볼 수 있으므로 부모 자신이 자녀의 중대한 환경으로서 잘 가꾸어져야 할 필요가 있다. 바로 자신을 사랑하고, 자기를 실현하는 부모의 모습이 자녀에게 중대한 가르침이 될 수 있으므로 부모로서의 자신 이전에 한 개인으로서의 자신을 실현하도록 교육하는 일이 부모교육의 선행된 목적 중 하나인 셈이다.

따라서 부모교육은 목적, 대상, 내용, 방법의 측면에서 광범위하지만 부모행동에 영향을 주기 위한 치료나 상담 등과는 분리되는 개념으로서 부모교육을 '부모교육자의 자질 향상과 부모 역할 수행에 변화를 일으키기 위하여 부모교육자, 부모와 예비부모 그리고 자녀를 대상으로 부모교육문제와 자녀교육문제를 내용으로 하는 모든 교육적인 방법을 동원하여 교육하는 활동' 으로 정의할 수 있다(부모교육학회편, 1998).

자료 : 이숙, 우희정, 최진아, 이춘아(2002). 부모교육 : 훈련 중심. 학지사.

교사용 자료 | -2-T12

부모교육의 목적 및 필요성

부모교육의 목적 및 필요성

부모교육은 부모가 자녀에게 중요한 영향을 미친다는 점과 부모를 교육하면 자녀에게 그 효과가 미친다는 전제하에서 출발하고 있다. 따라서 부모교육은 부모가 자녀의 성장과 발달, 교육에 대해 올바르게 이해하고 적절한 지식과 능력을 갖도록 정보를 제공하여 부모 자신의 자아존중감을 증진시켜서 부모와 자녀로 하여금 긍정적 변화를 이루어나갈 수 있도록 도와주는 것이다.

일반적으로 부모는 자녀의 성장발달에 가장 많은 영향력과 책임을 가진 존재로서의 역할을 하게 되는데, 자녀의 성장에 따라 자녀와 부모의 관계는 다양한 형태로 상호작용하게 된다. 이러한 이유로 부모 역할은 더 이상 본능적인 행위나 자연스럽게 학습되는 것이 아니라 사회화 과정을 통해 그 세대와 사회의 요구에 맞는 전문가적 부모 역할 수행과 바람직한 가정문화 창달의 책임을 수행할 수 있도록 교육을 받아야 할 필요성이 있는 것이다. 또한 급속히 변화하는 현대사회에 대한 적응 능력을 절실히 요구하게 되었고, 사회화의 기초가 가정 내에서 형성된다는 점은 부모교육의 중요성을 더욱 강조하게 되었다.

자료 : 신용주, 김혜수(2002). 새로운 부모교육. 형설출판사.

부모교육의 필요성

1. 현대사회의 부모는 자녀를 양육할 때 참고로 할 적절한 모델이 적기 때문에 사회·문화적으로 의미 있는 부모 역할에 대한 모델과 이미지를 정립할 수 있도록 도와주고, 가정 내에서 전수되어왔던 현대사회의 사전(事前) 부모교육의 미흡함을 보완하기 위해 필요하다.
2. 바람직한 부모 역할에 대해 공존하는 상충적인 많은 정보와 비현실적인 부모상과 부모 역할에 대한 허상 가운데에서 자신에게 적절하고 수용가능하며 효율적인 정보를 찾아 활용할 수 있도록 돕고, 다양한 가족형태에서 요구하는 부모의 역할 수행을 위해 필요하다.
3. 부모의 역할은 자녀의 성장과 발달에 많은 영향을 주기 때문에 아동의 조화로운 성장과 발달을 도모하고, 미래 사회에 적응할 수 있는 사람으로 자녀를 키우기 위해 필요하다.
4. 부모의 역할은 인간으로서 사회에서 맡는 역할 중의 하나이기 때문에 준비가 필요하고 그 준비로서 부모교육이 필요하다. 또한 각각의 부모들이 한 인간으로서 충실한 삶을 영위하기 위해서 필요하다.

자료 : 이숙희, 고인숙, 최향순(2003). 현대부모교육론. 교육아카데미.

교사용 자료 Ⅰ-2-T13 부모교육의 필요성

가족 해체와 자발적으로 자녀를 갖지 않는 부부가 늘어나고 있는 현재에도 대다수의 성인은 부모됨을 경험하게 된다.

과거에도 가족은 변화해왔고, 현재 가족은 변화하고 있으며, 앞으로도 변화 할 것이다. 핵가족으로의 가족 구조의 변화, 맞벌이가족, 재혼가족, 한부모가족 등 가족 유형의 다양화, 가족의 경제적 · 교육적 · 종교적 기능의 쇠퇴와 자녀양육, 정서적 지지 제공의 기능 강화 같은 가족 기능의 변화, 부모됨에 대한 이데올로기의 변화, 가족관계의 변화와 부모 역할 변화와 역할의 복합성 및 부모 역할의 어려움과 선택의 어려움 등 현대사회에서 부모 역할을 수행하는 동안 겪게 되는 여러 가지 어려움들과 문제점들을 미리 예방하고 해결하기 위해서는 부모 역할에 대한 선행 지식과 함께 적절한 훈련이 필요하다. 따라서 부모교육은 매우 중요하며 반드시 행해져야 하는 생활교육이다.

부모됨에 대한 신화

부모됨에 대한 잘못된 생각들은 은연중에 우리 주변에서 많은 사람들의 생각과 행동에 영향을 미쳐왔다.

자녀 키우기는 재미있다.
아이들은 사랑스럽고 귀엽다.
좋은 부모를 만나면 자녀는 훌륭하게 성장한다.
자녀는 부모의 결혼생활을 향상시킨다.
사랑만 있으면 좋은 부모 역할을 수행해낼 수 있다.
자녀가 없는 부부는 좌절되고 불행하다.
부모는 모두 성숙한 성인이다.
자녀가 자라서 성인이 되면 부모로서의 역할은 끝난다.
부모 역할 하기는 우리 사회에서 최우선적으로 고려된다.

자료 : 박성연, 김상희, 김지신, 박응임, 전춘애, 임희수(2003). 자녀와의 진정한 만남을 위한 부모교육. 교육과학사.

이상의 부모됨의 신화를 볼 때 부모됨에 대한 정확한 지식과 준비가 필요함을 인식할 수 있다. 따라서 부모됨을 보다 즐기면서 부모 역할을 효율적으로 수행하기 위해서는 부모교육이 선행되어야 할 것이다.

학습자료 Ⅰ-2-S12

준비 안 된 부모들, 아기 잡는다

학년 반 번 이름:

서울 A병원 소아병동에 8개월 된 아들을 입원시키고 있는 K씨는 3개월 전 있었던 사고 생각만 하면 가슴이 무너진다. 갑자기 찾아온 꽃샘추위에 보일러를 켜놓고 부엌일을 했지만, 방바닥에서 자고 있던 아들(당시 생후 5개월)이 얼굴과 팔에 화상을 입은 것. 연약한 아기의 피부가 방바닥의 열을 견디지 못했기 때문이었다. 앞으로 치료가 잘 될 것이라고 하지만 자신의 부주의 때문에 아들이 목숨을 잃을 수도 있었다는 생각에 K씨의 마음 속 상처는 좀처럼 아물지 않는다.

부모의 부주의로 인한 영 · 유아 안전사고가 빈번하게 발생하고 있다. 우리나라의 유아 사망률(2004년 유엔 인구기금 자료)은 1,000명 당 5명꼴로 선진국 수준에 도달했지만 부모의 부주의나 육아지식 부족으로 인한 안전사고는 끊이지 않고 있다.

지난 14일에는 생후 4개월 된 딸을 재워놓고 부모가 PC방에 간 사이 아기가 질식사한 사건이 발생하기도 했다. 생후 6개월 미만의 영아는 머리를 제대로 가누지 못해 엎드려 자다가 질식사하는 '돌발사망 증후군' 의 위험이 높지만 아기의 부모는 경찰에서 "그런 사실을 알지 못했다" 고 진술했다.

이처럼 영 · 유아 사건의 대부분이 가정 내에서 발생한다는 사실도 부모들이 숙지해야 할 부분이다. 어처구니없는 영 · 유아 안전사고에 대해 전문가들은 "준비 안 된 부모들이 늘어나고 있기 때문" 이라고 진단한다. 대가족에서 핵가족으로 변화하면서 대를 이어 전수되어왔던 부모됨의 노하우가 단절되는 현상과 무관하지 않다는 지적이다.

서울대 소비자아동학부 이순형 교수는 "운전 면허시험처럼 부모가 될 수 있는 자격시험을 만들어야할 판" 이라고 개탄하면서 "철없는 부모들도 늘었지만, 기초적인 육아 상식조차 몰라 사고를 유발시키는 경우가 많다" 고 지적했다. 이 교수는 "출산과 육아에 대한 내용을 정규 교과과정에 넣는 등 사회적 대책 마련이 필요하다" 고 말했다.

자료 : 미디어 다음. 2005년 6월 23일자

Q 부모(됨)에 대한 교육이 필요하다고 생각하나요? 그렇게 생각하는 이유는 무엇인가요?

Q 부모됨 교육이 여러분과 여러분이 이루게 될 미래의 가족 또는 우리 사회에 얼마나 중요하다고 생각하나요? 그렇게 생각하는 이유는 무엇인가요?

학습자료 Ⅰ-2-Ⓢ13 '부모 자격증', 필요할까요?

☐학년 ☐반 ☐번 이름: ☐

부모 자격증

우리사회에는 아이를 낳아 키울 수 있는 '부모자격증' 이 필요한 것 같다. 부모로서 자격이 안 되면 자격이 될 때까지 수양하고 배우고 나서 부모가 되는 것이다. 만약 부모자격증이 있다면 이 세상에 부모가 될 수 있는 사람은 얼마나 될까? 자신의 성질을 잘 다스릴 줄 아는 조절능력, 마음을 조절할 수 있는 인내력, 아이를 건강하게 부양할 수 있는 재력을 포함한 능력, 아이의 입장을 잘 헤아려 아이를 달랠 줄 아는 지혜……. 뭐 이런 것들을 그 자격 내용으로 볼 때 자신이 정말 좋은 부모가 될 수 있는 자격이 있는지 한번 생각해 보는 것도 좋을 것 같다. 그리고 좀 모자란 부분이 있다면 노력하여 채울 수 있는지도 따져보고 지금 나의 자식에 대한 행동이 100점 만점에 몇 점 정도나 될까 계산해 보는 것도 좋을 듯하다.

자료 : 조선일보, 2005년 3월 7일자

특강이나 상담관련 강의에서 부모가 되기 위해 어떤 준비나 교육을 받은 적이 있는냐고 질문을 하면 다들 어리둥절해 한다. 부모가 되기 위해서 어떤 교육이 필요한가라는 인식조차 못하고 있는 것이다. 우리는 부모가 되는 것에 너무 무지해 왔다. 부모라고 다 부모는 아닌 것이다. 부모다워야 부모인 것이다. 그러면 어떤 부모가 건강한(좋은) 부모인가? 이것은 지적으로 아는 것만이 아니고 자신이 직접 체험하고 몸으로 습득된 교육을 통하여 체득된 것이다. (중략)

운전면허증 있는 사람 손들어보라고 하면 거의 90% 이상이 손을 든다. 자녀교육과 자동차 운전 중에 어느 것이 더 중요하느냐고 물으면 거의 대답을 하지 못한다. 어느 것이 더 중요한가? 부모 자격이 없는 사람들이 자녀를 양육할 때에 어떤 일이 생길 것인 지는…… (중략) 부모가 되기 위해서는 준비 과정이 필요하다는 것이 너무나 절실한 문제로 다가오지만 대부분의 경우에 어떻게 하다보니 부모가 그냥 된다.

자료 : http://blog.naver.com, 부모자격증 시대, 부모칼럼, 2005년 4월 6일

부모자격증이라는 게 있으면 좋겠다. 아기를 낳기 전에 부모가 될 자격증 시험을 봐서 합격하면 부모자격증을 주는 것이다. (중략) 그건 학력이나 경제력과 상관없고 또 지식과도 상관없고 글을 몰라도, 구두로 봐도 되는 아주 특별한 시험이 되겠지.

자료 : 박철(2000). 걸리면 다 행복해. 은행나무.

Q 부모 자격증 필요할까요? 그렇게 생각하는 이유는 무엇인가요?

Q 만약 부모 자격증이 주어진다면 필요한 자격 조건이나 기준은 무엇이 되어야한다고 생각하나요?

학습자료 Ⅰ-2-S14

우리는 부모됨을 어떻게 배우는가?

학년 반 번 이름:

Q 부모됨을 배우는 데 영향을 주는 요인들을 찾아보세요.

Q 제시된 요인들이 영향을 주는 구체적인 상황(사례)을 한 가지씩 써 보세요.
(모둠원끼리 협동하여 구체적 상황(사례)을 선정한 후 역할극 해보기)

(가족) 예) 부모(또는 조부모)의 자식에 대한 애정표현을 그대로 배우는 경우

(친구들) 예) 친구의 개인적 얘기나 경험(다른 부모들)을 자신의 부모됨에 반영하는 경우

(TV, 영화 등의 매체) 예) 매체에 나타난 인물들의 역할을 통해

(부모교육 전문가) 예) 책, 관련 강좌, 부모교육 프로그램을 통해

(자신의 경험)

Q 부모됨을 배우는 데 영향을 주는 각각의 요인(가족, 친구, 매체, 전문가, 자신의 경험 등)들의 긍정적인 면, 부정적인 면은 무엇이라고 생각하나요?

3-4/
7차시

부모됨

학습목표 : 부모됨의 의미를 이해할 수 있다.
바람직한 부모됨에 대해 이해할 수 있다.

교수학습 자료 및 준비	교사	교사용 자료 14, 15, 16, 17	수업 준비	멀티미디어 시설
	학생	학습자료 15, 16, 17, 18, 19, 20		
지도시 유의점 교사 Tip	• 가상적인 학급 경험, 부모됨 역할에 관련된 것들과의 접촉, 문학서적, 미디어 예시 등 효과적인 부모됨에 대해 의미 있는 학습이 되도록 한다(다양한 시나 문구를 음악과 함께 들려주어 학생들이 학습하려는 주제에 집중할 수 있도록 분위기를 유도한다).			

단계	활동	비고
도입	Ⓐ Ⓡ 전시학습 확인 - 부모됨 교육의 필요성을 질문을 통해 학생들이 인식하고 있는지 확인한다. Ⓐ 부모란? 부모됨이란? (질문하기) - 학생들의 다양한 답변을 칠판에 정리한다. - 부모와 관련 있는 시를 들려준다. 학습목표를 제시한다.	생각문 열기
전개	Ⓡ Ⓒ Ⓢ 부모됨의 의미, 효과적인 부모됨에 대해 알기 - 학생들의 인식을 질문-응답을 통해 칠판에 정리한다. - 학습자료 [부모됨의 의미]를 통해 학생들의 생각과 부모들의 생각에 차이가 있는지 알아보고 그러한 차이가 생기는 이유를 스스로 발견할 수 있도록 한다. Ⓡ 부모로서의 행동 및 부모됨의 어려움에 대한 숙고 - 학습자료 [부모됨은 끝이 있는가?] Ⓐ Ⓡ Ⓒ Ⓢ '부모' 에 대해 숙고하기 - TV 동화 "아버지의 짐 자전거", "어미새의 사랑" 을 보고 느낌을 발표하고 친구들의 느낌을 공유하여 '부모' 에 대한 학생들의 생각을 정리하도록 유도한다. - 학습자료 [부모] Ⓐ Ⓡ Ⓒ Ⓢ 학습자료 [가장 아름다운 가위, 바위, 보] - 학습자료 [부모님을 닦아드린 적이 있나요?]를 하고 느낌을 발표한다. (느낌을 공유할 수 있도록 하고 '부모' 라는 존재에 대해, 미래의 자신의 자녀에게 부모로서 어떤 존재이고 싶은지, 부모됨을 위해 자신들이 무엇을 해야 하는지에 대해 숙고하도록 한다.) Ⓡ Ⓒ Ⓢ 사랑의 편지 발표하기 Ⓐ Ⓡ 학습자료 [부모가 되어서야만 알 수 있을까요?]를 통해서 자녀로서의 자신의 행동을 반성하고, YES와 NO에 해당하는 예를 다양하게 찾아보도록 유도한다.	다르게 보기 다르게 보기 더불어 살기 생각문 열기 다르게 보기 더불어 살기 다르게 보기
정리	Ⓒ Ⓢ 부모됨의 의미와 효과적인 부모에 대해 정리 차시예고 : 부모됨에 대한 생각	

교사용 자료 Ⅰ-2-T14

부모됨

동서양을 막론하고 대부분의 부모들은 전통적인 가치, 믿음, 성역할 고정관념에 의해 부모됨을 자연스럽게 받아 들여왔다. 그러나 최근에는 자녀가 없거나 자신의 선택에 의해 자녀를 갖지 않는 사람들이 부모됨의 책임보다는 자신들의 권리를 존중받고 싶어 한다. 이와 같이 자발적으로 부모됨을 포기하는 사람들이 늘고 있지만 여전히 많은 수의 사람들은 부모됨을 경험한다.

부모는 그들의 자녀들에게 최초의 교사이며, 그들 자녀의 삶, 자녀의 태도, 신념, 행동을 형성하는 데에 가장 영향력을 끼친다. 부모됨을 통해 부모들은 가족과 지역사회복지에 근본적인 힘을 형성한다.

부모됨은
자녀들이 가장 가능성 있게 성장하도록 미래를 책임지는 긍정적인 행동이다.
자녀의 복지를 위해 책임을 인수하는 것이다.
부모와 자녀 사이에 상호작용과 관계되는 과정이다.

바람직한 부모됨이란

역할들을 이행하고 그러한 역할과 관련되어 책임을 지는 것을 의미한다.

바람직한 부모는

- 자녀의 욕구에 대면했을 때 더 폭넓고 다양한 자원(시간, 에너지, 돈, 개인의 적성, 재능)을 관리할 수 있다.
- 그들 자신과 성장하는 자녀, 가족, 지역사회와 관계된 문제들에 직면했을 때 가장 최선의 방법으로 문제를 해결할 수 있다.
- 돌봄으로써 자녀를 양육한다. 그들은 감정과 생각을 교류하고, 돌보며, 존경하는 관계를 만드는 긍정적인 전략들을 사용한다.
- 타인의 복지를 증진시키기 위해 가족과 지역사회에서 리더십 기술을 발휘한다.

자료 : Joanna Kister, Sandra Laurenson(1995). Parenting Resource Guide. The Ohio state University.

부모가 자녀에게 주는 시

세상이 이렇게 아름다운 것은

오 인 태

다시 봄이 오고
이렇게 숲이 눈부신 것은
파릇파릇 새잎이 눈뜨기 때문이지
저렇게 언덕이 듬직한 것은
쑥쑥 새싹들이 키 커가기 때문이지

다시 봄이 오고
이렇게 도랑물이 생기를 찾는 것은
갓 깨어난 올챙이 송사리들이
졸래졸래 물 속에 놀고 있기 때문이지
저렇게 농삿집 뜨락이 따뜻한 것은
갓 태어난 송아지, 강아지들이
올망졸망 봄볕에 몸 부비고 있기 때문이지

다시 봄이 오고
이렇게 세상이 아름다운 것은
새잎 같은 너희들이 있기 때문이지
새싹 같은 너희들이 있기 때문이지

다시 오월이 찾아오고
이렇게 세상이 사랑스러운 것은
올챙이 같은, 송사리 같은 너희들이 있기 때문이지
송아지 같은, 강아지 같은 너희들이 있기 때문이지.

자료 : www.hyodohaja.com

엄마는 그래도 되는 줄 알았습니다

심순덕

엄마는 그래도 되는 줄 알았습니다.
하루 종일 밭에서 죽어라 힘들게 일해도

엄마는 그래도 되는 줄 알았습니다.
찬밥 한 덩이로 대충 부뚜막에 앉아 점심을 때워도

엄마는 그래도 되는 줄 알았습니다.
한겨울 냇물에서 맨손으로 빨래를 방망이질해도

엄마는 그래도 되는 줄 알았습니다.
배부르다, 생각 없다, 식구들 다 먹이고 굶어도

엄마는 그래도 되는 줄 알았습니다.
발뒤꿈치 다 헤져 이불이 소리를 내도

엄마는 그래도 되는 줄 알았습니다.
손톱이 깎을 수조차 없이 닳고 문드러져도

엄마는 그래도 되는 줄 알았습니다.
아버지가 화내고 자식들이 속 썩여도 끄떡 없는

엄마는 그래도 되는 줄 알았습니다.
외할머니 보고 싶다!
외할머니 보고 싶다! 그것이 그냥 넋두리인 줄만

한밤중에 자다 깨어 방구석에서 한없이 소리 죽여 울던
엄마를 본 후론
아! 엄마는 그러면 안 되는 것이었습니다!

학습자료 Ⅰ-1-S15

부모됨의 의미

학년 반 번 이름:

부모님 인터뷰하기

Q 바람직한 부모는 어떤 부모일까요?

Q 부모가 된다는 것은 어떤 것인가요?

Q 아이(자녀)들과의 만남을 위해 나는 얼마나 준비된 부모였을까요?

Q 부모로서 아이(자녀)들을 처음 만났을 때, 임신을 했을 때, 나는 부모됨을 위하여 어떤 노력을 기울였었나요?

이번에는 여러분 각자의 생각을 정리해 봅시다.

Q 부모가 된다는 것은 ________ (것)이다.

Q 바람직한 부모가 된다는 것은 ________ (것)이다.

Q 부모됨을 위하여 나는 무엇을 준비해야만 하나요?

Q 바람직한 부모가 되기 위해 필요한 것은 무엇인가요?

Q 부모됨에 대한 부모님의 생각과 나의 생각 간에 차이가 있나요? 만약 있다면 그러한 생각 차이가 생기는 이유는 무엇일까요?

교사용 자료 Ⅰ-2-T17

부모됨의 의미

부모 입장에서의 부모됨의 의미

자아확장의 의미이다.

부모는 자녀를 통하여 자기연장감 내지는 자기불멸감을 느낄 수 있다. 부모는 자녀가 가문을 계승하고 자신의 행동이나 태도들을 배워서 자신과 유사한 특성을 소유하는 것을 보면서 자녀를 통해 자기의 일부가 연장된다는 감정을 갖게 되고 만족감을 얻게 된다.

사회적 지위를 획득할 수 있다.

부모됨은 여러 가지 어려운 경제적 · 교육적 책임과 의무가 생김에도 불구하고 사회적으로 인정받는 새로운 지위를 얻게 되는 것이다. 특히 우리나라의 경우 결혼을 하고 부모가 되어야 비로소 한 성인으로서 인정해주며 정상적인 가족으로 보는 경향이 강하다. 이는 사회적 인정과 지위를 획득하는데 도움을 준다.

자료 : 유안진, 김연진(1977). 부모교육. 동문사.

부모 자신의 인지적 · 정서적 발달을 촉진시켜 준다.

부모는 자녀를 양육하면서 새로운 분야에 대한 흥미와 관심을 확대시켜 나갈 수 있다. 또한 인간은 정서적 욕구를 채우고자 하는 데에 있어서 자녀를 애정과 관심을 가지고 양육하고, 위험으로부터 보호하고, 감정적인 교류를 갖게 됨으로서 서로 간에 애정과 정서적 지지의 욕구, 성취감을 맛볼 수 있다. 다시 말해 부모가 된다는 것은 개인의 성장과 발달 기회를 갖는 것이다.

'생' 의 의미를 경험하게 된다.

자녀를 양육함으로써 인간의 생활주기를 경험하고 생활의 의미를 이해하게 된다. 즉, 개인의 역할, 봉사, 책임 등을 수행함으로써 인생의 진리를 체득할 수 있다.

자료 : 유영주, 김경신, 김순옥(1996). 가족관계학. 교문사.

자녀 입장에서의 부모의 의미

출생 초기부터 성격과 인성의 측면에서 지대한 영향을 받는다.

어떤 부모를 만나고 어떤 가족 분위기에서 성장하는가는 개인에게 있어서 인생을 좌우하고 삶을 지배하게 되는 중요한 요인이다. 따라서 어린 시절 인생 초기에 부모-자녀 관계는 한 개인의 발달에 중요하고 핵심적인 역할을 한다.

다른 어떤 관계보다도 오래 지속되는 관계이며, 평생 지속되는 관계이다.

생후 초기 부모로부터 전적으로 도움과 양육을 받는 관계에서 점차 성장해서 심리적 · 경제적 · 사회적으로 독립을 하게 되면서부터는 서로 정서적 지지를 주고받는 협력자로서의 관계를 맺게 됨으로써 성숙한 성인으로서의 대등한 관계를 유지해 간다. 따라서 자녀와 부모는 여러 형태로 진행되지만 평생토록 지속되는 관계이다.

부모로부터 사회적 지위를 부여받는다.

부모의 사회적 · 경제적 신분과 지위는 자녀가 태어나자마자 자녀의 객관적 신분이 된다. 물론 현대는 귀속적 지위보다는 성취적 지위가 중요시되고 있기는 하지만 독립된 성인이 되기까지는 부모로부터 부여받은 귀속적 지위가 자녀에게 중요한 요인으로서 작용한다.

부모는 자녀와 가장 밀접한 관계를 맺으면서 자녀의 인지적 문제해결방법, 사회적 관계를 유지하는 방법, 성 역할 등에 많은 영향을 미친다.

부모와 자녀는 다양한 삶의 경험을 같이 나누는 관계이다.

자녀가 태어나서부터 성장하는 동안 가족은 하나의 체계로서 움직이며 부부관계나 가족관계는 뗄 수 없는 밀접하고도 중요한 관계로서 자녀의 모든 성장의 영역에 영향을 준다.

자료 : 이숙, 우희정, 최진아, 이춘아(2002). 부모교육. 학지사.

학습자료 Ⅰ-2-S16

부모됨의 끝은 있는가?

학년 반 번 이름:

치매 아내 죽이고 목숨 끊은 92세 허씨,
유서에서도 자식 위로……, "자식에 부담되기 싫다."

"ㅇㅇ아 미안하다. 살 만치 살고 두 부부가 세상을 떠나니 너무 슬퍼하지 말고 눈물짓지 마라. 산으로 가지 말고 화장하여 차에다 싣고 두 뼈 먼 곳에 버려다오. 누구나 죽으면 썩은 나무토막과 같으니라. 걱정 말고 몸 건강하길 바란다."

지난 10월 5일 치매에 걸린 아내를 목 졸라 죽이고 자신도 목을 매 숨진 92세의 허모씨가 막내아들(50)에게 남긴 유서의 첫 장이다. -중략-

찢어낸 달력 뒷면에 파란 사인펜으로 꾹꾹 눌러쓴 흔적이 역력했고 유서를 쓰다가 눈물이 떨어진 듯 종이 한쪽이 일그러져 있었다.

"의복은 이곳에 내놓지 말고 차에 싣고 먼 곳에 버려다오."(두 번째 장)

"우리 주민등록은 큰 딸 집으로 되어 있다. 잘들 살기 바라며 세상 작별한다. 출상비 250만원 있다." -중략-

"오늘 세상 떠난다. 놀라지 마라." -중략-

가까이서 자식들 보는 것이 유일한 낙

60년 가까이 농사를 지으며 7남매를 키워낸 허씨가 농사를 그만두고 30년 전 자녀들이 살고 있는 서울로 이사를 했다. 7남매가 서로 모시겠다고 나섰지만 자식에게 부담되기를 꺼려한 허씨는 일부러 서울 가양동에 집을 마련해 아내와 단둘이 살았다. 가까이서 자식들 바라보는 것이 허씨 부부의 낙이었다고 한다.

90줄에 접어들며 아내의 기력이 극도로 쇠약해지자 허씨도 서로 모셔가겠다는 자식들의 청을 계속 물리칠 수만은 없어서 아들 셋 중 형편이 조금 나았던 막내아들 집으로 3년 전 옮겨왔다. 지난해 가을 기력이 없던 아내에게 치매마저 찾아와 그 병간호도 했다고 한다. -중략- 불황의 여파가 막내아들 집에도 불어 닥쳐서 일감을 찾기 힘들었고 어쩌다 일을 구해도 일당을 못 받기 일쑤였다고 한다. -중략- 사건 조사 담당자는 '아들이 관리비도 제대로 못

내고 일거리도 예전 같지 못했다는 사실을 숨진 허씨가 이미 알고 있었던 것 같다' 며 어려운 자식 살림에 부담이 되기 싫어 극단적인 선택을 한 것으로 보인다고 말했다. 자식에게 부담주지 않으려고 폐지를 팔아 장례비까지 준비해놓고 치매를 앓는 부인과 함께 이승을 떠나 '하늘길' 로 떠난 92세 할아버지의 가슴 아픈 사연이었다.

자료 : 주간조선, 2004년 10월 21일

Q 부모로서의 할아버지 선택(행동)에 대하여 어떻게 생각하나요?

Q 위 가족의 상황에서 할아버지가 할 수 있는 다른 최선의 방법을 모색해 본다면 어떤 것이 있을까요?

부 모

학년 반 번 이름:

■ 아버지의 짐 자전거

http://www.kbs.co.kr/2tv/sisa/happytopia/vod/1238919_1144.html

느낌 :

■ 어미새의 사랑 http://www.kbs.co.kr/2tv/sisa/happytopia/vod/1238883_1144.html

느낌 :

정말 그럴까요? (아래 그림을 보고 여러분의 생각과 느낌을 옆에 적어봅시다.)

부모의 자식사랑은 누구나 다 똑같습니다.

부모의 자식사랑은 누구나 다 똑같습니다.

"오리 날다"
노력하면 안 되는 일이 없습니다. 부모의 올바른 행동, 자녀들이 따라옵니다.

자료 : www.hyodohaja.com

학습자료 Ⅰ-2-S18

가장 아름다운 가위, 바위, 보

☐ 학년 ☐ 반 ☐ 번 이름: ☐

아버지와 아들이 있었습니다. 아버지는 아들에게 말했습니다.

"아빠랑 가위바위보를 할까? 네가 이기면 부탁하는 것은 뭐든지 다 들어줄 테니까."

"그럼 아빠, 내가 갖고 싶은 것 다 사 줄 거야?"

"물론이지. 네가 갖고 싶은 것은 아빠가 모두 다 살 줄게."

아버지와 아들은 그래서 가위바위보를 했습니다.

그런데 가위바위보를 할 때마다 아들은 단 한번도 진 적이 없습니다.

그것이 아들은 그렇게 신이 날 수가 없었고 즐거움이자 낙이기도 했습니다.

아들은 가지고 싶은 장난감, 먹고 싶은 모든 것을 다 사달라고 했고 아버지는 즐거이 아들과의 약속을 지켰습니다.

아버지는 가위바위보를 해서 이겨 기뻐하는 아들을 보면서 자신도 기쁨의 눈물을 흘렸습니다.

아버지가 가위바위보를 할 때마다 아들에게 일부러 져 준 것을 아들은 아직 어려서 알지를 못합니다.

오직 주먹밖에 낼 줄 모르는 아들, 아버지의 아들은 태어날 때부터 손가락이 없어 조막손으로 태어나 오직 주먹밖에 낼 수가 없습니다.

언제까지고 아버지는 이런 아들에게 계속 지고 싶어 합니다.

언제까지나, 언제까지나, 자기가 주먹밖에 낼 줄 모른다는 것을 아들이 스스로 알아차릴 때까지 아버지는 또 계속 져 줄 것입니다.

그러나 아버지는 아들이 자신이 주먹밖에 낼 줄 모르는 것을 알게 될 날이 오지 않기를 또 간절히 바라고 있습니다.

자료 : 유현민(2002). 행복 수첩 속의 이야기. 예문당.

Q 나는 나의 부모에게 ______________________ 존재입니다.

Q 나의 부모는 나에게 ______________________ 존재입니다.

Q 나는 나의 자녀에게 ______________________ 존재이고 싶습니다.

부모님을 닦아드린 적이 있나요?

□학년 □반 □번 이름: □

■ 부모님을 닦아드린 적이 있나요?

http://www.akyangm.net/bbs/view.php?id=lifestory03&page=1&sn1=&divpage=1&sn=off&ss=on&sc=on&select_arrange=headnum&desc=asc&no=251

느낌 :

사랑의 편지 쓰기

자신에게 가장 많은 보살핌과 도움을 주는 사람이 누구인지 생각해 보았습니까?

그 분께 고마움을 느낀 적이 있습니까?

부모됨은 내가 겪은 부모님을 바르게 이해할 수 있을 때 가능합니다. 그동안 인식하지 못했던 부모님(또는 부모님처럼 여기는 사람)에 대한 고마움을 느끼면서 사랑의 편지를 써 봅시다.

받는 사람 :

보내는 사람 :

학습자료 Ⅰ-2-S20

부모가 되어서야만 알 수 있을까요?

학년 반 번 이름:

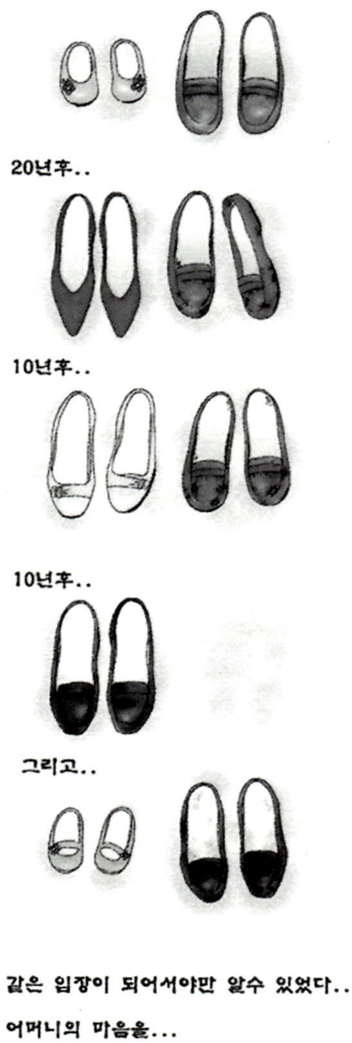

✲ 자신의 생각을 적어 봅시다.

부모가 되어서야만 부모 마음을 알 수 있을까요?

YES

NO

자료 : http://photo.paran.com

5/7차시

부모됨에 대한 생각

학습목표 : 부모됨에 대한 현실적인 기대를 가질 수 있다.

교수학습 자료 및 준비	교사	교사용 자료 18	수업 준비	멀티미디어 시설
	학생	학습자료 21, 22, 23		
지도시 유의점 교사 Tip	• 부모됨에 대한 비현실적인 기대에서 정확한 느낌의 부모됨에 대한 사실을 깨달을 수 있도록 한다.			

도입	Ⓡ Ⓒ 전시 학습 확인 - 가장 인상 깊었던 학습내용을 질문하고 학생들의 느낌을 확인한다. - 학습할 내용을 전시학습 내용과 연관시켜 설명한다. 학습목표를 제시한다.	생각문 열기
전개	Ⓐ Ⓢ 학습자료 [부모됨에 대한 나의 생각] 완성하기 Ⓡ 짝(또는 모둠)과 이야기해 보고 어떤 부모가 될 것인지 숙고하도록 유도한다. - 교사용 자료 [미혼남녀 19% 자녀 없어도 돼]를 제시하고 질문한다(학생들의 응답을 근거로 최근 부모됨과 연관된 사회문제에 대해 학생들과 논의한다).	다르게 보기 더불어 살기
	Ⓡ 학습자료 [내가 믿는 부모됨에 관한 진실] 완성하기 Ⓒ Ⓢ 부모됨에 대하여 진실이라고 생각해 왔던 상황이나 믿음을 객관적으로 생각하도록 유도하고 그런 믿음에 대한 부모들의 생각을 인터뷰해서 서로의 차이를 파악하고 그러한 차이가 생기는 원인을 찾도록 한다.	다르게 보기
	Ⓐ 학습자료 [부모가 되는 것은 어떤 느낌일까?]를 통해서 학생들 스스로가 부모됨에 대한 느낌을 인식하며, 그러한 긍정적 느낌, 부정적 느낌의 이유에 대해 생각하도록 한다. Ⓡ Ⓢ 자신이 부모가 된다는 느낌과 느낌이 다양한 이유 발표하기 - 발표에 대해 긍정적 피드백을 준다.	더불어 살기
정리	Ⓒ 자신의 부모됨에 대해 현실적으로 예상할 수 있도록 한다. - 부모됨의 느낌을 인지했는지 확인하며 부모됨에 대한 믿음, 느낌 등을 바로 인식할 수 있도록 한다. 차시예고 : 사람들은 왜 부모가 되려고 하는가	

학습자료 Ⅰ-2-S21

부모됨에 대한 나의 생각

학년 반 번 이름:

Q 내가 '부모가 된다' 는 것은 어떤 것인가요?

Q '아이 같다' 는 것은 무엇을 의미하나요?

Q 부모됨을 준비할 때 가장 쉽게 할 수 있는 것은 무엇이라고 생각하나요?

Q 부모가 되었을 때 가장 어려운 일은 무엇이라고 생각하나요?

Q 부모가 아이를 위해 할 수 있는 가장 중요한 것은 무엇이라고 생각하나요?

Q 부모는 아이들, 가족들(또는 가족생활)에게 왜 중요한가요?

Q 부모는 학교, 직장, 사회에서 왜 중요한가요?

Q 오늘날 부모는 100년 전 부모와 다르지 않다. 왜냐하면 ______ 때문이다.

Q 오늘날 부모는 100년 전 부모와 다르다. 왜냐하면 ______ 때문이다.

Q 내가 생각하는 좋은 부모는 어떤 부모인가요?

자료 : Joanna Kister, Sandra Laurenson(1995). Parenting Resource Guide. The Ohio state University.

교사용 자료 Ⅰ-2-T18

미혼남녀 19% "자녀 없어도 돼"

미혼남녀 19% "자녀 없어도 돼"

미혼 남녀 5명 중 1명은 자녀가 없어도 상관없다고 생각하는 것으로 나타났다. 3명 중 1명만 자녀가 꼭 필요하다는 반응을 보였다.

보건복지부와 한국보건사회연구원은 지난해 4월 전국의 18세 이상 미혼 남녀 4,043명을 대상으로 '미혼 남녀의 결혼 및 가치관 설문조사'를 한 결과 19.3%(남성 17.4%, 여성 21.7%)가 '자녀가 없어도 상관없다'고 대답했다고 12일 밝혔다.

자녀의 필요성을 묻는 질문에 37.4%(남성 42.0%, 여성 31.4%)는 '꼭 있어야 한다', 41.1%(남성 30.3%, 여성 44.8%)는 '있는 것이 없는 것보다는 낫다'고 응답했다. 자녀가 없어도 괜찮다고 응답한 761명이 밝힌 이유는 '부부 중심 생활을 위해'(51.5%), '자녀 양육에 자신이 없어'(18.4%), '사회적 성취에 방해가 될 것 같아'(8.2%), '자녀 양육비용 부담'(6.7%) 등의 순이었다. 특히 남성의 62.1%가 '부부 중심의 생활을 위해', 9.0%가 '자녀 양육에 자신이 없어서'라고 대답한 반면 같은 대답을 한 여성은 40.3%와 28.4%로 차이를 보였다.

결혼의 필요성에 대해서는 응답자의 21.0%가 '반드시 해야 한다', 47.8%는 '하는 것이 좋다'고 응답한 반면 25.7%는 '해도 좋고 안 해도 좋다', 3.4%는 '하지 않는 것이 좋다'고 대답했다. 또 이상적인 결혼 연령은 남성 29.0세, 여성 26.6세로 나왔지만 정작 응답자 자신이 결혼하고 싶은 나이는 남성 29.8세, 여성 28.1세라고 대답해 만혼으로 인한 불임, 저출산 등이 지속될 것으로 분석됐다.

한국보건사회연구원 김승권(金勝權) 사회정책실장은 "이 조사는 미래의 출산 경향을 예측하기 위해 실시됐으며 저출산 경향이 개선될 가능성이 희박하다는 것을 보여준다"고 설명했다.

자료 : 동아일보, 2004년 1월 12일자

부모가 된다는 것은 사랑, 시간, 에너지, 인내, 돈을 필요로 합니다.

그러나 대개의 사람들은 이러한 것들을 부모가 된다는 일의 대가로 여겨 기꺼이 받아들이게 됩니다.

부모가 된다는 것은 애정을 표현하는 것이며, 부모들은 자녀에게 애정과 애착을 표현하는 것이 필요합니다. 또한 부모가 된다는 것은 기쁨인 동시에 힘이 드는 측면도 있음을 그대로 인정해야 합니다.

학습자료 Ⅰ-2-S22

내가 믿는 부모됨에 관한 진실

학년 반 번 이름:

※ 아래 제시된 내용에 대해 여러분이 생각하는 것을 (예, 아니오)로 표시하고 그렇게 생각하는 이유를 써 보세요.

Q 부모가 된다는 것은 재미있는 일이다. (예, 아니오)

Q 부모됨은 어려운 일이다. (예, 아니오)

Q 아이들은 예쁘고, 귀엽고, 주위에 있으면 즐겁다. (예, 아니오)

Q 부모됨의 보상은 부모로서의 가치를 높여준다. (예, 아니오)

Q 아이들은 좋은 부모를 만나면 바르게 성장할 것이다. (예, 아니오)

Q 좋은 부모는 어떤 아이라도 양육할 수 있다. (예, 아니오)

Q 아이들의 행동은 철저한 훈련으로 쉽게 관리할 수 있다. (예, 아니오)

Q 부모의 역할은 당신의 삶을 충족시킬 수 있다. (예, 아니오)

Q 내가 처음 아이를 가질 때 자연스럽게 부모가 되는 방법을 알게 될 것이다. (예, 아니오)

자료 : Joanna Kister, Sandra Laurenson(1995). Parenting Resource Guide. The Ohio state University.

✲ 앞장에 제시된 내용 이외에 여러분 자신이 부모됨에 관한 진실이라고 생각하는 상황(내용)을 적어보세요.

✲ 여러분의 부모님이 부모됨에 관한 진실이라고 생각하는 것에 대해 인터뷰 해보세요.

Q 부모됨에 관해 여러분이 진실로 믿고 있는 것과, 인터뷰에서 여러분의 부모님들이 진실로 믿는 것의 차이는 무엇인가요?

Q 이런 차이가 생기는 이유는 무엇이라고 생각하나요?

나도 우리 아빠처럼 언젠가는 아빠가 되겠지. 그래서 아빠처럼 아들도 낳고 딸도 낳겠지. 내가 말을 듣지 않을 때 엄마가 꼭 하는 말이 있어. "현호야, 너 나중에 꼭 너 같은 아들 낳아서 마음고생 한번 해 봐라. 그럼 엄마 아빠 마음 알 거다." 나 같은 아들을 자식으로 낳으면 왜 마음고생을 하는 거지 내가 어때서?

"또요? 그 때도 시합하다가 체할 뻔했단 말이예요."
"그래도 한 번만 하자."
"참 이상해, 아빠가 그랬잖아요, 자식 이기는 부모 없다고요. 그런데 우리 집은 맨날 부모가 자식을 이기네."
"그러니까 억울하면 빨리 커서 부모 이기는 자식 되면 되잖아, 자, 시작한다."

자료 : 노경실 글/ 심은숙 그림(2002). 우리 아빠는 내 친구. 시공주니어.

Q 부모됨에 관한 진실(또는 사실)과 우화(보편적으로 가지고 있는 잘못된 믿음)에 대한 판단은 어떻게 할 수 있을까요?

학습자료 Ⅰ-2-S23

부모가 되는 것은 어떤 느낌일까?

□ 학년 □ 반 □ 번 이름: ______

✻ 부모가 되는 것에 대한 자신의 느낌에 해당하는 단어 색칠해보기

화난	걱정스러운	나쁜	매력적인	위안이 되는	경쟁의	갈망하는
완전한	관심 있는	만족한	용기 있는	어려운	유쾌한	무서운
고민하는	열망하는	행복한	고단한	열광적인	난처한	정직한
희망찬	실패한	흥미 있는	낙담한	긴장한	감사하는	무력한
절망적인	유죄의	좋은	무식한	참지 못하는	부적당한	비어있는
즐거운	외로운	사랑스러운	행운의	성숙한	초라한	비참한
힘든	상호적인	자연적인	고통스러운	평화스러운	당황한	신뢰하는
불쌍한	자랑스러운	뉘우치는	관대한	임시의	후회하는	슬픈
책임 있는	겁먹은	만족하는	이기적인	부끄러운	충격적인	계발된
진지한	가엾은	압박하는	예고 없는	의심스러운	평행한	자극적인
동정적인	심사숙고하는	피곤한	불확실한	성실한	불행한	학대하는
따뜻한	이상한					

Q 부모가 되는 것에 대한 자신의 느낌은 긍정적인가요? 부정적인가요? 그 이유는 무엇인가요?

Q 만약 부모가 된다는 것에 대한 느낌이 부정적이라면 그 이유는 무엇 때문이라고 생각하나요?

Q 부모가 되는 것에 대한 느낌이 다양한 이유는 무엇 때문일까요?

6/7차시

사람들은 왜 부모가 되려고 하는가

학습목표 : 부모됨의 동기, 어려움, 희생, 보상에 대해 이해할 수 있다.

교수학습 자료 및 준비	교사	교사용 자료 19, 20, 21	수업 준비	멀티미디어 시설
	학생	학습자료 24, 25, 26		
지도시 유의점 교사 Tip	• 부모 되기를 원하는 여러 요인을 이해해서 자신의 부모됨 동기를 숙고하도록 하며, 그러한 부모됨에 따르는 어려움, 희생, 보상에 대해 이해함으로써 미래의 부모됨에 적응할 수 있도록 한다.			

단계	내용	비고
도입	Ⓡ 전시학습 내용 확인 - 학생들 자신의 부모가 된다는 것에 대한 느낌, 부모됨에 대한 믿음의 진실 여부를 확인한 느낌 또한 자신의 부모됨의 느낌이 부정적으로 나타난 학생들에게 부모됨을 원하는지 질문한다(질문에 대한 학생들의 답변에 적극적으로 반응하고 전체적인 의견도 반영한다). Ⓐ Ⓡ 학습자료 [사람들은 왜 부모가 되려고 하는가?] 학습목표를 제시한다.	생각문 열기
전개	Ⓒ Ⓢ 부모됨의 다양한 동기를 이해하고 학생들은 자신이 정말 부모됨을 원하는지 깊이 생각해보도록 유도한다. - 부모됨을 원하는 동기, 부모됨을 원하지 않는 이유 발표하기(여러 생각을 공유하도록 유도하고 논의한다) Ⓐ 학습자료 [부모됨의 비용(희생)] - 부모됨의 어려움, 비용에 대해 생각하고 그것이 부모됨에 어떤 영향을 미치는가 알아본다. - 부모됨 교육에 있어서 이러한 어려움 비용, 희생을 알아야 하는 이유를 이해한다. - 현대사회에서 부모가 된다는 것은 많은 준비와 부부간의 합의와 문제해결에 대한 의사소통이 요구됨을 이해한다. 학습자료 [부모됨의 보상]	다르게 보기 더불어 살기
정리	Ⓒ Ⓢ 부모됨에 대한 보상을 이해하고 자신의 부모님의 부모됨에 대한 어려움, 희생, 보상에 대한 부분을 이해하도록 유도한다. Ⓢ 과제 제시 : 부모됨의 비용(경제적 비용) 조사하기 차시 예고 : 부모됨의 책임	

학습자료 Ⅰ-2-S24

사람들은 왜 부모가 되려고 하는가?

☐학년 ☐반 ☐번 이름: ☐

부모가 되기를 원하는 데 공헌한 많은 요인은 사람들의 개인적 신념과 가치, 사회적 관습, 실제적 문제, 심지어 느끼지 못하는 요구까지 포함한다.

사회, 문화적 이유

1. 순응하도록 주어지는 가족, 친구, 사회적 압력(관습)
2. 자신이 조부모에게 행복을 주는 것처럼 자신의 부모를 행복하게 하기 위한 것
3. 가정의 중요함, 필요함에 대한 느낌
4. 나이가 들었을 때 자신들을 돌보는 아이를 갖는 것
5. 종교적 전통의 수행, 종교적 이유

심리적 이유

1. 기존 자신의 가족으로부터 독립하기, 독립심에 대한 욕구 충족하기
2. 아이를 자신의 연장(확대)으로 만드는 것
3. 아이들로 인한 자극, 인간관계의 확대
4. 권력, 중요성, 자부심, 성취감의 달성
5. 아이들에게 좋은 부모가 됨으로써 자신의 불행한 어린 시절에 대한 보상
6. 아이들에게 유사한 경험을 제공함으로써 행복했던 어린 시절을 회상하는 것
7. 자신이 자랄 때보다 자신의 아이들을 더 잘 키울 수 있음을 자신의 부모들에게 보여주기 위함
8. 결혼 관계를 유지하기 위함

기타(공통된 이유)

1. 임신, 출산, 아이를 돌보는 경험을 가지기
2. 자신과 같은 어떤 사람을 낳는 것
3. 유일한 인간을 창조하는 것
4. 사람들의 남자다움, 여자다움을 증명하기
5. 아이를 통해서 미래에 대한 생활을 이어가기
6. 가족을 생성하는 것

Q 여러분은 부모가 되기를 원하나요? 원한다면 왜 부모가 되려고 하나요?

교사용 자료 Ⅰ-2-T19

사람들은 왜 부모가 되려고 하는가?

부모됨의 동기

부모됨의 동기는 사람마다 다르고 다양하며, 부모의 심리적 과정을 나타내는 것이기 때문에 부모의 자녀양육 태도를 결정하는 요인이며, 부모됨 여부를 결정하는 데 영향을 준다.

1. 자연의 섭리
2. 자기 확장 및 자기불멸감
3. 가계 계승 및 노후 보장
4. 삶의 보상(정서적, 상징적)
5. 사회적 지위 획득
6. 사랑과 애정의 필요

자료 : 유안진 · 김연진(1997). 부모교육. 동문사.

스콜닉의 견해(여성한국사회연구소, 2002)

1. 혼인한 사람은 반드시 아이를 가져야 하고, 그래야 정상적이라는 사회적 압력 내지는 기대가 있다.
2. 부모가 되는 것은 돈, 시간, 에너지 등 많은 비용이 들지만 그럼에도 불구하고 많은 정서적 · 상징적 보상을 제공한다. 자녀를 통해 사랑하고 사랑받고 싶은 욕구가 충족되며, 자녀를 지도, 훈육, 교육시키면서 권력이나 영향력을 행사하고자 하는 욕구가 충족될 수 있다.

라빈의 견해(오영희 · 엄정애, 1997)

1. 숙명적 동기 : 자연의 섭리를 거역할 수 없기 때문에 자녀를 갖는다.
2. 이타주의적 동기 : 남에게 애정을 주고 헌신적으로 돌보고자 하는 인간의 이타주의 동기를 충족시켜 준다.
3. 자기도취적인 동기 : 부모가 됨으로써 자녀가 필요로 하는 존재가 되고 자녀를 생산할 만큼 성숙하여 성인집단에 속했음을 나타내고 정서적인 안정감을 준다.
4. 도구적인 동기 : 부모 대신 어떤 목적을 달성해준다. 부부간의 불화를 막아준다. 아이를 낳으라고 압력을 가하는 조부모를 만족시킨다.

학습자료 Ⅰ-2-Ⓢ25

부모됨의 비용(희생)

학년 반 번 이름:

부모가 성숙되고 이미 부모됨의 책임을 수행했을 때 그들은 보통 기꺼이 필요한 희생을 받아들인다. 그러나 부모가 너무 어리거나 책임을 수행하지 않았을 때 매우 높은 비용(희생)이 따를 수 있다.

부모됨의 비용

- 지적 비용 : 복합적인 문제에 관해 부모됨을 선택하고 부모됨에 필요한 자원 관리하기
- 사회적 비용 : 라이프스타일의 변화에 대처하기(자신, 배우자, 친구 등을 위한 시간 줄이기 등)
- 경제적 비용 : 음식, 의복 구매 등의 많은 지출에 대해 계획하고 지급하기(거주지 제공과 보험금 충당 등)
- 정서적 비용 : 절대적인 사랑을 제공하고, 아이들의 생애 부양하기(훈련과 조직을 통한 양육 유지)
- 신체적 비용 : 임신과 출산을 경험하는 것(24시간의 돌봄의 육체적 요구에 직면하고 아이를 돌보는 데 필요한 높은 에너지를 유지하는 것)
- 직업적 비용 : 직업의 결과를 관리하고 스트레스를 다루는 것

경제적 비용은 얼마?

각 모둠에서 아래 제시한 나이를 선택하고 한 해 동안 아이들의 요구를 해결하는 비용을 조사하여 태아기부터 만 18세까지 성장하는데 드는 경제적 비용을 요약해보세요.
(음식, 옷, 의료 서비스, 주거, 특별한 장난감, 교육, 여행, 오락 등의 비용을 포함)

(1) 태아기

(2) 젖먹이(유아)(출생~생후 1년까지)

(3) 아장아장 걷는 아이(생후 1년부터 유치원 전)

(4) 유치원생

(5) 초등학교 학생

(6) 중 · 고등학교 학생

Q 부모됨을 고려할 때 이런 비용(부모됨의 비용)을 알아야 된다고 생각하나요? 그렇다고 생각한다면 왜 그런가요? 아니면 왜 그런가요?

Q 경제적 비용(조사한 내용)은 자신이 예상했던 것과 비교했을 때 어떤 차이가 있나요?

Q 부모됨의 비용은 부모가 되고자 하는 선택에 얼마나 영향을 줄까요?

자료 : Joanna Kister, Sandra Laurenson(1995). Parenting Resource Guide. The Ohio state University.

부모됨의 어려움

인간은 누구나 부모로 인해 세상에 태어나고 대부분 어느 시점에서 부모가 되거나 부모 역할을 하게 된다. 부모됨은 다방면에 걸쳐서 일어나며 매우 복합적이다.

부모는 자녀의 모든 발달영역에 대해 부모 역할을 수행해야 하고, 자녀의 전체적인 생활에 관여해야 한다. 그럼에도 불구하고 대부분의 부모는 부모됨에 대한 적절한 지식의 습득과 체계적인 교육 없이 부모가 되며, 시행착오를 거치면서 스스로 방법을 발견하거나 책자나 매스컴을 통해 지식을 직접 찾아 나서거나 자신의 부모에게서 보아왔던 부모됨을 모델로 삼는 등의 과정을 통해 부모 역할을 수행하고 있다. 하지만 부모 역할은 일반적으로 기대하고 있는 것과 달리 강한 책임감을 수반하는 어렵고 힘든 것이며, 최근 우리 사회의 정보화, 세계화 물결 속의 급격한 변화에 따른 부모 역할의 변화 및 가족 구조와 기능의 급격한 변화가 부모 역할의 수행을 더 어렵게 하는 중요한 요인이 되고 있다.

자료 : 박성연, 김상희, 김지신, 박응임, 전춘애, 임희수(2003). 자녀와의 진정한 만남을 위한 부모교육. 교육과학사.

부모됨의 어려움

1. 신체적 어려움 : 임신과 출산, 육아
2. 정서적 어려움 : 절대적인 사랑 제공
3. 지적 어려움
   ① 복잡한 의사결정
   - 자녀 출산 계획(낳을 것인가에 대한), 출산 시기, 터울 등
   - 불임의 경우 어떤 방법(시험관 아기, 무자녀, 입양 등)을 택할 것인가
   - 원하지 않은 임신의 경우 어떤 결정을 내릴 것인가
   - 직장에 다닐 경우 자녀양육은 어떻게 해결할 것인가

   ② 다양한 자원 관리
4. 재정적 어려움 : 교육비만 1억 원 이상의 투자가 필요
   ※ 영국 런던의 중산층의 경우 : 자녀 양육비용이 자녀 1인당 31만 8천 파운드(약 6억 3600만 원) ← 세계일주 유람선 여행을 여덟 번 하거나 두 사람이 최고급 만찬을 1주일에 3번씩 20년간 즐길 수 있는 비용(연합뉴스, 2002년 1월 4일자)
5. 사회적 어려움
   ① 생활주기의 변화에 따라 달라지는 상황에 대처해야 한다.
   ② 가정의 '정서적 안정'의 기능의 중요성이 높아짐으로써 사회적으로 부모에게 거는 기대가 커지고 아동의 사회화 또는 비행청소년 문제 등이 부모의 책임이라고 여겨지며 자기계발시간, 친구와의 시간 및 부부 둘만의 시간이 줄어든다.
6. 직업역할 수행과의 조화가 어려움 : 여성의 취업 증가와 맞벌이 부부의 증가

교사용 자료 Ⅰ-2-T21 20세기의 부모의 의사결정방법의 변화

현대사회에서 부모가 된다는 것은 많은 준비와 부부간의 합의와 문제해결에 대한 의사소통이 요구된다.

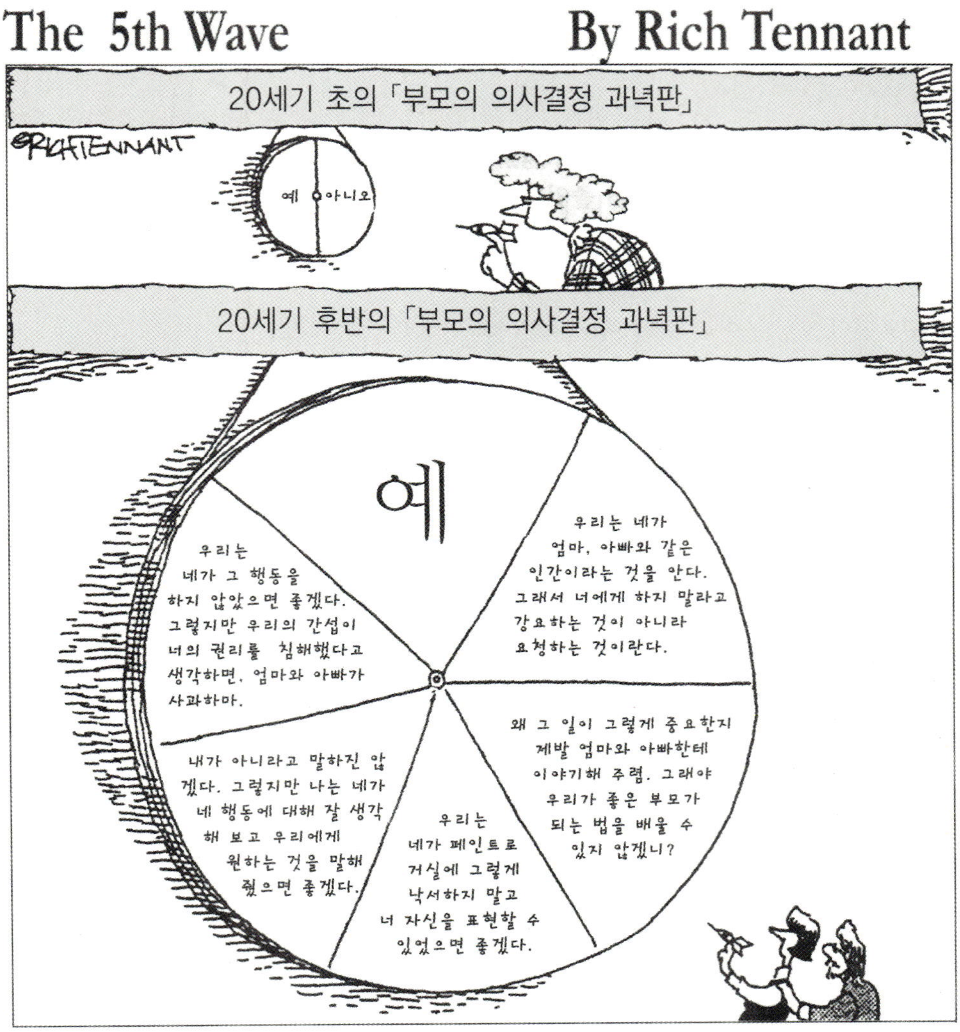

자료 : 정현숙 외(2003). 부모학. 도서출판 신정.

학습자료 Ⅰ-2-S26 부모됨의 보상

□ 학년 □ 반 □ 번 이름: ______

Q 부모가 됨으로서 얻을 수 있는 보상에는 어떤 것이 있을까요?

행복과 즐거움　　가족관계의 존속　　부모-자녀 관계와 자부심　　만족

애정과 사랑　　한결같은 모험심　　아이와 함께하는 활동　　삶의 경험을 공유

삶의 목적에 대한 느낌　　다른 개인적인 것에 대한 긍정적 영향의 느낌

(　　　　)　(　　　　)　(　　　　)　(　　　　)

Q 부모됨의 보상을 아는 것이 왜 중요한가요?

그림 박상철

Q 나의 부모님이 부모가 됨으로서 얻을 수 있었던 보상은 무엇이었을까요?

7/7차시

부모됨의 책임

학습목표 : 부모됨의 책임을 이해할 수 있다.

교수학습 자료 및 준비	교사	교사용 자료 22	수업 준비	멀티미디어 시설
	학생	학습자료 27, 28, 29		
지도시 유의점 교사 Tip	• 부모됨의 책임을 살펴보고, 그러한 책임에 대한 결과가 자신의 가족뿐만 아니라 학교나 지역사회, 사회에 미치는 영향까지 이해할 수 있도록 한다.			

단계	내용	비고
도입	Ⓐ 부모됨을 원하는가? Ⓡ Ⓒ 부모됨의 비용, 희생, 어려움, 보상을 볼 때 학생들 자신은 부모됨을 원하는지 질문하여 학생들의 답변을 통해서 여러 각도로 논의를 유도한다. Ⓢ 과제물 발표 - 부모됨의 경제적 비용에 대한 과제를 해결하면서 느낀점, 결과를 모둠별로 발표한다. 학습목표를 제시한다.	다르게 보기 생각문 열기 다르게 보기
전개	Ⓒ Ⓢ 학습자료 [부모됨의 책임] 발표하기 - 부모됨에 대한 특징을 표현하도록 하고 보다 자유로운 분위기에서 학생들의 발표를 유도하고 교사의 피드백과 학생들끼리의 피드백을 주고받도록 한다. Ⓢ 논의하기 - 부모됨 역할 책임의 중요성, 책임을 다하지 못했을 때의 결과, 책임 수행의 가장 어려운 점, 여성과 남성의 차이점에 대해서 진지하게 논의하도록 한다. Ⓐ Ⓢ 학습자료 [부모됨의 약속] 발표하기 Ⓒ 자신이 처음으로 부모가 되었을 때 어떤 약속을 하게 될는지 풍선말 속에 직접 적어서 발표하도록 한다. - 학생들의 부모됨에 대한 생각을 파악하여 피드백을 제공한다.	생각문 열기 더불어 살기 다르게 보기
정리	Ⓡ Ⓒ Ⓢ 학습자료 [부모됨에 대한 미디어 메시지] - 모둠별로 1가지씩 선택하여 과제 수행을 한 뒤 결과물을 전시하고 그에 해당하는 강화나 보상을 제공한다. - 그 결과물을 위해 과제는 미리 제시하여 본시에서는 마무리 및 발표, 전시를 할 수 있도록 한다(결과물 전시때 “부모”와 관련한 음악을 틀어주거나 또는 부모됨과 관련된 사진들 함께 전시하여 분위기를 돋운다). 차시예고 : 좋은 부모 되기	

학습자료 Ⅰ-2-S27

부모됨의 책임

☐ 학년 ☐ 반 ☐ 번 이름: ☐

부모가 된다는 것은 복잡하고 어려운 일이지만 많은 보람과 희열을 선사하는 가장 가치 있는 일이기에 대다수의 사람들은 기꺼이 부모 되기를 선택하며, 동시에 책임감을 필요로 한다. 이를 긍정적이며 효율적으로 수행하기 위해서는 부모로서 준비된 자세가 필요하며 건강한 가족 분위기를 만들어 가는 것이 중요하다.

Q 부모됨의 다양한 책임에 대한 특징을 마인드맵으로 나타내보세요.

부모됨

Q 부모됨의 책임은 왜 중요한가요?

Q 이러한 책임을 수행하는데 가장 어려운 것은 무엇이라고 생각하나요?

Q 부모됨의 책임에 있어서 남성과 여성간의 차이가 있다고 생각하나요? 있다고 생각한다면 차이점은 무엇인가요?

Q 이제껏 살아온 자신의 삶에서 경험한 책임과 부모가 되기 위해 필요한 책임을 비교해 보세요.

Q 부모됨을 결정하기 전에 부모가 되는 것과 관계가 있는 책임을 고려하는 것이 왜 중요하다고 생각하나요?

교사용 자료 Ⅰ-2-T22

부모됨의 책임(역할)

부모의 역할은 좋은 의도나 사랑만으로 수행되는 것은 아니기 때문에 충분한 지식, 끊임없는 노력과 준비, 지혜로운 대처가 필요하다.

대부분 준비 없이 부모가 되는 경우처럼 부모 역할(책임)에 대한 구체적인 준비 없이 부모가 되지만 사회는 부모에게 사회적으로 수용되는 부모로서의 역할을 성공적으로 수행할 것을 기대하며, 전통사회가 자녀의 보호와 양육을 어머니에게 전담시킨 것과 달리, 현대사회는 부모의 동등한 참여와 책임을 요구한다.

✲ 아버지의 역할

현대사회의 아버지는 가족의 생계를 책임지는 사람이나 규율을 지키도록 엄격하게 요구하는 사람으로서의 전통적인 아버지 역할에서 벗어나 자녀양육에 적극적이고 능동적으로 참여하고 지지하는 역할을 하도록 요구하고 있다.

새로운 아버지란 자녀 양육에 참여하는 아버지(Blankenhorn, 1995)로서 자녀와 시간을 보내는 아버지, 자녀에 대한 지식이 있는 아버지, 일관성 있는 행동을 하는 아버지, 위험 또는 문제 상황에서 분별력 있는 아버지, 가정에 일정한 수입을 가져다주는 아버지, 귀 기울여 이야기를 들어 주는 아버지 등으로 묘사될 수 있다(Roid & Canfield, 1994).

✲ 어머니의 역할

여성의 역할 선택의 범위가 넓어지게 되면서 여성들은 누구나 결혼해서 어머니가 되어야만 하는 것이라고 생각하지 않게 되었다. 그렇지만 아직도 여성에게 있어 어머니가 된다는 것은 사회적으로나 개인적으로 매우 중요한 일이다.

자료 : 민하영, 윤혜경(2002). 부모교육. 도서출판 양지.

부모됨의 약속

□학년 □반 □번 이름:

자신이 처음으로 부모가 되었을 때 어떤 약속을 하게 될지 적어보세요.

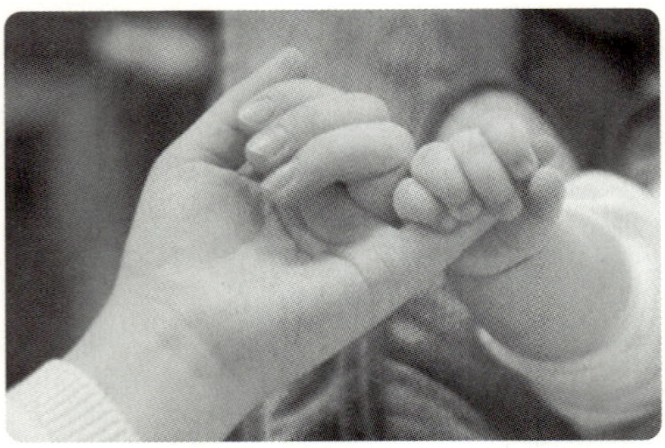

부모됨에 관한 미디어 메시지 - 과제 수행 -

학년 반 번 이름:

✱ 모둠별로 1 가지씩 선택하여 과제를 수행하고 발표하며, 그 결과물을 전시하도록 합시다.

■ 미디어 메시지 요약

TV 프로그램(또는 영화)을 보고 부모 역할에서 부모됨의 책임, 비용, 보상을 찾아보세요. 그리고 미디어에서 표현된 부모됨의 메시지를 요약해보세요. 또 그러한 메시지를 부모 인터뷰를 통해 정리해 보세요.

■ 신문 일기를 써 봅시다 - 일정기간 동안

부모됨에 관계되는 기사, 칼럼, 사설, 만평, 만화, 광고 등을 발췌하여 노트에 붙이고 내용을 요약하여 자신의 의견(생각)을 첨부해 보세요(여러 종류의 신문이 섞일 수 있도록 합니다).

■ 자녀, 부모의 권리가 부모됨의 책임에 미치는 영향

자녀들의 권리와 부모들의 권리를 조사(서적, 신문, 인터넷 등)해서 그것이 부모됨의 책임에 어떻게 영향을 줄 수 있는지 설명해 보세요.

■ 부모와 보냈던 즐거운 기억, 미래 자녀와 보낼 시간 계획

여러분의 어린시절 부모와 즐겁게 보냈던 기억을 회상하고 적어 보세요. 미래의 자녀와 함께 재미있는 시간을 보낼 계획을 세워 보세요.

■ 부모님 전기문

부모님께 전기문을 써서 선물해 보세요.

1/4차시

좋은 부모 되기

학습목표 : 현재에 최선을 다하는 모습이 좋은 부모가 되는 과정임을 알 수 있다.
좋은 부모란 성인이 된 후에도 끊임없이 성장해 나가야 하는 존재임을 알 수 있다.

교수학습 자료 및 준비	교사	교사용 자료 23, 24	수업 준비	인터넷 동영상
	학생	학습자료 30, 31		
지도시 유의점 교사 Tip	• 세 가지 질문에 대한 해답은 동영상에도 나오지만, 학생들 각자의 창의적이고 독창적인 의견을 존중해 주도록 한다. • 좋은 부모의 모습은 자녀에게 훈계와 충고로 다스리는 것이 아니라, 부모 자신이 현재의 삶에 충실하고 행동으로 최선을 다하는 모습을 직접 보여주는 것임을 강조한다. 부모 스스로도 끊임없이 성장해 나가야 하는 존재임을 가르친다.			

단계	내용	비고
도입	Ⓐ [세 가지 질문] 동영상을 보고 학습자료를 완성해간다. http://www.yes24.com/home/chyes/story_viewer.asp?mediaFileKey=1189236&AK=330696&pretty=48 (yes24 홈페이지 -> 채널예스 -> 플래시 동화 -> 플래시 보기) 학습목표를 제시한다.	생각문 열기
전개	Ⓡ 동영상에서 크게 3명의 주인공을 만나게 된다. 이번에는 각각의 주인공을 부모라고 생각하고, 그들의 행동을 통해 좋은 부모의 모습을 발견해 보자. - 소년의 행동에서 찾을 수 있는 좋은 부모의 모습 - 엄마 판다의 행동에서 찾을 수 있는 좋은 부모의 모습 - 거북이 할아버지의 행동에서 찾을 수 있는 좋은 부모의 모습 Ⓒ 세 가지 질문에 대해 미래의 부모가 될 학생들이 소중한 답변을 작성하도록 격려한다.	다르게 보기
	Ⓡ 학습자료 [좋은 부모가 되기 위한 나의 자아 키우기]를 통하여 '곱하기 인생'의 가능성을 찾아본다. 부모로서 '곱하기 인생'의 가치관을 가지는 것이 자녀에게 미칠 수 있는 영향을 관련지어 생각해 본다.	생각문 열기
	Ⓐ 교사용 자료 [히딩크 감독 같은 부모가 되자]를 읽어주며 히딩크 감독의 모습 속에 나타난 좋은 부모의 상(象)을 발견해 본다.	다르게 보기
정리	Ⓒ Ⓢ 현재의 삶에 충실하며, 부모가 되어서도 끊임없이 성장해 나가려는 노력을 하는 모습을 갖추기로 다짐하며 마무리한다. 차시예고 : 배우자 선택	더불어 살기

학습자료 I-3-S30 세 가지 질문

☐ 학년 ☐ 반 ☐ 번 이름: ☐

- 세 가지 질문 -

레오 톨스토이 원저/존 무스 글, 그림/김연수 역/달리

가장 중요한 (   )?

가장 중요한 (   )?

가장 중요한 (   )?

Q 주인공이 궁금해 하는 세 가지 질문은 무엇인가요?

Q 첫 번째 질문에 대한 동물 친구들의 해답은 무엇이었나요? 이 질문에 대한 나의 해답은 무엇인가요?

Q 주인공이 거북이 할아버지를 찾아간 이유가 무엇이라고 생각하나요? 나는 문제가 있을 때 주로 누구를 떠올리며 누구를 찾아가나요?

Q 할아버지 거북이의 밭 가는 일을 도와드리는 주인공의 행동이 후에 어떠한 결과를 가져오나요?

Q 엄마 판다와 아기 판다를 모두 구해주게 된 동기는 무엇이라고 생각하나요?

Q 주인공이 시무룩한 이유는 무엇인가요? 할아버지 거북이가 주인공에게 말하고 있는 의미는 무엇이라고 생각하나요?

Q 소년/엄마 판다/할아버지 거북이의 각각의 행동에서 찾을 수 있는 좋은 부모의 모습을 발견해 봅시다.

- 소년
- 엄마 판다
- 할아버지 거북이

Q 세 가지 질문에 대해서, 미래의 부모가 될 나의 해답은 무엇인가요?

교사용 자료 Ⅰ-3-T23

세 가지 질문의 해답 (예시)

톨스토이는 늘 세 가지 물음을 가슴에 담고 살았다고 합니다.

첫째, 이 세상에서 가장 중요한 사람은 누구일까?
둘째, 이 세상에서 가장 중요한 일은 무엇일까?
셋째, 이 세상에서 가장 중요한 때는 언제일까?

그의 대답은 이랬습니다.

지금의 내 앞에 있는 사람,
지금 내가 하고 있는 일,
바로 지금 이 시간……

기억하렴. 니콜라이.
세상에서 가장 중요한 때는,
바로 지금 이 순간이란다.
가장 중요한 사람은
지금 너와 함께 있는 사람이고,
가장 중요한 일은
지금 네 곁에 있는 사람을 위해 좋은 일을 하는 거야.

바로 이 세 가지가 세상에서 가장 중요한 것들이란다.
그게 우리가 이 세상에 사는 이유야.

학습자료 Ⅰ-3-S31

좋은 부모가 되기 위한 나의 자아 키우기

학년 반 번 이름:

세상에는 두 종류의 사람이 있다.
더하기로 사는 사람과 곱하기로 사는 사람이다.
대부분의 사람들은 더하기 인생을 산다.
'1+1=2, 2+2=4, 3+3=6, 10+10=20'
이러한 삶을 '덧셈 인생'이라고 한다.
그러나 '곱하기 인생'으로 사는 사람은 뭔가 다르다.
1×1=1이다. 처음에는 밑지고 사는 것 같다.
2×2=4이다. 2+2나 다를 것이 없다고 생각된다.
그러나 그 다음부터는 뭔가 분위기가 심상치 않다.
3×3=9가 된다. 10×10=100이 된다.
이때부터 더하기 인생과는 비교가 되지 않는다.

자료 : 양원석(2003). 똑똑한 아이보다 행복한 아이로 키워라. 도서출판 이미지.

Q 좋은 부모가 되기 위해 '곱하기 인생'으로 살도록 다짐하는 것이 자녀에게 어떠한 영향을 미칠 수 있을까요?

- 1×1=1(노력했지만 오히려 손해 보는 경험)
- 2×2=4(두 배로 노력해도 별반 다를 것 없는 경험)
- 3×3=9(조금 힘겹게 노력해서 좋은 결과를 얻은 경험)
- 10×10=100(최선의 노력으로 인생을 크게 변화시킨 경험)

교사용 자료 I-3-T24

히딩크 감독 같은 부모가 되자

지금도 사람들은 "대~한~민~국!" 이라는 소리에 흥분한다. 월드컵이 우리에게 남긴 수많은 일화 중 히딩크 감독을 잊을 수가 없다. (중략)

히딩크 감독은 선수들 개개인의 객관적인 장단점을 정확히 알고 있다. 그러나 안다는 것만으로는 좋은 감독이 될 수 없다. 그는 각 선수들의 단점을 어떻게 하면 장점으로 바꿀 수 있는지에 대해서도 철저한 분석을 통한 자료를 가지고 있고 방법도 알고 있다. 그리고 욕심을 부리지 않고 각 개인의 눈높이에서 이야기하는 기술도 지니고 있다. 그는 칭찬보다는 격려를 통해 선수들이 자신의 결점을 보완하고, 더 나은 단계로 나갈 수 있도록 지도한다.

그는 운동선수가 운동을 잘하는 것도 중요하지만 운동을 잘하기 위해서는 여자친구와의 만남도 중요하다고 생각한다. 그러나 무엇보다도 훌륭한 그의 태도는 팀워크를 깨는 행위를 용서하지 않는다는 것이다. 국가대표팀은 개인도 중요하지만 한 팀으로서의 역할과 사회적 기대도 있다는 것을 잊지 않는다. 또한 한 팀이 유지되기 위해서는 그 안에서 감독으로서 자신의 역할뿐만 아니라, 인간 히딩크 개인의 프라이버시 또한 중요하다는 것을 알고 있고, 그 모든 것을 희생하지 않고 조화를 이루기 위해 노력한다. 여자친구를 보호하기 위한 그의 확고한 언론에 대한 태도는 수많은 여성들에게 감동을 주었다. 한 가족에서 남편은 아이들의 아버지이며 또한 아내의 남편이며, 부모에게는 자녀이다. 그러나 아이를 위해, 부모를 위해 또한 직장을 위해 자신을 희생함으로써 삶의 의미와 희망을 잃어가는 수많은 사람들을 만나게 된다. 나는 아버지이면서, 남편이며, 또한 가장이다. 또한 나는 어머니이면서 아내이다. 아내의 역할을 포기하고 좋은 엄마만으로는 팀워크가 유지될 수 없다.

한때 차범근 감독이 분데스리가를 떠들썩하게 하던 훌륭한 선수였지만, 못하는 선수를 나오게 하고 자신이 대신 뛸 수는 없었다. 다시 말하면 좋은 감독, 좋은 부모는 아이를 위해 대신 뛰어줄 수 없다는 것을 아는 사람이다. 그러나 우리 주변에는 아이를 위해 대신 공부하고, 모든 것을 아이를 위해 희생한다. (중략)

아이 스스로 실패와 좌절의 기회를 가져야만 성공할 수 있다. 비록 오대 영으로 지고 언론이 그를 비난한다 할지라도 선수들 핑계를 대지 않고, 그러한 경험이 선수들을 일어서게 하는 원동력이라는 것을 히딩크 감독은 잘 알고 있었기에 선수들을 격려했다.

한 팀이, 한 가족이 그리고 한 국가가 제대로 서기 위해서는 이천수, 박지성, 안정환 같은 다른 색깔의 스트라이커가 있어야 하며, 중간에서 맥을 끊어줄 수 있는 불같은 성격의 진공청소기 김남일 선수도 필요하며, 재간둥이 이영표도 필요하다. 그리도 든든히 뒤를 받쳐주는 홍명보와 유상철 같은 형님도 필요하다. 각자의 개성을 존중해 줄 때 개인은 자신의 최상의 능력을 발휘한다. 물론 배우자의 전폭적인 믿음과 지지도 반드시 필요하다.

좋은 부모는 아이들의 개성을 존중하고 부모 노릇을 당당히 선택해야 한다. 또한 좋은 부모는 더불어 살아감을 몸소 실천하는 사람이며, 자녀와 함께 성장해야 한다. 이를 위해서 부모는 각자의 개성과 다양성을 수용해야 한다.

자료 : 정현숙(2004). 결혼완전정복. pp. 116-117. 도서출판 신정.

2/4차시

배우자 선택

학습목표 : 상대방에 대한 편견을 버리고 진실을 보도록 노력한다.
배우자를 선택하는 나의 기준을 알 수 있다.
배우자 선택 이전에 상대방을 사랑하는 마음가짐을 갖는다.

교수학습 자료 및 준비	교사	교사용 자료 25, 26, 27	수업 준비	곰 인형 OHP
	학생	학습자료 32, 33, 34		
지도시 유의점 교사 Tip	• 꼭 곰 인형이 아니어도 좋다. 간단하게 1~2분 이내로 스케치할 수 있는 사물을 놓고 하면 된다. • 배우자를 선택하는 기준은 학생들마다 다를 수 있다. 한 가지를 강요하거나 몰아가지 말고 학생들 스스로 자신의 가치관에 따라 선정하되, 잘못된 편견은 버리고 진지한 태도로 임할 수 있도록 한다.			

도입	Ⓐ 교사용 자료 [편견]을 OHP로 보여주고 질문한다. Ⓐ 곰 인형을 교탁 위에 똑바로 놓고 그려보도록 한다. 그 다음에는 곰 인형을 거꾸로 놓고 그려보도록 한다. 어느 그림이 더 사실적인지를 비교해본다. - 이러한 현상이 나타나는 이유 Ⓡ 상대방에 대해 기존에 내가 갖고 있는 편견이 가져오는 결과가 무엇인가? 학습목표를 제시한다.	생각문 열기 다르게 보기
전개	Ⓐ Ⓡ 학습자료 [배우자 선택에 대한 나의 가치관]을 직접 해본다. - 7가지의 가치 중에서 내가 최고로 생각한 가치관 - 7가지의 가치 중에서 내가 최하로 생각한 가치관 - 미래의 배우자 선택 시 내가 최고로 여길 가치관 Ⓐ Ⓡ 학습자료 [결혼의 동기]를 직접 해본다. - 나의 결혼 동기 Ⓡ 두 가지의 학습자료를 통해 분석해 볼 때, 기존에 자신이 갖고 있는 배우자 선택(or 결혼)의 편견 - 교사용 통계자료를 해석해 주면 좋다. Ⓒ 이번 시간을 통하여 배우자 선택에 대해 조금 더 구체적인 기준과 확신을 가질 수 있음을 격려한다.	생각문 열기 생각문 열기
정리	Ⓐ Ⓢ 학습자료 [진정한 사랑이란]을 읽고 기존의 '토끼와 거북이' 의 이야기가 아닌 새로운 시각에서 바라본 토끼의 행동을 통해 나타나는 사랑에 대해 이야기 한다. - 토끼의 사랑 표현에 대한 자신의 생각 나눔 - 토끼의 사랑과 부부간 사랑의 연관성 차시예고 : 부모 역할 시도	다르게 보기 더불어 살기

교사용 자료 Ⅰ-3-T25 편 견

■ 사철탕 집 주인 및 음식점 이용 손님들이 동물병원에 대해 가지고 있는 편견이 무엇일지를 묻고 학생들이 발표하게 한다.

■ 동물병원 의사 및 동물을 좋아하는 사람들이 사철탕 음식점에 대해 가지고 있는 편견이 무엇일지를 묻고 학생들이 발표하게 한다.

■ 위 사진을 통해 느낀점을 바탕으로 하여 편견이란 무엇일지 생각해 보도록 한다.

교사용 자료 Ⅰ-3-T26

거꾸로 된 그림이 보여주는 진실

- '확신(내가 가진 편견)'이 눈앞의 진실을 가린다 -

우리는 자신의 눈이 '외부세계의 있는 그대로의 모습을 보고 있다' 고 믿고 있다. 그러나 정말 그럴까? 사실은 이미 뇌 속에 보존되어 있는 지식이나 상식이 '있는 그대로의 모습' 을 왜곡시키고 있다는 것을 의외로 알아채지 못하고 있다.

이를 증명하는 간단한 실험을 해보자. A4 용지를 반으로 접은 다음, 한쪽 면에 똑바로 놓여져 있는 곰 인형을 따라 그려보자. 다른 한쪽에는 이 곰 인형을 뒤집어놓은 모습을 따라 그려보자. 다 그린 다음에는 용지를 뒤집어서 두 그림을 비교해보자.

어느 쪽 그림이 더 사실적인가?

틀림없이 뒤집어놓은 곰 인형을 그린 것이 더 사실적일 것이다. 그 이유는 다음과 같다. 똑바로 놓인 곰 인형을 그릴 때, 우리는 그 곰 인형을 있는 그대로 사실적으로 그린다고 여기지만 실은 그렇지 않다. 이미 자신의 뇌 속에 존재하는 곰의 이미지와 눈앞에 놓인 곰 인형의 모습이 겹쳐진 채로 데생을 하기 때문에 곰 인형을 주의 깊게 관찰하지 않는다.

반면에 곰 인형을 뒤집어놓고 그리면 기존에 영상화하고 있던 곰의 모습이 전혀 도움이 되지 않기 때문에, 눈앞에 거꾸로 놓인 곰 인형을 뚫어지게 쳐다보면서 그리지 않으면 안 된다. 그 결과 자기 자신도 놀라울 정도로 사실적인 데생을 하게 된다. 이것은 단순히 눈앞의 정경을 관찰할 때뿐만 아니라 모든 상황에서 벌어질 수 있는 일이다.

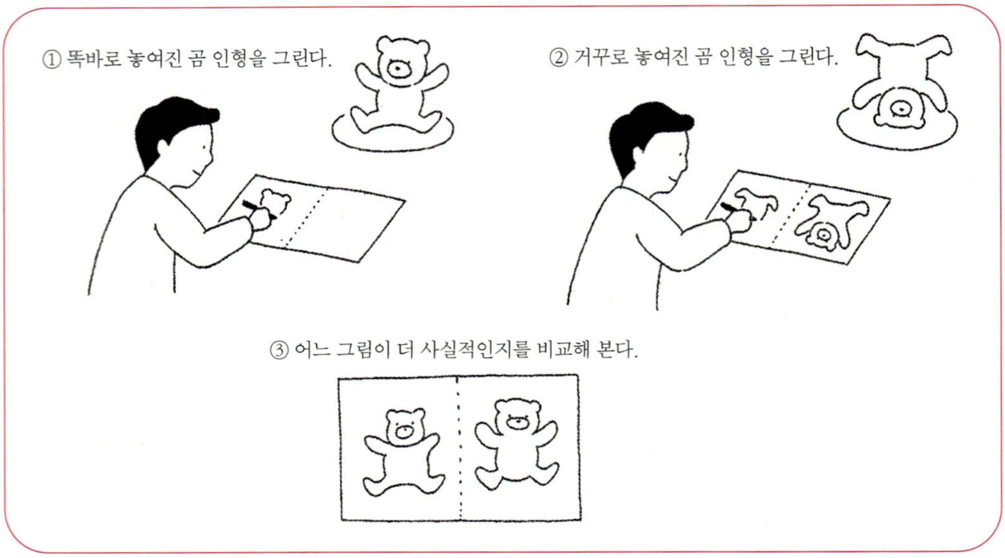

자료 : 코다마 미츠오 지음, 백휘정 옮김(2004). 자연스럽게 몸에 배는 머리가 좋아지는 습관. 베텔스만.

학습자료 Ⅰ-3-S32 배우자 선택에 대한 나의 가치관

☐ 학년 ☐ 반 ☐ 번 이름: ☐

다음의 특성들에 대해 얼마나 중요하게 생각하는지 각 집단에서 가장 중요하게 여기는 항목에 7점, 가장 중요하게 여기지 않는 항목에 1점까지 적어봅니다. 각 분야에 대한 점수를 계산한 후 아래 그래프에 점수를 표시하고 선으로 이어보세요.

집단1 :

_____ A. 교육
_____ B. 가족들과 함께 시간 보내기
_____ C. 즐거운 시간 갖기
_____ D. 성공한 사람처럼 보이기
_____ E. 사람들과의 만남
_____ F. 다른 사람들을 돌보기
_____ G. 많은 돈을 소유하기

집단2 :

_____ H. 타인에게 강한 사람으로 보이기
_____ I. 신체적인 매력 추구하기
_____ J. 부모와 원만한 관계 유지하기
_____ K. 친구들과 시간 함께하기
_____ L. 행복 추구하기
_____ M. 다른 사람들을 이해하기
_____ N. 성공적인 경력 추구하기

집단3 :

_____ O. 다른 사람들이 나를 좋아함
_____ P. 다른 사람들에게 좋은 인상 주기
_____ Q. 가족들이 나를 잘 이해하도록 하기
_____ R. 다른 사람들의 이야기를 잘 들어주기
_____ S. 비싼 자동차 갖기
_____ T. 자신이 원하는 것 하기
_____ U. 특별한 재능이나 기술을 개발하기

점수 계산하기 :

G, I, S 항목의 점수를 더하세요. _____
C, L, T 항목의 점수를 더하세요. _____
F, M, R 항목의 점수를 더하세요. _____
A, N, U 항목의 점수를 더하세요. _____
D, H, P 항목의 점수를 더하세요. _____
E, K, O 항목의 점수를 더하세요. _____
B, J, Q 항목의 점수를 더하세요. _____

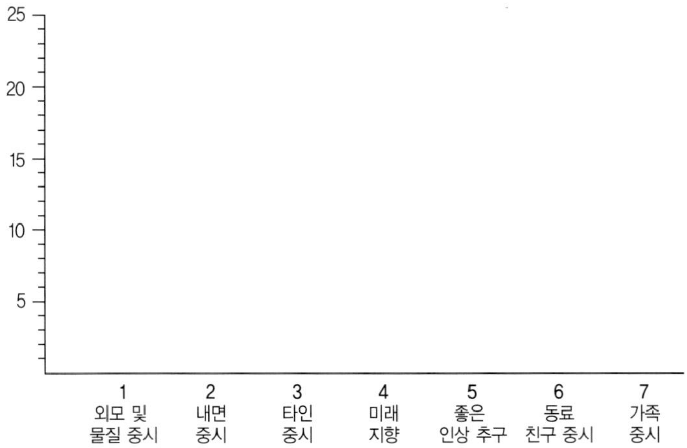

자료 : 정현숙(2004). 결혼완전정복. pp. 37-38. 도서출판 신정.

나의 결혼 이유

- "네가 진짜로 원하는 게 뭐야~!" -

☐학년 ☐반 ☐번 이름: ☐

자신이 결혼에 대해 중요하다고 생각하는 것은 무엇인지 해당되는 칸에 ○표 해보세요.

다음은 사람들의 '결혼에 대한 기대'를 기술한 것입니다. 각 문항을 읽고 자신이 결혼의 동기로 생각하는 것과 일치하는 정도에 해당되는 번호에 ○표 하세요.	전혀 그렇지 않다(1점)	그렇지 않다 (2점)	보통이다 (3점)	그렇다 (4점)	매우 그렇다 (5점)
1. 사회에서 존경받는 지위를 얻기 위해					
2. 건강하고 행복한 자녀를 얻기 위해					
3. 동료애 때문에					
4. 인성발달을 위해					
5. 사랑과 애정 때문에					
6. 경제적 안정을 얻기 위해					
7. 합법적이고 만족스런 성관계를 위해					
8. 정서적 안정을 얻기 위해					
9. 공통된 취미 및 활동을 하기 위해					
10. 남들이 다 하니까					
위의 결혼에 대한 10가지 동기 중에서 가장 중요하다고 생각하는 것 세 가지를 순서대로 골라 보세요.	1순위 : 2순위 : 3순위 :				

자료 : 정현숙(2004). 결혼완전정복. pp. 25. 도서출판 신정.

Q 위에서 1순위부터 3순위까지 결혼의 동기로 꼭 필요하다고 선정한 이유가 무엇인지 적어보세요.

교사용 자료 Ⅰ-3-T27

결혼의 동기 (통계자료)

우리나라의 기혼 부부들 중 신혼기부터 결혼기간 35년까지의 부부 289쌍(평균 결혼기간 13.1년)의 결혼 동기를 살펴보면 아래 그래프와 같다(정현숙, 2001). 결혼한 부부들은 모두 건강한 자녀를 갖는 것을 가장 중요한 결혼의 동기로 지적하며, 그 다음으로 사랑과 애정을 지적한다. 그러나 대학생들의 결혼 동기는 사랑과 애정, 건강하고 행복한 자녀, 정서적 동기가 높아 사랑을 위해 결혼하고 정서적 동기를 강조한다. 이들의 결혼은 과거와 같이 자녀 출산만을 목적으로 하지 않는다는 것을 알 수 있으나, 건강하고 행복한 자녀를 갖기 위한 결혼의 동기는 여전히 높다. (이후 생략)

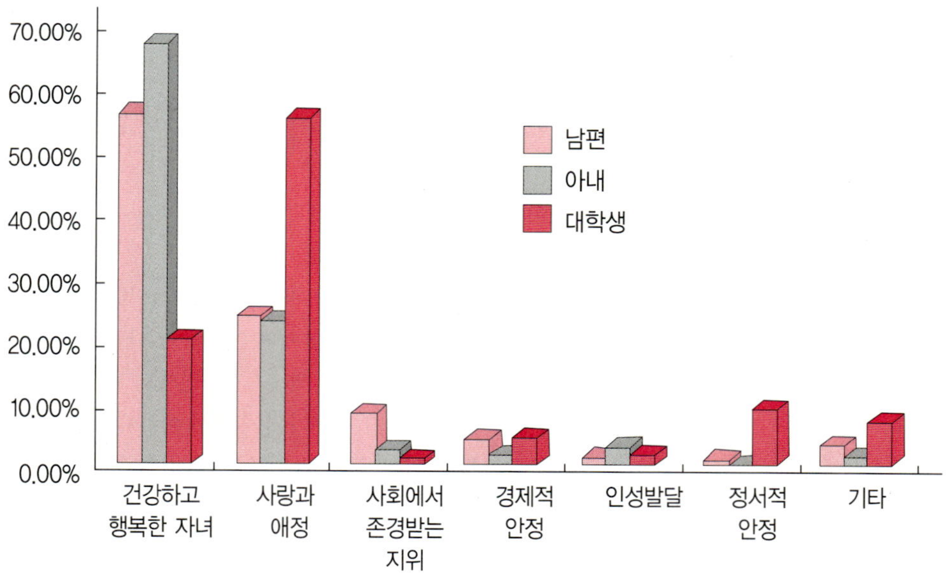

결혼한 부부들과 대학생들의 결혼 동기

자료 : 정현숙(2004). 결혼완전정복. pp. 26. 도서출판 신정.

학습자료 Ⅰ-3-S34

진정한 사랑이란

□ 학년 □ 반 □ 번 이름: [ ]

옛날에 거북이를 사랑한 토끼가 있었습니다. 토끼는 혼자 속으로만 사랑했기 때문에 아무도 토끼가 거북이를 사랑하는 줄 몰랐고, 거북이도 눈치 채지 못했습니다. 그런데 토끼에게는 한 가지 아픔이 있었습니다. 그것은 거북이가 자기의 느린 걸음을 너무 자학한다는 것이었습니다. 그런 모습을 볼 때마다 토끼는 너무 마음이 아팠습니다. 토끼는 거북이에게 자신감을 심어주고 싶었습니다. 그래서 어느 날 거북이에게 말했습니다.

"거북아! 나랑 달리기 해보지 않을래?"

그날따라 거북이는 투지가 생겼습니다. 질 때 지더라도 토끼와 같이 달려봐야지 하고 마음을 먹었습니다.

"그래! 한번 붙어보자!"

드디어 경주가 시작되었습니다. 순식간에 토끼는 저만치 앞서갔습니다. 그러면서도 뒤따라오는 거북이만 생각했습니다.

'포기하면 어떻게 하지? 중간쯤 가서 기다려 주자!'

그런데 그냥 눈을 뜨고 거북이를 쳐다보며 기다리면 거북이가 자존심이 상할까봐 토끼는 길에 누워서 자는 척을 했습니다. 그래서 거북이가 가까이 와서 자기를 깨워주고 같이 나란히 언덕으로 올라가는 아름다운 꿈을 꾸고 있었습니다. 그러나 거북이는 토끼 옆을 지나면서도 토끼를 깨우지 않았습니다. 자는 척 하던 토끼는 눈물을 흘렸습니다. 결국 거북이가 경주에서 이기게 되었습니다.

경주 후에 동네 동물 식구들과 후세 사람들로부터 거북이는 "근면하고 성실하다"는 칭찬을 들었고, 토끼는 "교만하고 경솔하다"는 욕을 먹었습니다. 그러나 토끼는 남몰래 눈물을 흘리며 그 모든 비난을 감수했습니다. 왜냐하면 사랑하는 거북이의 기쁨이 자기의 기쁨이었기 때문입니다.

http://www.hangeul.or.kr/cgi-bin/hanboard/read.cgi?board=klt_main&y_number=391&nnew=2

Q 토끼의 사랑에 대해 어떻게 생각하나요? 이 이야기에 비추어 내가 생각하는 진정한 사랑이란 무엇인지 정의해 보세요. 배우자를 선택할 때 가장 중요한 것은 무엇이라고 생각하나요?

3/4차시

부모 역할 시도

학습목표 : 자녀가 성장해도 끊임없이 부모의 사랑은 계속됨을 알 수 있다.
부모에게 닥칠 수 있는 문제 상황에 대하여 자신이 가진 자원을 활용하여 효과적으로 해결할 수 있다.

교수학습 자료 및 준비	교사	교사용 자료 28	수업 준비	모둠별 구성
	학생	학습자료 35, 36, 37		인터넷 동영상
지도시 유의점 교사 Tip	• 학생들은 현재 자녀의 역할을 하고 있지만 이 수업에서는 미래에 부모가 될 학생들에 초점을 맞추어 지도한다. 자신이 부모라고 가정하고 본 수업에 임할 수 있도록 유도한다. • 부모에게 닥치는 문제 상황을 통하여 부모됨은 두려운 것이 아니라 자신의 자원을 활용하면 헤쳐 나갈 수 있는 것임을 알게 한다.			

단계	내용	활동
도입	Ⓐ 동영상을 감상한다. http://www.yes24.com/home/chyes/story_viewer.asp?mediaFileKey=4103790&AK=118755&pretty=56 (yes24 홈페이지 → 채널예스 → 플래시 동화 → 플래시 보기) 감상한 후에는 학습자료 [언제까지나 너를 사랑해]를 해 본다. 학습목표를 제시한다.	생각문 열기
전개	Ⓡ 부모의 역할을 간접적으로 체험해 보는 시간을 갖는다. 학습자료 [부모 역할 해보기]를 통하여 주어진 문제 상황을 지혜롭게 해결해 본다. 모둠별로 토의학습을 통하여 협력해도 좋다. 각각의 문제 상황에 대하여 부모 된 입장에서 바라보도록 한다.	다르게 보기
	Ⓒ 부모에게 닥치는 문제 상황에서 활용할 수 있는 자신이 가진 자원을 찾아내 보도록 하고, 헤쳐 나갈 수 있음을 격려한다.	생각문 열기
	Ⓡ 학습자료 [하우스 룰(house rule)]을 통하여 가족 간의 약속 만들기를 해 본다. - 부모됨의 가상 체험을 통하여 느낀 가족 간에 필요한 약속을 적어본다.	더불어 살기
정리	Ⓢ 교사용 자료 [좋은 부부관계 속에서 좋은 부모가 된다]를 읽어주며 마무리 한다. - 부모에게 닥치는 문제 상황을 해결하는 데 가장 큰 힘이 되는 것은 좋은 부부관계임을 인식하게 한다. 차시예고 : 미래의 가족 계획하기	더불어 살기

학습자료 Ⅰ-3-S35 언제까지나 너를 사랑해

학년 반 번 이름:

- 언제까지나 너를 사랑해 -

안토니 루이스 그림/김숙 역/ B.B아이들(북뱅크)

너를 사랑해 언제까지나
너를 사랑해 어떤 일이 닥쳐도
내가 살아있는 한 너는 늘 나의 귀여운 아기

Q 갓 태어난 아기를 품에 안은 엄마의 기분은 어떠한가요?

Q 이제 2살, 주위를 온통 어지럽히는 아기의 행동에 대한 엄마의 태도는 어떠한가요?

Q 9살 장난꾸러기 아들의 행동과 이를 바라보는 엄마의 태도는 어떠한가요?

Q 어른이 되어 집을 떠나 사는 아들을 엄마는 어떻게 바라보고 있나요?

Q 나이가 들어 더 이상 아들을 찾아갈 수 없는 엄마, 이번에는 거꾸로 아들이 엄마를 찾아오게 됩니다. 이 때 엄마의 태도는 어떠합니까?

Q 결혼을 하여 이제 아들은 자신의 아이를 안고 있습니다. 새롭게 부모가 된 아들의 기분은 어떠한가요?

Q 미래의 나의 자녀에게 들려주고 싶은 멋진 자장가를 작사해 봅시다.

부모 역할 해보기

☐학년 ☐반 ☐번 이름: ☐

✲ 아래의 문제 상황을 읽고, 주어진 질문에 순서대로 답해 봅시다.

(문제 상황 1) 주인공 : 김민성(아빠)

민성의 딸이 학교 수학시간에 문제를 일으켰다. 면담을 위해 선생님을 만났을 때는 딸로 인해 매우 신경질이 나 있던 참이었다. 교실을 방문했을 때 기분이 매우 언짢았다. 선생님은 민성에게 딸을 도와줄 수 있는 몇 가지 방법을 제안해 주신다. "저녁에 숙제를 하기 위한 시간을 정하고, 조용한 장소에서 공부를 할 수 있도록 딸과 약속을 하세요. 그리고 가능하면 수학 가정교사를 붙여 주시는 게 좋겠어요." 그 후, 선생님의 제안을 따라 매 주 2시간씩 가정교사를 고용하며 돈을 지출한다.

(문제 상황 2) 주인공 : 이호진(아빠) / 한지호(엄마)

호진과 지호는 12살, 14살, 16살 난 자녀가 있다. 맞벌이를 하기 때문에 자녀와 함께 할 시간이 제한적이다. 호진은 직장 상사와 출퇴근 시간을 융통성 있게 협상하여, 아침 6시 30분에 출근하고 자녀가 학교에서 돌아오는 오후 3시 30분에 퇴근하게 된다. 지호의 직장 스케줄은 호진이 아침을 먹고 자녀들을 학교에 태워준 이후가 된다. 부부는 또한 일주일에 2~3번은 가족 모두와 함께 저녁을 먹도록 노력하며, 모임에 나가고 운동을 하는 일에 자녀의 스케줄에 맞추어 움직인다.

(문제 상황 3) 주인공 : 신채림(엄마)

채림은 가족의 예산을 세워야 하는 필요성을 느끼지 못한다. 그녀는 자녀가 원하는 것은 무엇이든 사주는 것을 좋아하며 그녀가 돈을 매우 잘 번다고 생각한다. 자녀가 갖고 싶어 하는 새 옷, MP3 player, 핸드폰, 그 밖의 다른 것들에 대해 안 된다고 거절하는 것이 매우 힘들다. 그래서 그녀는 자녀가 원하는 것은 무엇이든 사기 위해 신용카드를 사용한다.

(문제 상황 4) 주인공 : 박은정(엄마)

은정은 매우 힘든 일을 하루 종일 한다. 작년, 불의의 사고로 남편을 잃고 혼자 자녀를 키워야 하기 때문이다. 그녀는 5살 난 자녀가 하루 종일 양육시설에서 시간을 보내는 것에 대해 걱정스럽다. 그래서 이웃에 사는 맞벌이 부부 두 가정과 함께 합의하여, 그들이 함께 고용한 베이비시터가 은정의 집에서 그들의 자녀를 모두 돌보게 하였다. 비록 자녀가 하루 종일 양육시설에 가 있는 대신 집에서 또래 친구들과 함께 어울릴 수 있다는 장점이 있긴 하지만, 이러한 서비스는 그녀가 간신히 충당할 만큼 너무 비싸다.

구분	문제 상황 1	문제 상황 2	문제 상황 3	문제 상황 4
부모가 문제 상황을 해결하기 위해 사용한 자원은 무엇인가요?				
이러한 상황의 결과를 어떻게 예상하나요?				
만약 다른 방법으로 해결한다면, 나는 어떤 자원을 어떻게 사용할까요?				
(부모 입장/자녀 입장)에서 볼 때, 문제 상황을 가장 잘 헤쳐 나가고 있는 사람은 누구인가요? 그 이유는?				

Q 위와 같은 문제 상황은 우리가 미래에 부모가 되었을 때 충분히 발생할 수 있습니다. 이 때, 문제 상황을 해결하기 위해 필요한 가장 중요한 자원 한 가지는 무엇이라고 생각하는지 적고 그 이유를 말해 봅시다.

학습자료 Ⅰ-3-S37

하우스 룰(house rule) : 가족 간의 '약속' 만들기

☐ 학년 ☐ 반 ☐ 번 이름: ☐

하우스 룰은 가훈과는 조금 다르다.
가훈은 일방적인 '가르침' 이지만, 하우스 룰은 가족 간의 '약속' 이라고 할 수 있다.
"이거 해!" 와 "이렇게 해보자" 와는 엄청난 차이가 있다.
하우스 룰이 진가를 발휘하려면 부모가 먼저 지켜야 한다.
부모의 기분이나 감정에 따라 변하면 안 된다.
그리고 이것을 지켜야 되는 이유를 충분히 설명해야 한다.
또한 한두 번에 이루어지는 것이 아니기에
시간이 걸리더라도 가르치면서 협력해 나가야 한다.

자료 : 양원석(2003). 똑똑한 아이보다 행복한 아이로 키워라. 도서출판 이미지.

Q 미래의 나의 가족 구성원들 간에 지켜야 할 하우스 룰을 만들어 봅시다.

(예시)
- 외출하고 들어오면 손발을 씻는다.
- 신발을 벗어 놓을 때는 똑바로 놓는다.
- 집안일은 모두가 도우면서 한다.

(우리 가족 하우스 룰)

※

※

※

※

※

※

Q 위와 같은 하우스 룰을 만들게 된 이유는 무엇인가요? 내가 정한 하우스 룰이 미래의 가족에게 어떠한 영향을 미칠 수 있을까요?

교사용 자료 Ⅰ-3-T28 좋은 부부관계 속에서 좋은 부모가 된다

우리나라 부부들에게 언제 정말 결혼 잘했다 혹은 결혼생활이 행복하다고 느끼는지를 물으면 아이들이 남들에게 칭찬을 받을 때, 학교에서 공부를 잘할 때 혹은 늠름하게 잘 큰 것을 볼 때라고 많은 사람들이 대답한다. 결혼으로 부부관계가 이루어지고 부부관계가 가족관계의 핵심이라고 말은 하지만 우리나라 부부들에게 결혼생활에서 자녀들이 차지하는 비중은 생각보다 크다는 것을 보여주는 대답이다.

그러나 최근에는 이것이 지나쳐 부부관계보다 부모-자녀관계를 더 중히 여기는 많은 부부들을 만나게 된다. 고 3 부모를 대상으로 한 연구에 의하면 자녀가 고 3이 되면 부부간 성관계도 하지 않는 부모들이 많으며, 식단도 자녀들의 입맛에만 맞게 준비한다고 한다. 실제로 많은 남편들이 아이 아침밥은 차려줘도 남편의 아침밥은 안 차려줘서 자신이 아내에게 왕따 당하고 있다고 푸념한다. 아이의 요구는 그렇게 잘 들어주는 남편이 부인 말이라면 들은 척도 안 한다고 푸념하는 부인들도 자주 만난다. 이렇게 아이들을 귀하게 여기고 정성을 들이는 것이 다 자식 잘되라고 하는 것이고, 결혼해서 좋은 가족을 이루길 바라기 때문이라고 이야기들 한다. 그러나 이런 집 아이치고 나중에 성공했다거나, 부모님 은혜에 감사했다는 소식을 들은 적은 거의 없다. 혹은 이런 부모님을 존경한다고 말하는 아이들도 본 적이 거의 없다. 그 이유는 무엇일까?

이런 가족의 아이들은 자신의 부모들처럼 모든 것을 희생하며 자신만을 위해 주는 사람이 없는 사회에서 생존하기에는 너무나 경험이 없으며, 자기 스스로 문제를 해결해 나갈 용기도 없다. 그래서 오히려 부모가 원망스럽기까지 하다. 그래서인지 최근에는 최고 명문대학을 다니더라도 과외를 받아야만 학업을 겨우 따라가는 아이들이 등장하고 있다. 심지어는 성적이 생각보다 안 나왔다고 아이가 풀이 죽어 있는데 이럴 수 있느냐고 교수에게 전화하는 부모들도 있다.

부모는 아버지, 어머니이기 이전에 남편과 아내이고, 부부관계에서 서로의 역할에 대한 인정과 상호존중이 기반이 될 때 부모-자녀관계는 자연스럽게 성장하게 된다. 자녀들은 성인이 되면 부모의 품을 떠나 자신의 가족을 이룬다. 다시 부부만 남았을 때 갑자기 부부관계를 강화하고 인생의 동반자로 서로를 돌아보기에는 너무나 많은 세월이 흐른 뒤이다. 이때는 서로의 삶과 인생이 기찻길처럼 나란한 것이 아니고 부채꼴 길의 양 끝에 서 있다는 것을 알게 될 것이다. 늙어서 등 긁어주고 아침에 잠 안 올 때 이런저런 이야기를 두런두런 나눌 사람은 바로 내 옆에 있는 남편, 아내이다.

신기하게도 좋은 부부관계를 맺는 부부들은 항상 좋은 부모이다. 이들의 자녀들도 항상 건강하게 자란다. 이제는 좋은 부부관계가 좋은 부모가 되는 핵심임을 깨닫고 인생의 동반자의 얼굴을 다시 한 번 쳐다보는 것은 어떨까? (이후 생략)

자료 : 정현숙(2004). 결혼완전정복. pp. 112-113. 도서출판 신정.

4/4차시

미래의 가족 계획하기

학습목표 : 미래의 가족을 구체적으로 계획할 수 있다.
부모됨을 스스로 선택할 수 있다.
다양한 가족의 모습을 이해할 수 있다.
선택한 가족의 모습에서 문제 상황을 해결해 나갈 수 있다.

<table>
<tr><td rowspan="2">교수학습
자료 및 준비</td><td>교사</td><td>교사용 자료 29</td><td rowspan="2">수업
준비</td><td rowspan="2">모둠별 구성
클래식 음악 CD</td></tr>
<tr><td>학생</td><td>학습자료 38, 39, 40</td></tr>
<tr><td>지도시 유의점
교사 Tip</td><td colspan="4">• 다양한 가족의 모습은 학급 안에서도 볼 수 있다. 다양한 친구들의 가족 모습을 긍정적으로 이해할 수 있도록 돕는다.
• 미래의 가족을 계획해 봄으로써 부모됨 선택의 어려움을 체험하고, 선택한 가족의 모습을 지키기 위해 부모로서 끊임없이 노력해야 함을 인식시킨다.</td></tr>
</table>

<table>
<tr><td>도입</td><td>Ⓐ 지금까지 부모가 되기 위해 나 자신을 발견하고 키우는 과정과 부모됨의 준비 과정을 거쳐 왔다. 이 시간에는 미래의 나의 가족 모습을 구체적으로 생각해 보기로 한다.
- 학습자료 [미래의 나의 가족 모습]에 제시된 질문을 통하여 학생들이 생각하고 있는 '가족' 의 모습과, 미래의 가족을 구체적으로 구상하도록 한다.
학습목표를 제시한다.</td><td>생각문 열기</td></tr>
<tr><td>전개</td><td>Ⓡ 다양한 가족의 모습을 통하여, 그 속에서 다양한 부모의 역할을 인식해 본다.
- 학습자료 [현대의 다양한 가족 모습]을 진행한다.
- 우리 가족을 이해하고, 다양한 친구들 가족을 이해해본다.
Ⓒ 다양한 가족의 모습을 긍정적으로 이해하는 노력은 학생들의 가족을 긍정적으로 인식하는 자신감을 준다.
Ⓐ Ⓡ 모둠별로 [부모됨의 선택] 학습자료를 통하여 문제 상황을 해결하는 시나리오를 작성한다.
Ⓒ 한 모둠 정도 뽑아서 역할극을 시연해보도록 격려한다.</td><td>다르게 보기
더불어 살기

다르게 보기</td></tr>
<tr><td>정리</td><td>Ⓢ 교사용 자료 용혜원 님의 [함께 있으면 좋은 사람] 시를 잔잔한 클래식 음악과 함께 들려주며 마무리한다.
- 진정한 부부란, 진정한 부모란, 진정한 가족이란
차시예고 : 태아발달과정과 태교</td><td>더불어 살기</td></tr>
</table>

학습자료 Ⅰ-3-S38

미래의 나의 가족 모습

학년 반 번 이름:

Q 위 그림은 '가족' 이란 주제로 그린 학생들의 작품입니다. 두 그림의 공통점은 무엇인가요? 미래 나의 가족의 모습과 비교해볼 때, 공통점과 차이점은 무엇인가요?

Q 위 그림이 가족을 대표하고 있다고 생각하나요? 그렇다면 왜 그런가요? 만약, 대표하고 있지 않다고 생각한다면 그 이유는 무엇인가요?

학습자료 I-3-S39

현대의 다양한 가족 모습

□ 학년 □ 반 □ 번 이름: □

아래의 사진을 보고 각각의 상황에 따라 부모의 역할이 어떻게 다르게 나타날 것인지 적어 봅시다.

상황 : 부모는 도시에서 맞벌이를 하느라 시골 할머니에게 자녀를 맡기고 한 달에 한 번 보러 온다.

상황 : 영화배우 니콜라스 케이지와 한국인 아내. 둘은 어렵게 국제결혼을 한 후 자녀를 낳고 남편의 나라인 미국에서 살고 있다.

http://exterior.mgoon.com/mulpi/Mov/ExtLinkViewInfo.aspx?goView=View&mulpi_id=heyfrog&boardType=V&BoardNo=1&idx=54270(동영상보기)

상황 : 연예인 차인표, 신애라 부부는 둘 사이에 7살 난 아들을 두었는데 얼마 전 둘째 아이를 입양했다. 또한 제 3세계 빈곤층 어린이 10명을 후원하고 있어 실제로 12명의 부모 역할을 하고 있는 셈이다.

상황: 남편과 사별한 뒤 버려진 개들을 자식같이 여기고 돌보는 이애신 할머니(포천시 신북면 갈월리). 70세의 나이에도 불구하고 24년째 이 일을 계속하고 있으며, 할머니에게 개들은 또 하나의 가족이나 다름없다.(소년한국일보 2006년 1월 13일자)

학습자료 Ⅰ-3-Ⓢ40

부모됨의 선택

-부모, 될 것인가? 말 것인가?-

학년 반 번 이름:

※ 아래의 문제 상황을 가지고 시나리오를 작성하여 조별로 역할극 놀이를 해봅시다.

(문제 상황) 부부는 자녀를 낳을 것인지 아닌지를 결정하기 위해 고심 중이다. 남편은 당장 아이를 갖길 원한다. 그러나 아내는 그녀 자신이 아직 준비가 되지 않았고, 자녀를 낳기 이전에 직장생활을 할 필요가 있다고 생각한다.

시나리오 구성 전 할 일!

Q 위와 같은 문제 상황에 직면했을 때, 부부간에 가장 우선시 되어야 할 것은 무엇이라고 생각하나요?

[시나리오 작성]

교사용 자료 Ⅰ-3-T29

함께 있으면 좋은 사람

시인 용혜원 님

그대를 만나던 날
느낌이 참 좋았습니다

착한 눈빛 해맑은 웃음
한 마디 한 마디의 말
따뜻한 배려가 있어
잠시 동안 함께 있었는데
오래 사귄 친구처럼
마음이 편안했습니다

내가 하는 말들을
웃는 얼굴로 잘 들어주고
어떤 격식이나 체면차림 없이
있는 그대로 보여주는
솔직하고 담백함이
참으로 좋았습니다

그대가 내 마음을 읽어 주는 것만 같아
둥지를 잃은 새가
새 둥지를 찾은 것만 같았습니다
짧은 만남이지만
기쁘고 즐거웠습니다

오랜만에 마음을 함께
맞추고 싶은 사람을 만났습니다

마치 사랑하는 사람에게
장미꽃 한 다발을 받은 것보다
더 행복했습니다

그대는 함께 있으면 있을수록
더 좋은 사람입니다

※ 학생들에게 다음의 질문을 통해 '함께 있으면 좋은 사람' 을 떠올리게 한다. 이 때 자연스럽게 현재의 가족, 미래의 가족 구성원을 떠올릴 수 있도록 유도한다.

Q 여러분은 누군가에게 '함께 있으면 좋은 사람' 이라고 여기게 하는 존재인가요? 여러분이 생각하는 '함께 있으면 좋은 사람' 은 누구인가요? '함께 있으면 좋은 사람' 과 '가족' 은 어떠한 연관성을 갖나요?

1/4차시

태아발달과정과 태교

학습목표 : 임신 중 태아의 발달과정을 알 수 있다.
태교의 중요성을 알 수 있다.

교수학습 자료 및 준비	교사	교사용 자료 30, 31, 32, 33, 34	수업 준비	멀티미디어 시설
	학생	학습자료 41, 42, 43, 44		
지도시 유의점 교사 Tip	• 엄마 뱃속 태아도 소중한 생명체임을 인식하고, 여러 가지 태교방법을 통해 임신 중 몸가짐, 마음가짐이 중요함을 알도록 한다.			

도입

Ⓐ 자신이 태어날 때 어머님이 어떤 태몽을 꾸셨는지, 입덧 때문에 특히 드시고 싶은 것이 무엇이었는지 알고 있는 사람을 발표하게 하여 공유한다. — 생각문 열기

Ⓐ 우리나라 나이는 태어나자마자 1살이 된다. 그 이유가 무엇인지 질문하여 학생들로 하여금 생각하게 한다.

학습목표를 제시한다.

전개

Ⓡ 자신의 출생이야기를 통해 태몽, 입덧, 임신 중 식생활에 대한 이야기를 나눈다. — 생각문 열기

학습자료 [엄마! 나 여기 있어요]를 통하여 입덧의 증상과 이겨내는 방법 등을 알아본다. 교사용 자료 [입덧의 증상과 이겨내는 방법] 참고

Ⓐ 우리나라 나이가 태어나면서 1살이 되는 이유 - 엄마 뱃속에 있을 때부터 한 생명체로 여겨지므로, 그 시기를 포함하여 태어나자마자 1살이 된다. — 다르게 보기

Ⓒ 학습자료 [태아가 자라는 과정]을 통하여 태아도 소중한 생명체임을 알게 한다.

태아는 어떻게 자라는지 보여준다.(교사용 자료 [태아의 발달과정] 참고)

Ⓒ 학습자료 [태교 알아보기], [너무 소리 내지 말아요]를 통하여 태교의 중요성, 부모님의 태교경험, 나라별 태교법을 정리해 보게 한다.

Ⓡ 〈태교는 과학이다〉라는 제목의 동영상을 보고, 태교의 신비로우면서도 과학적인 배경을 알아본다. — 다르게 보기

http://taigyo.com/bbs/view.php?id=mpeg&page=1&sn1=&divpage=1&category=1&sn=off&ss=on&sc=on&select_arrange=headnum&desc=asc&no=90

Ⓐ 엄마가 태아에게 읽어주면 좋은 시 〈우리 아이들은 살아있는 기도라네〉를 들려주고 '아기' 에 대한 느낌을 질문한다(음악과 함께 들려주어 학생들이 학습하려는 주제에 집중할 수 있도록 분위기를 유도한다).

Ⓡ 옛날 우리 조상들은 어떻게 태교를 했으며, 다른 나라와 비교하여 태교에 대한 의미를 생각하게 한다.

다양한 태교 방법을 알아보고, 비교, 정리하도록 한다.

(교사용 자료 [아기를 가질 때 부모의 준비된 마음이 얼마나 중요한가], [아기를 생각하는 감성 태교법] 참고)

더불어 살기

정리

Ⓢ 태아발달과정과 임신 중 태교의 중요성에 대해 정리한다.

차시예고 : 출산과정과 출산법

학습자료 II-1-S41 엄마! 나 여기 있어요

□학년 □반 □번 이름: □

※ 임신 초기에 흔히 경험하는 입덧에 대한 내용의 만화입니다.

자료 : http://blog.naver.com/n22d

Q 입덧의 증상에는 어떤 것이 있을까요?(여러분의 엄마는 입덧의 증상이 어떠했는지 여쭈어 보고 그것을 바탕으로 써도 좋습니다.)

Q 입덧을 이겨내는 증상에는 어떤 방법이 있을까요?(여러분 엄마의 입덧을 이겨낸 경험을 들은 뒤 써도 좋습니다.)

교사용 자료 II-1-T30 입덧의 증상과 이겨내는 방법

✻ 입덧이란

임신 초기에 나타나는 소화기 계통의 증상을 중심으로 한 증후군. 임신 5주째 무렵부터 14~16주 무렵까지 계속되다 사라지지만 임신기간 동안 지속되는 경우도 있다. 입덧이 나타나는 이유는 분명하지 않지만 임신 때의 내분비환경과 불안 등의 심리적 인자 등이 그 요인으로 알려져 있다.

음식 냄새가 매스껍다.

왠지 기분이 안 좋다.

신 것이 먹고 싶다.

입덧의 증세

✻ 입덧을 극복하는 방법

입덧은 병이 아니라 임신으로 인한 증상이라는 점을 잘 이해한 다음, 소화가 잘 되고 영양이 풍부한 것을 조금씩 여러 차례 나누어 먹는 것이 중요하다. 또한 육체적 · 정신적 안정에 유의하며 대 · 소변도 조절한다. 일반적으로 이 시기의 임산부는 신경질을 잘 내고 감정도 불안정해지는 경향이 있으므로 환경을 조절함과 동시에 기분을 느긋하게 유지하는 것이 좋다.

아침에 일어나면 무엇이든 먹는다.

느긋하게 쉰다.

취미 생활을 한다.

입덧을 이겨내는 방법

※ 입덧을 영어로?

입덧은 영어로 'morning sickness' 라고 한다.
아침에 일어났을 때 공복 상태일 때 입덧의 증상이 심하게 나타나므로, 그런 의미를 가졌다. 그러므로 입덧을 이겨내는 방법 중에서 '아침에 일어나면 무엇이든 먹는다' 가 포함되는 것이다.

학습자료 II-1-S42

태아가 자라는 과정

학년 반 번 이름:

주인 구함!

포근하고 아늑한 방, 10개월 동안 편안하게 머물 사람에게 이 방을 드립니다. 식사를 제공하며 모든 시설이 다 되어 있습니다. 관심과 사랑을 한껏 받으며 살기 좋은 꿈의 공간입니다. 어때요? 한 번 살펴보시겠습니까?

Q 엄마의 난자와 아빠의 정자가 난관에서 수정하면, 수정란은 7일간의 여행을 거쳐 자궁에 도착합니다. 이어 자궁벽에 수정란이 부착되는데, 이것이 바로 '착상' 입니다. 다음 사진을 보고 느낌을 적어보세요.

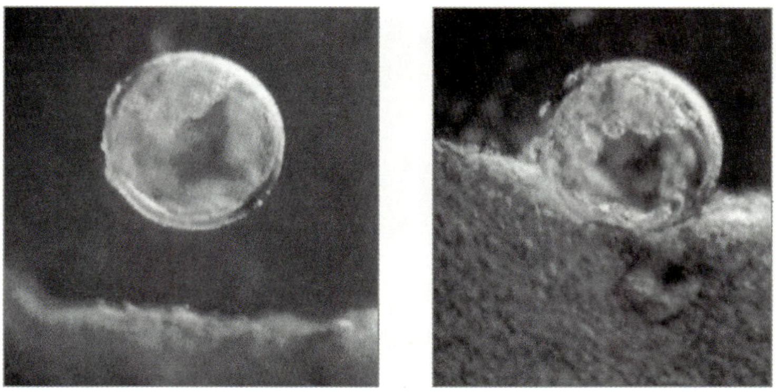

착상의 순간

Q 다음은 태아가 엄마뱃속에서 자라면서 눈썹과 팔, 다리가 만들어지는 과정입니다. 어떤 느낌이 드는지 적어보세요.

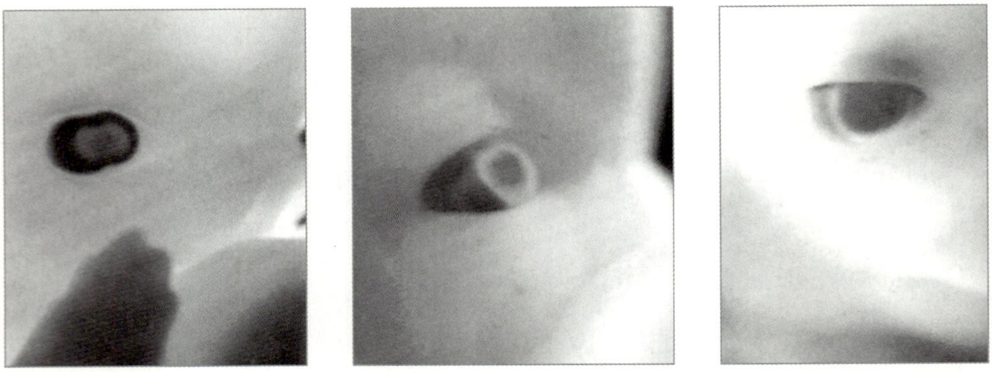

눈썹이 만들어지는 과정

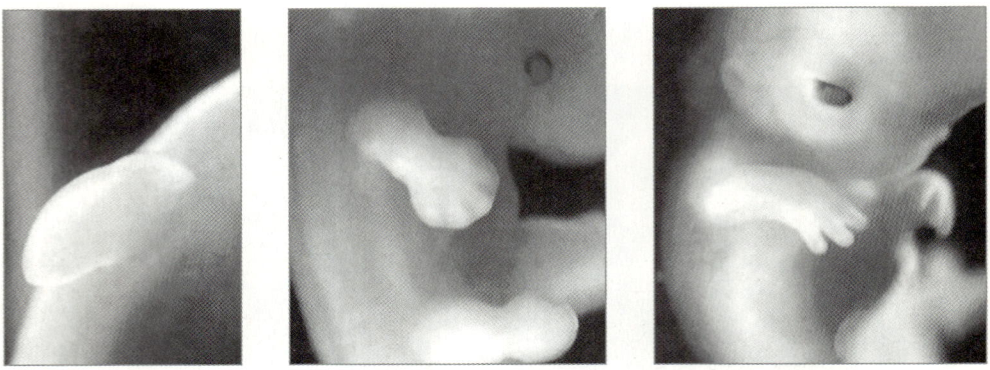

팔, 손가락이 만들어지는 과정

교사용 자료 II-1-T31

태아의 발달과정

- 임신 1개월 : 수정란이 자궁벽에 착상한다. 태아가 형성되기 시작한다.
- 임신 2개월 : 눈, 귀, 입이 생긴다. 뇌가 급속도로 발달한다. 태반의 기초가 만들어진다.
- 임신 3개월 : 성별을 알 수 있다. 심장 뛰는 소리를 들을 수 있다. 양수 속에서 움직인다.
- 임신 4개월 : 태반이 완성된다. 장기의 기능이 좋아진다. 외관이 발달한다.
- 임신 5개월 : 양수 속을 힘차게 돌아다닌다.
- 임신 6개월 : 태지의 분비가 이루어진다. 태아의 심음을 들을 수 있다.
- 임신 7개월 : 뇌의 사고력이 발달하기 시작한다. 주름투성이의 얼굴에 안구 운동도 한다.
- 임신 8개월 : 머리를 아래로 내리는 자세가 된다. 청각이 완성된다.
- 임신 9개월 : 신생아다운 모습을 갖춘다. 폐, 신장 기능이 성숙된다.
- 임신 10개월 : 몸의 균형이 잡히고 4등신이 된다. 머리 부분이 골반 안으로 들어간다. 병에 대한 면역력을 갖게 된다.

자료 : 상생 홈페이지 (www.sangsaeng.org)

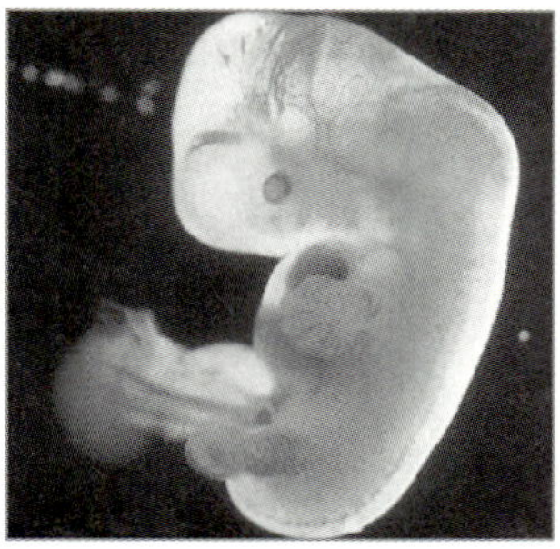
6주 된 태아

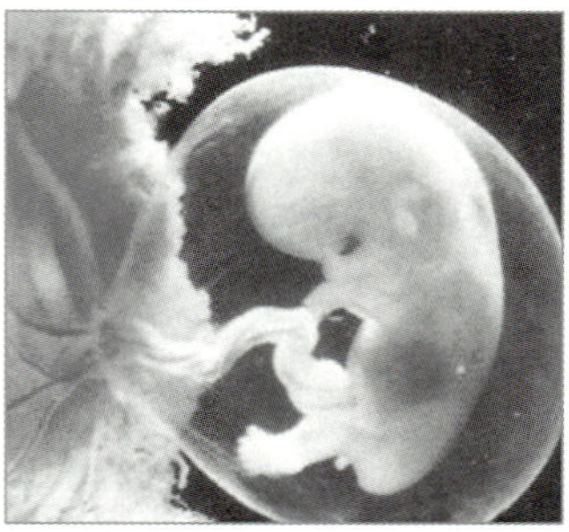
2개월 된 태아

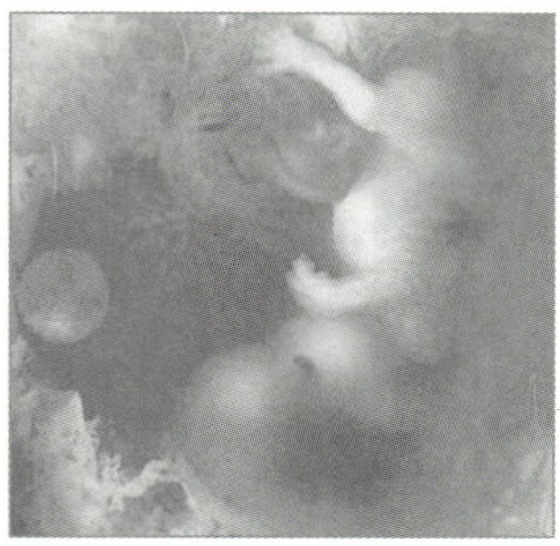
3개월 된 태아

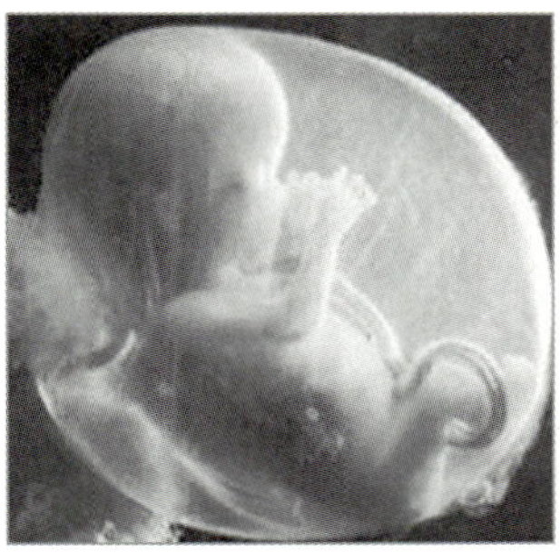
4개월 된 태아

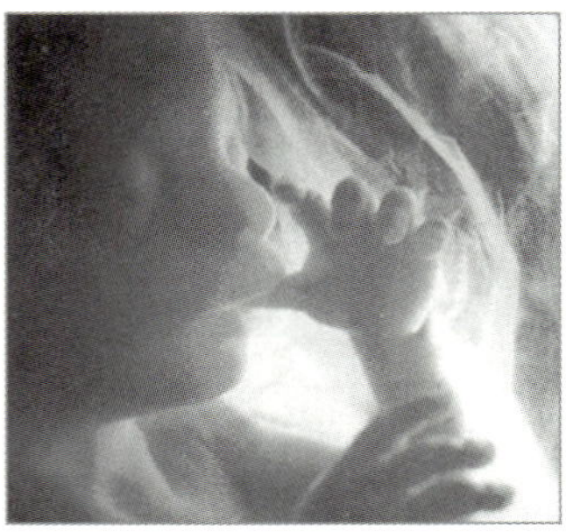
6개월 된 태아

학습자료 II-1-S43

태교 알아보기

□학년 □반 □번 이름: □

※ 다음은 고려 말 충신 정몽주의 어머니 이씨가 임신 중 사소한 몸가짐에도 조심을 하였다고 적혀 있는 [태중명심기]에서, 임산부가 임신 중 삼가야 할 행동 중 대표적인 내용을 발췌한 것이다.

- 뾰족한 물건을 쓰지 말 것
- 싸움이 있는 곳에 가지 말 것
- 밤길이나 험한 길을 가지 말 것
- 이 빠진 그릇에 음식을 먹지 말 것
- 불구경을 하지 말 것
- 물을 건너지 말 것
- 모서리에 앉지 말 것
- 높은 곳에 오르지 말 것

자료 : 동덕여자대학교 국정도서 편찬위원회(2004). 인간발달. 교육인적자원부.

Q 우리의 선조들이 왜 임산부들에게 이러한 몸조심을 하도록 가르쳤을지 생각해 봅시다.

Q 부모님을 인터뷰하여, 나를 임신하셨을 때 어떠했는지 알아봅시다. 또한 태교를 어떻게 했는지 알아봅시다.

- 태몽 :
- 음식 습관의 변화 :
- 기분의 변화 :
- 체중의 변화 :
- 태교 방법 :

학습자료 II-1-S44

너무 소리 내지 말아요

☐ 학년 ☐ 반 ☐ 번 이름: ☐

✻ 다음은 태아가 보낸 편지예요. 엄마 뱃속 아기가 어떤 느낌이 들 지 한번 써 보세요.

언제부턴가 바깥에서 들리는 소리가 잘 들리기 시작했어요. 엄마의 부드러운 음성에 잠이 깨고, 엄마의 심장소리에 잠이 든답니다.

하지만, 가끔 문을 쾅 닫는 소리, 자동차 경적 소리에 깜짝 놀라곤 해요.

요즘은 엄마에게 많이 서운해요. 어제는 엄마와 아빠가 싸우는 소리를 들었어요. 얼마나 무서웠는지 몰라요.

✻ 뱃속 태아는 많은 것을 느낄 수 있고, 알 수 있어요. 그래서 태교가 필요합니다. 인간은 예로부터 태교를 해 왔습니다. 그럼, 다른 나라의 태교법에 대해 알아봅시다.

교사용 자료 II-1-T32

우리들의 아기는 살아있는 기도라네

고정희 시, 백창우 곡 / 다함께 노래, 낭송 이지상

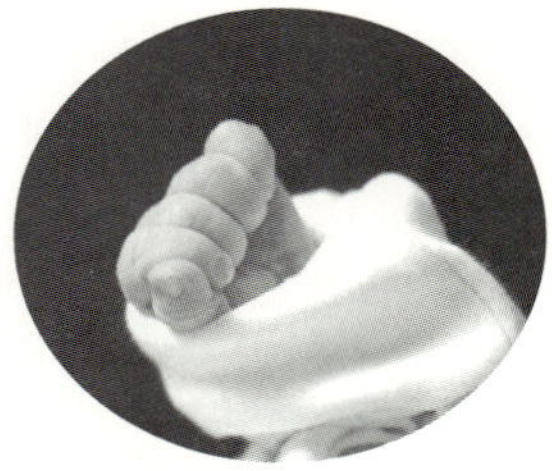

밤과 낮 오고가는 이 세계는 하늘과 땅으로 짝 지어졌다네.
둘은 서로 한 몸 이루어 꽃과 나무를 키우며 산다네.
하늘과 땅의 동그라미 속에서 한 아기가 태어나네.
아기는 자라 무엇이 될까?
여자 아기는 자라서 어머니가 되고,
남자 아기는 자라서 아버지가 된다네.
둘은 서로 한 몸 이루어 한 그리움으로 산다네.
그리움의 태에서 미래의 아기들이 태어나네.
그들은 자라 무엇이 될까?

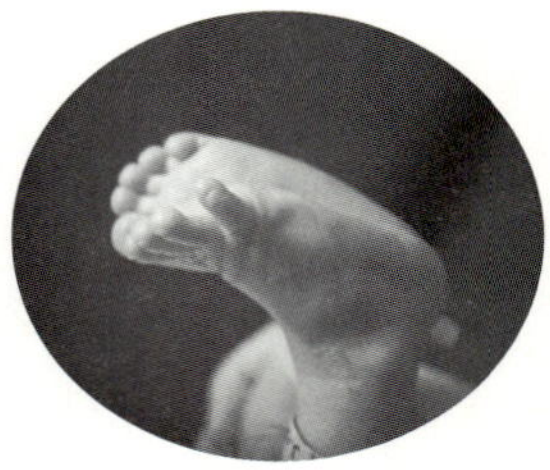

우리들의 아기는 살아있는 기도라네.
우리 아기에게 해가 되라 하면 해로 솟을 것이네.
우리 아기에게 별이 되라 하면 별로 빛날 것이네.
우리 아기에게 희망이 되라 하면 희망으로 떠오를 것이네.
우리 아기에게 길이 되라 하면 길이 될 것이네.
누구나 우주의 주인으로 태어난다네.
누구나 이 땅의 주인으로 걸어갈 수 있다네.
우리들의 아기는 살아있는 기도라네.
우리들의 아기는 살아있는 기도라네.

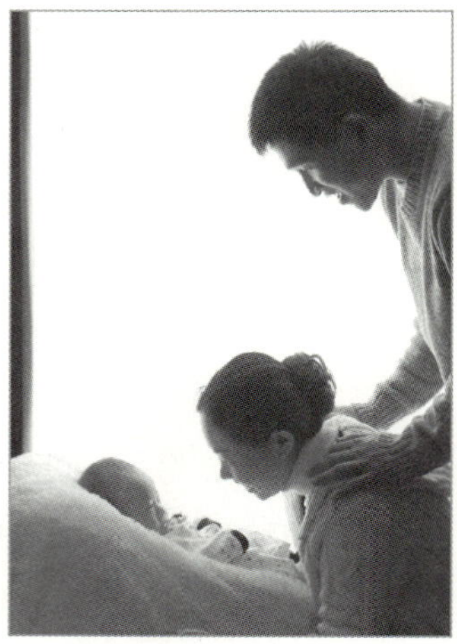

※노래듣기 ▶ http://blog.empas.com/deoinga/11383914

교사용 자료 II-1-T33 아기를 가질 때 부모의 준비된 마음이 얼마나 중요한가

우리나라 전통 태교법

우리나라의 전통 태교는 태아를 하나의 생명체로 인정하고 태교를 중요시하여 고려시대에는 〈태중훈문〉이라는 문헌까지 있었다고 한다. 그 외에도 〈동의보감〉, 〈성학집요〉, 〈내훈〉 등에서도 태교에 관한 내용을 찾아볼 수 있다.

특히 〈태교신기(胎敎新記)〉라는 책은 태교에 관한 내용만 담고 있는데, 이는 1796년에 사주당 이씨가 직접 체험하고 관찰한 것과 중국 문헌을 참고로 하여 쓴 세계 최초의 태교 단행본이다. 〈태교신기〉는 크게 태내 가르침의 뜻, 태교의 효과, 음식물 먹는 방법, 엄마의 마음가짐, 태교 방법, 임산부의 걷는 자세, 자는 자세 등으로 나누어 자세하게 임산부의 태교를 가르쳐 주고 있다. 더구나 아내뿐만 아니라 남편들이 지켜야 할 태교법까지 적어 태교가 엄마와 아빠가 함께해야 하는 것임을 강조하고 있다.

〈태교신기〉의 첫 장

스승이 10년을 가르쳐도 어미가 태중에서 열 달을 가르친 것만 못하고, 어머니가 열 달 가르쳐도 아버지가 하룻밤 부부 교합할 때 정심(正心)함만 못하다.

유태인의 전통 임신법 '닛다'

유태교의 경전인 탈무드에는 부부의 성생활까지도 엄격하게 규정하고 있다. 타이밍 임신법인 '닛다' 가 바로 그것이다.

닛다에 따르면, 월경 첫날부터 적어도 5일은 성생활을 금하고, 월경이 끝난 후에도 7일간은 동침할 수 없게 되어 있다. 한 달 중 꼬박 12일이 금욕기간인 셈이다. 그러나 12일 다 채우고 부부생활이 허락된다고 해도 막무가내로 성생활을 즐겨서는 안 된다. 닛다의 가르침에 따라 12일째 밤 '미크베' 라는 목욕탕에 들어가 몸을 깨끗이 씻어야 한다. 그런 뒤에 부부생활을 갖게 된다. 계산상 임신 가능한 난자가 배란되기 하루 전이나 이틀 전에 해당된다. 따라서 닛다에 따라 부부생활을 하면 신선한 난자와 원기 왕성한 정자가 수정할 가능성이 높다. 닛다에 의한 성생활 습관이 건강하고 똑똑한 아기를 만드는 근거는 여자와 남자의 생리적인 특징을 살펴보면 쉽게 이해할 수 있다.

성숙한 난자는 한 달에 한 개씩 만들어지는데, 생존 기간은 겨우 24시간밖에 안 된다. 반면, 정자의 수정 능력은 평균 48시간 지속된다. 닛다가 12일째 되는 날 금욕기간을 푸는 것은 의도적으로 건강한 난자와 정자의 결합을 유도하려는 것이다. 즉, 금욕기간동안 새 생명이 보금자리를 트는 자궁 안의 상태를 좋게 유지하고, 배란기에 맞추어 활력이 넘치는 정자를 여자 몸에 들여보내 '머리 좋고, 튼튼한 아기' 를 낳겠다는 계산이다.

정자는 한 번 사정될 때 무려 3~5억 마리가 한꺼번에 몰려나온다. 그런데 짧은 시간 안에 사정을 되풀이하면 2회째부터 정자 수가 급격히 줄어드는 성질이 있다. 사정 횟수가 1일 1회를 넘으면 정액에 포함된 정자의 수가 정상치의 50% 이하로 뚝 떨어지고, 미성숙한 정자가 섞이게 된다. 사정에 의하여 감소된 정자 수가 정상치까지 회복되는 데는 3일 반이 걸린다. 따라서 2세의 탄생을 목적으로 성관계를 할 때는 적어도 4일 전부터 금욕해서 정자 수를 정상치까지 올려놓아야 하는 것이다.

유태인의 우수성을 오로지 닛다에서 찾을 수는 없지만, 닛다라는 타이밍 임신법이 유태인의 자질 향상에 기여한 점만은 충분히 인정된다.

프랑스 태교법

프랑스의 태교는 기형아를 미리 방지하며 출산을 고통과 두려움으로 받아들이기보다는 새 생명을 탄생시키는 기쁨으로 자연스럽게 받아들이도록 하는 데 있다.

임신 6개월부터는 남편과 함께 출산에 관한 강의를 병원으로부터 받게 되는데, 출산할 때 남편이 곁에 있어 주는 등 남편들이 여간 열성적이지 않다.

일본 태교법

일본은 1932년에 우리나라의 〈태교신기〉를 번역, 연구할 만큼 태교에 관심이 크다.

일본은 전통적으로 아기가 태어나기 전에 미리 이름을 지어 신사에 참배하는 풍습이 있는데, 오래된 가문일수록 이런 풍습을 더욱 철저히 지키고 있다.

임산부들은 5개월이 되면 복대를 하는데, 천 기저귀처럼 생긴 복대를 배에 꼭꼭 동여매는 것이다. 이것은 요통 예방과 안정감을 주는 의미가 있다고 한다. 이 복대는 출산 후 1주일 정도는 더 감고 있으며, 요즘에는 임산부용 거들이 있지만 아직도 안전한 출산을 대비해 신사에서 복대를 사다가 감는 전통이 있다고 한다.

미국 태교법

다국적 인종들이 모여 사는 미국은 술, 마약 남용에 의한 피해가 급증하고 있는 실정이다. 임산부들 역시 이런 환경에 노출되어 있기 때문에 미국 정부에서는 각별히 임산부들의 술, 마약 사용 등의 부작용에 대해 철저한 홍보를 하고 있다.

미국 태교법의 주목할 점은 '남편의 지극한 관심'과 '베이비샤워'라는 풍습이 있다는 점이다.

특히 아이가 태어나기 한두 달 전에 엄마의 여자 친구들만 초대되어 태어날 아기를 위한 축하 파티를 하는 '베이비샤워'는 이날 초대된 사람들은 아이에게 줄 선물을 한두 가지씩 준비해 가지고 온다.

자료 : 문미옥. 예비부모교육. 양서원.

교사용 자료 II-1-T34

아기를 생각하는 감성 태교법

음악을 듣는다.

바로크 음악은 알파(α)파를 만들어준다.

바흐, 헨델, 모차르트, 비발디 등 바로크 음악의 박자는 사람이 휴식을 취하고 있을 때의 심장 박동수와 거의 비슷한, 1분당 60에서 30박자이다. 바로크 음악에 의해서 알파파가 자극을 받게 된다고 하는데, 알파파란 집중력과 정신적 안정에 밀접한 관계가 있는 뇌파를 말하는 것으로 태교에 매우 중요하다.

일기를 쓴다.

일기를 씀으로써 자신의 감정에 커다란 배출구를 제공할 수 있게 된다. 자신의 가슴 속 깊숙한 곳에 뿌리 깊게 남아있는 두려움, 불안감을 송두리째 뽑아버리고, 적극적이며 희망에 가득 찬 사고방식을 쌓아나가기 위한 연습이다.

엄마가 언제나 고민하고 초조해 있으면 태아 또한 불안하게 되고 그러다보면 성장하는데 지장을 초래하게 된다.

우선 자신의 솔직한 마음과 만나는 게 중요하므로 누구에게도 방해받지 않고 일기를 쓸 수 있는 시간을 20분 정도 확보해 두는 것이 좋다.

자존감을 높인다. 자신에게 맞는 '선언문' 을 선택한다.

- 나는 정말로 유능한 여성이다.
- 나는 나 자신을 좋아한다.
- 나는 사랑스러운 여성이다.
- 나는 애정이 넘치고 있다.
- 나는 남을 사랑할 수 있다.
- 나는 자신의 의견을 가지고 있으며, 동시에 다른 사람의 의견도 존중할 수 있다.
- 나는 다른 사람들로부터 존중받고 있다.
- 나는 정직하다.
- 나는 현실을 똑바로 보고 있다.
- 지금의 나는 과거의 실패한 인간관계에 얽매어 있지 않다.
- 나는 독창적이며 지혜롭다.
- 나는 자립하고 있다.

- 나는 일이 순조롭게 진행되지 않을 경우에도 낙심하지 않는다.
- 나는 위기적인 상황에도 당당하게 대처할 수 있다.
- 나는 자신에게 충실하다.
- 나는 다른 사람에 의해 좌우되지 않는다.
- 나는 항상 희망찬 미래를 생각한다.

앞의 문장 중에서 가장 강하게 마음을 움직이는 것 혹은 끌리는 문장 하나만을 선택한다. 지금의 자신에게 절실히 필요한 문장을 찾는 것이다. 스스로 자신에게 맞는 하나의 문장을 만들어도 좋다.

그 다음 일기장을 펼쳐서 '선언' 이라고 적는다. 페이지 중앙에 아래의 표와 같이 세로로 선을 긋고 그 선의 왼쪽에 산모가 선택한 '선언문' 을 적는다. 오른쪽에는 그 '선언' 에 대한 당신 자신의 느낌을 적어 가는 것이다. 만약 '선언' 의 내용이 자신과는 동떨어진 말이라 생각한다면 왜 그렇게 생각하는지를 솔직하게 쓴다.

2005년 7월 17일	
선 언	
'나 영희는 정말로 유능한 여성이다.'	무슨 말을 하고 있는 거야! 보고서를 써 놓고도 어디에 두었는지 잊어 한 시간이나 헤맨 주제에.. 벌써 잊어버렸나?

다정한 부부가 최고의 부모

임신, 출산이라는 기쁨은 그 누구보다도 부부만이 함께 할 수 있는 축복이라는 것은 두말할 나위도 없다. 그러나 실제로는 아기가 생김으로써 갑작스럽게 닥친 변화에 적응하지 못하고 오히려 이전보다 더 많은 스트레스를 받게 되는 부부가 있다는 것도 부정할 수 없는 사실이다.

여성은 임신으로 인해 몸의 형태가 변하고 배가 불러올수록 남편이 자신을 지금처럼 매력적으로 생각해 줄 것인가 하는 불안감과 의문을 품게 된다. 또한 남편은 아기가 생김으로써 자신의 책임감이 무거워진다는 것에 부담감을 갖게 되고 불안을 느끼고 있다.

이러한 고민이나 불안감을 갖는 것은 지극히 정상이라는 증거이다. 중대한 일에 직면하게 될수록 회피하지 말고 솔직한 자기 자신과 만나는 것이 성공적인 인생을 이끄는 데 참으로 중요하다.

✲ 부부 사이에도 원칙이 있다.

- 거짓말을 하지 않는다.
- 자신의 기분을 솔직하게 말한다.
- 상대방이 하고 있는 말을 가슴 깊이 새겨 듣는다.
- 마음의 문을 열고 상대방의 이야기에 다가간다.
- 상대방의 이야기를 도중에 가로막지 않는다.
- 상대방의 눈을 바라보면서 서로의 마음을 이해하도록 노력한다.

질문1. 내가 당신에게 끌리는 점은?
질문2. 내가 당신에 대해서 불만스럽게 생각하고 있는 점은?
질문3. 나는 당신을 상처입힐 만한 일을 한 적이 있다. 그것은?
질문4. 당신은 나를 상처입힐 만한 일을 한 적이 있다. 그것은?
질문5. 그래도 당신을 용서할 수가 있을까?

이쯤에서 잠시 멈추고……

질문6. 나는 아직 당신에게 이야기할 수 없었던 말이 있다. 그것은?

엄마의 사랑스런 목소리가 태아를 격려한다.
- 배를 다정하게 어루만지면서 -
노래를 불러주기
동화책을 읽어주기
생각나는 대로 이야기하기

자료 : 토마스 버니 지음, 한양심 옮김(2002). 신세대 엄마의 고감성 태교법. 나라원.

2/4차시

출산과정과 출산법

학습목표 : 출산과정은 자연스러운 현상이라는 것을 깨달을 수 있다.
다양한 출산방법을 알 수 있다.
다양한 출산방법을 비판할 수 있다.

교수학습 자료 및 준비	교사	교사용 자료 35, 36, 37, 38, 39, 40	수업 준비	멀티미디어 시설
	학생	학습자료 45, 46		
지도시 유의점 교사 Tip	• 출산과정에서 자궁의 수축과 진통으로 인하여 고통스럽지만, 자연스러운 현상이고, 엄마보다 10배의 고통을 견디며 태어나는 아기를 돕는 것이 출산과정이라는 것을 강조한다.			

도입

Ⓐ '출산' 하면 떠오르는 낱말을 생각하고 발표하게 한다.

Ⓒ 분만과 출산.asf 동영상 (아우성 홈페이지)을 보여주고, 생명의 소중함과 출산의 신비로움을 체험하게 함과 동시에 현재 우리나라에서 많이 사용되고 있는 병원출산의 문제점이 무엇인지 생각하게 한다. — 생각문 열기

학습목표를 제시한다.

전개

Ⓐ 교사용 자료 [아기는 엄마의 진통보다 10배의 고통을……]을 읽어준다. — 다르게 보기

Ⓡ 출산과정을 설명한다.(교사용 자료 [출산 과정])

Ⓐ TV나 영화에서 분만을 묘사하는 장면으로 생각나는 것을 말하게 한다. - 분만실에 누워 고통으로 소리를 지르는 임신부. 밖에서는 초조하게 담배를 피워대는 남편과 가족 등- — 생각문 열기

Ⓒ 온 가족이 둘러앉아 화기애애한 분위기 속에서 출산할 수는 없는 걸까요? — 다르게 보기

Ⓒ 동영상 〈제왕절개술의 나라〉를 본다.

http://taigyo.com/bbs/view.php?id=mpeg&page=1&sn1=&divpage=1&category=4&sn=off&ss=on&sc=on&select_arrange=headnum&desc=asc&no=13

Ⓡ 우리나라가 제왕절개율이 어떻게 되는지 질문한다. 제왕절개율에 대한 몇 가지 오해를 중심으로 이에 대한 이해를 하게 한다. 학습자료 [제왕절개술과 다양한 출산법], 교사용 자료 [다양한 자연분만방법] — 생각문 열기

Ⓢ 현재 우리나라에서 많이 이용되고 있는 출산방법에 대해 비판하게 한다. 임신부와 아기를 우선적으로 생각하는 '부드러운 분만법' 이 있다는 것을 설명한다.

임신부가 주체적으로 자신에게 맞는 출산법을 결정하는 것이 제일 중요하다는 것을 강조한다. 교사용 자료 [출산의 기쁨을 되찾읍시다!]

Ⓢ 학생들에게 '아가야, 안녕?' 의 그림책 내용을 읽어주거나, 보여주고, 학습지의 질문에 답하도록 한다.

- 온 가족이 출산에 참여하는 모습을 본 후 느낀 점
- 아빠에게, 큰 아이들에게, 그 외 친척들에게 그리고 태어나는 아기에게 어떠한 영향을 미칠까?
- 이 그림책에 나타난 출산장면의 분위기

다르게 보기

정리

Ⓢ 분만과정, 다양한 분만방법을 정리하고, 제일 중요한 것은 임신과 분만의 주체가 자신이라는 것을 확인하게 한다.

차시예고: 모유 수유

교사용 자료 II-1-T35

아기는 엄마의 진통보다 10배의 고통을…

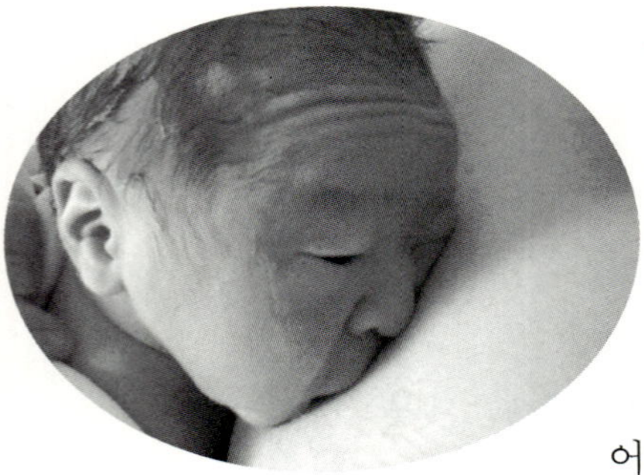

아기는 엄마의 진통보다

10배의 고통을 이겨내고

세상에 태어납니다.

우리는 태어날 때부터

어떠한 어려움도

이겨낼 수 있는

강한 존재입니다.

우리는 이 세상에

태어났다는 이유만으로

존중받아야 할

귀한 존재입니다.

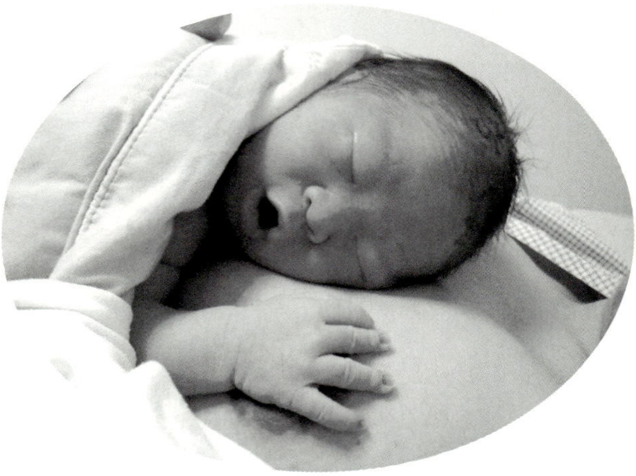

자료 : 아우성 홈페이지(www.ausung.net)

교사용 자료 II-1-T36

출산과정

1. 개구기(開口期)

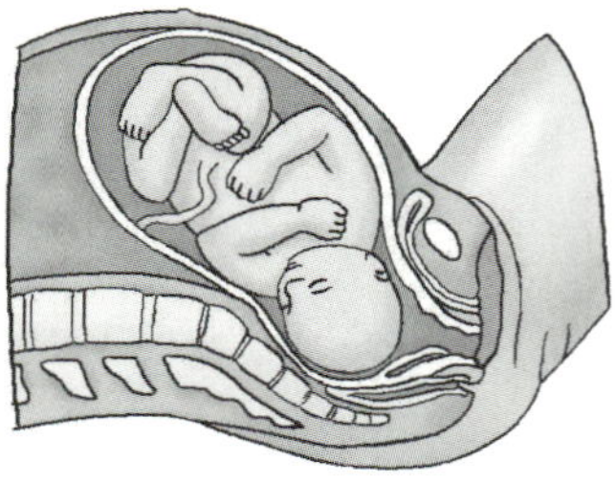

- 규칙적인 진통이 시작되어 자궁구가 열리는 시기
- 양수가 터지게 된다(파수).
- 진통 간격이 점차 짧아지면서 진통 시간은 길어지고, 통증도 심해진다.
- 초산인 경우에는 대략 10~12시간, 경산인 경우에는 약 6~7시간이 걸리나, 산모에 따라 차이가 있다.

2. 출산기(出産期)

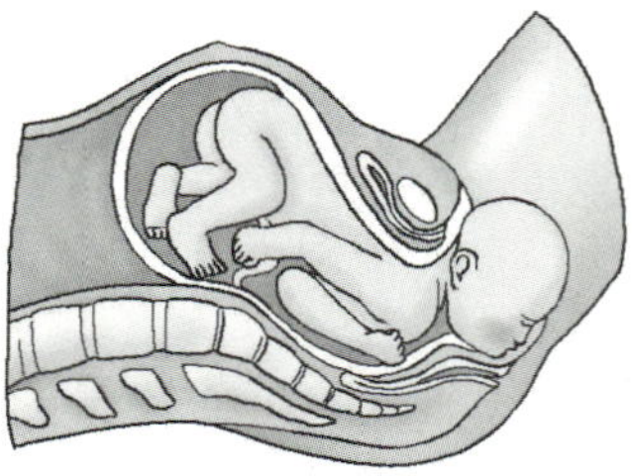

- 자궁구가 완전히 열려 태아가 머리, 어깨, 허리, 다리 순으로 모체 밖으로 나오는 시기
- 이 때 산모가 힘을 주게 되고 태아도 밖으로 나가려고 힘을 주므로 진통이 1~2분 간격으로 오며, 그 정도가 가장 심하다.
- 초산인 경우에는 1~2시간, 경산인 경우에는 30분 정도 걸린다.

3. 후산기(後産期)

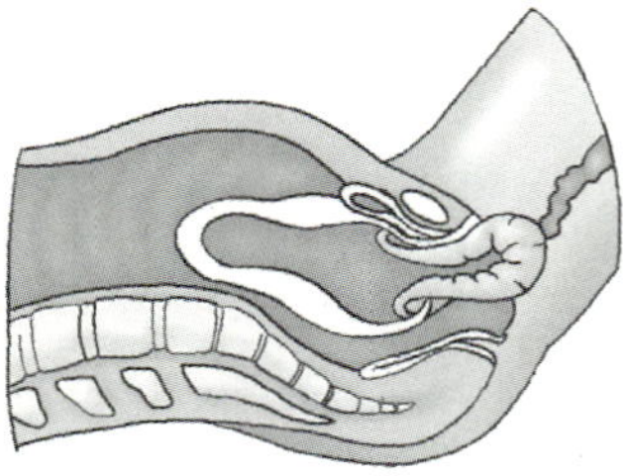

- 태아 분만 직후부터 자궁벽에서 태반, 난막, 탯줄이 모두 나오는 시기
- 분만 후 약 10~15분 뒤에 가벼운 진통과 함께 배출된다.

제왕절개술의 나라

제왕절개 출산 세계 1위(2000년 기준 43.6%)[1)]

물론 의학의 발달로 임신중독증이나 쌍둥이, 전치 태반 같은 고위험 임신으로부터 많은 임신부와 태아가 생명을 구했던 사실은 부정할 수 없다. 그렇지만 분만의 고통을 피하기 위해 제왕절개를 선택하는 것은 산모나 아기의 건강에 오히려 악영향을 주고, 제왕절개 수술을 한 산모는 자연분만을 한 산모보다 각종 병균에 감염될 확률이 높다고 보고 되어 있다. 자연분만으로 태어난 아이가 그렇지 않은 아이보다 IQ(지능지수)와 EQ(감성지수)가 월등히 높다는 연구 결과도 있다.

■ 참고 1 제왕절개술을 낮추려면?

제왕절개술은 자연분만과 달리 마취와 수술이 필요하기 때문에 필연적으로 합병증의 발생률이 높으며 임산부 사망률도 자연분만보다 4배가 높다. 의료비 상승과도 밀접한 연관이 있다. 우리나라는 외국에 비하여 심각할 정도로 제왕절개술이 시행되고 있는데, 특히 제왕절개술의 빈도가 최근 지속적으로 증가 추세를 보이고 있는 것이 더욱 문제가 된다. 의료적인 요인 이외의 비의료적인 다양한 요인들이 제왕절개술의 빈도를 높이고 있는 것이 우리나라에서의 특이한 분만환경이다.

유럽과 달리 제왕절개술 비율이 높은 미국에서는, 이미 지난 1987년에 25%인 제왕절개술 비율을 2000년까지 15%로 끌어내린다는 목표 아래 보건부의 주관으로 대대적인 "제왕절개 수술 억제운동"을 추진하고 있다. 13년이 지난 올해에, 아직 목표에 미달하고 있지만 일부 지역에서는 상당한 효과를 거두고 있다. 우리나라에서도 1996년 12월에 보건사회연구원 주최로 열린 '국민건강증진 목표와 전략에 관한 공청회' 에서 2000년까지 달성해야 할 우리나라 국민건강의 기본목표를 세워 추진한 적이 있다. 특히 여성의 분만과 관련된 목표에서, 이미 1996년 당시에 30%를 넘었던 제왕절개 분만율을 "2000년에는 20% 이하로 달성해야 한다"는 목표를 세웠으나, 오히려 제왕절개술이 증가하여 두 배 가까운 수치를 보이고 있다. 외국에서는 같은 정책의 목표를 적어도 10년 이상의 장기적인 계획으로 접근하는 데

1)

구분	WHO 권고	일본	영국	미국	한국
제왕절개율(%)	10	15	16	20	43

비하여 우리나라에서는 3년간의 단기적인 계획으로 추진하였으므로 어떤 의미에서는 무모한 계획이었다.

이와 같이 우리나라의 제왕절개술 비율의 감소는 정부의 단독적인 계획과 추진으로는 어렵다는 것이 입증되었다.

의료적인 요인은 물론, 비의료적인 여러 가지 제왕절개술을 증가시키는 요인들에 대한 심층 분석과 다양한 자료를 통한 충분한 토론을 거쳐, 우리나라의 제왕절개술 빈도를 내려야 한다. 특히 임신부 자신들도, 본인들이 주도하는 능동적 분만환경을 만들어 가야 하는데, 통증을 감소시키는 다양한 자연적인 분만법들이 본격적으로 시행되어야 할 것이다. 좌식분만, 가족분만, 수중분만 등이 여기에 해당할 것이다. 여기에는 물론 병의원의 투자가 필요한데 이러한 다양한 분만환경을 이해하는 사회적 분위기와 제도적인 후원이 있어야 할 것이다.

이를 위하여, 의료인들은 물론, 임산부와 그 가족, 의료보험제도를 관장하는 정부당국이 함께 참여해야 한다. 매스컴은 물론 영향력 있는 사회단체들도 균형적인 감각으로 그 해결 방법 또는 대안(代案) 개발에 적극 동참해야 한다.

각 원인별로 스스로 줄이는 노력을 우선해야 한다. 서로 책임을 미루고 비난해서는 문제 해결이 안된다. 법제도 측면은 정부가 나서야 할 것이고, 의사들은 의료제공자로서 엄격한 의학적 적응에 해당되는 경우에만 수술을 해야 할 것이며, 임산부들은 스스로 진통에 대한 두려움을 없애고 진통에 긍정적으로 임해야 한다.

결론적으로, 우리나라의 실정에 알맞은 가장 합리적인 방법을 도출해 내야 한다. 세계에 내놓기 부끄러운 제왕절개술율을 감소시켜, 진정 우리나라의 임산부들이 "자연스러운 분만환경"에서 우리의 건강한 2세를 낳을 수 있도록 해야 한다. 이것은 우리나라의 미래가 달려있는 일이기도 하다.

자료 : 박문일 교수의 태교닷컴(http://taigyo.com)

■ 참고 2 제왕절개에 대한 6가지 오해

• **제왕절개분만을 하면 덜 아프다?**

제왕절개를 대수롭지 않게 생각하는 사람들이 있는데, 제왕절개도 다른 질병 때문에 수술을 받는 것과 똑같은 수술이다. 그것도 전신마취를 하는 대수술인 것이다. 물론, 제왕절개를 하기 위해서는 전신마취를 하기 때문에, 분만하는 순간에는 아무 고통도 느낄 수 없다. 하지만 문제는 수술이 끝난 다음부터 시작된다.

자연분만을 한 산모는 아이를 낳은 그 날부터 식사도 할 수 있고 움직일 수 있는데, 제왕절개를 받은 산모는 수술이 끝난 후에도 정기적으로 진통제를 맞아야 한다. 마취가 풀리고 의식이 돌아오면 산모는 수술 부위에 통증을 심하게 느끼기 때문이다.

수술을 받거나 사랑니를 빼본 경험이 있는 사람이라면 쉽게 떠올릴 수 있을 것이다. 마취를 하면 마취가 풀리기 전까지는 아무런 통증도 느껴지지 않는다. 하지만 마취가 풀리기 시작하면 통증이 느껴지기 때문에 진통제를 먹게 된다. 제왕절개도 마찬가지다. 그래서 제왕절개를 한 산모는 아이에게 모유를 먹일 수 없게 된다.

• **부부 관계에 좋다?**

자연분만을 하면 질이 넓어진다고 생각해서 제왕절개를 해달라고 하는 사람도 있다. 아이가 산도를 통해 나오면 질(膣)이 늘어나기 때문에, 부부 관계가 만족스럽지 못하거나 요실금이 생긴다는 것이다. 그러므로 제왕절개를 하면 질이 늘어나지 않아, 부부 관계가 만족스러워지고, 요실금도 생기지 않는다는 것이다.

이것은 의학적인 근거도 전혀 없을 뿐더러, 부부 관계를 할 때 통증을 느끼는 경우는 오히려 제왕절개분만을 한 산모들에게서 더 많이 발견된다. 물론 난산으로 골반 근육이 파열되거나 약해졌을 경우에는 요실금이 나타나기도 하지만, 이것은 부부 관계를 하는 것과는 관계없다. 그것은 임신 중과 산후 조리를 통해 충분히 예방할 수 있는 것이다.

• **산후회복이 빠르다?**

의료보험관리공단에서 제시한 자료를 보면, 분만 후 입원하는 기간은 자연분만이 2.9일, 제왕절개분만이 7.4일이다. 산모와 아이의 상태에 따라, 자연분만을 한 산모 중에는 하룻밤 만에 퇴원하는 경우도 있다. 하지만 제왕절개분만은 가스가 나올 때까지 퇴원을 할 수 없다. 진통제를 계속 맞아야 하고, 수술 후유증이 없는지 의료인들이 보살펴야 하기 때문이다.

그러므로 제왕절개분만을 한 산모는 자연분만을 한 산모보다 회복되는 속도가 느리다.

자연분만을 한 산모는 아이에게 모유를 먹이기 때문에 골반이 빠르게 수축되고 자기 치유 능력이 발휘되지만, 제왕절개분만을 한 산모는 마취와 진통제 복용으로 자기 치유 능력이 제대로 발휘되지 못하기 때문이다.

• 가장 안전한 분만법이다?

엄마의 골반에 비해 태아의 머리가 커서 골반을 내려오지 못하는 경우나, 아이 다리가 아래로 향해 있는 역아인 경우, 태반이 자궁 입구를 막고 있는 전치 태반 등, 고위험 임신부나 아이의 생명이 위험한 경우에는 제왕절개분만을 해야 임신부와 아이의 생명을 구할 수 있지만, 이런 경우가 아닌 건강한 임신부에게 제왕절개분만을 하면 오히려 역효과를 일으킬 수 있다.

• 한번 하면 계속해야 한다?

제왕절개분만을 한 임신부가 자연분만을 하면 위험하다고 하는 근거는 수술 자리가 파열될 수 있다는 데 있다. 하지만 그렇게 될 확률은 0.5~1.8% 정도밖에 되지 않는다.

• 제왕절개는 무조건 나쁘다?

지금까지 각종 의료 기술과 제왕절개에 대한 문제점들을 지적하였다. 하지만 이것이 곧 의료기술을 모두 버리고, 제왕절개술을 절대로 하지 말아야 한다는 말은 결코 아니다.

의료기술은 임신과 분만으로 인한 질병을 예방해 주고, 수많은 생명을 구해 왔기 때문이다. 지금도 의료기술의 도움을 받아야 하고, 제왕절개를 통해 분만해야 하는 경우가 있다. 자칫, 제왕절개분만의 문제점이 부각되면서, 제왕절개술이 반드시 필요한 산모들조차 의료진을 불신해서, 무리하게 자연분만을 하다가 태아나 임신부가 위험에 빠지는 안타까운 일이 생겨서는 안 된다.

그래서 반드시 전문의와 상담을 하라고 권하고 싶다. 의학적으로 문제가 있는 경우에는 제왕절개를 해야 하기 때문이다. 전체 임신부 중 10~15%의 임신부가 이러한 경우에 해당한다.

자료 : 박문일 교수의 태교닷컴(http://taigyo.com)

교사용 자료 II-1-T38

다양한 자연분만방법

자연분만

정상적으로 질을 통해 분만하는 방법을 말한다. 여성의 몸은 그 자체가 분만을 아무 도움 없이도 스스로 할 수 있도록 만들어져 있고, 태아 스스로도 산도를 통해 새로운 세상에 접하기 위해 노력을 하기 때문에 사실상 자연분만은 아주 자연스러우며 건강한 행위이다. 이에 반해, 수술에 의한 분만은 '제왕절개' 라고 한다.

요즘에는 엄마와 아기를 우선적으로 생각하는 다양한 '부드러운' 자연분만방법이 있다.

'부드러운' 자연분만방법의 종류

1. 수중분만

산모와 태아에 스트레스가 적은 분만 환경을 조성해 주기 위한 시도 중 하나가 수중분만법이다.

(1) 수중분만의 역사

이집트에서 수중분만으로 태어난 아이들은 주로 성직자가 되었다. 고대 크레타 문명의 미노스 인들은 신성한 신전을 수중분만의 장소로 이용하였는데, 그 증거로 프레스코 벽화에 인간과 물의 관계를 표현한 그림이 있다. 캘리포니아 중부 연안의 인디언들은 바닷물이 고인 곳에서 분만했다고 한다.

(2) 수중분만에 적합한 경우

- 37주 이상의 산모, 정상적인 산전관리를 한 산모
- 최근 질, 요로 또는 피부 감염이 없었던 산모
- 제왕절개술을 받은 적이 없는 산모
- 임산부와 태아의 건강상태가 절대적으로 정상적인 경우

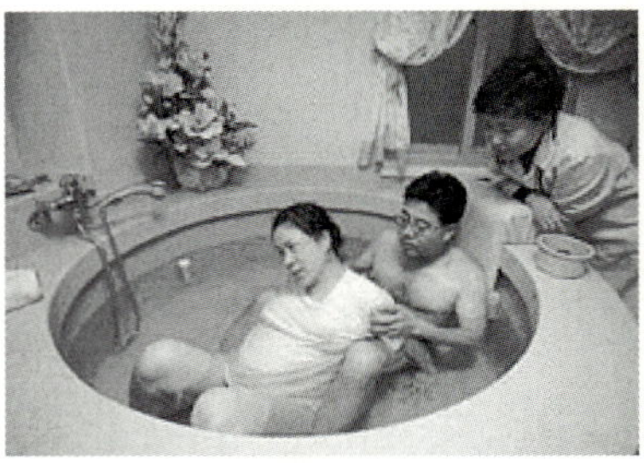

(3) 수중분만을 못하는 경우

- 양수에 태변이 있는 경우

- 고위험 임신의 관리가 필요한 경우
- 태아의 불규칙한 심박동 등 태아의 상태가 좋지 않은 경우
- 양수가 터진 후 상당한 시간이 경과되었을 경우

2. 좌식분만

침대에서 반듯이 누워서 하는 분만자세가 아닌, "앉아서 분만하는 것"을 말한다.

(1) 좌식분만의 역사

역사적으로 살펴볼 때 인류의 가장 보편적인 분만 자세는 앉거나 선 자세. 좌식분만은 이미 오래전에 이집트에서 사용되었다(B.C 2500년). 중세에 와서는 유럽의 귀족여성들이 개인적인 분만의자를 가지고 있을 정도였으며, 남아메리카 잉카유적지에서도 이러한 분만의자가 발견된 것을 보면 고대에도 전 세계적으로 이러한 분만자세가 활용되고 있었다는 것을 입증해주는 것이라 할 수 있다.

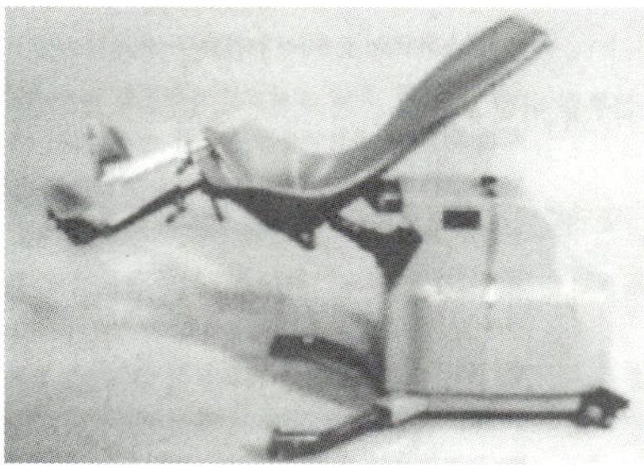

한림의대에서 사용하고 있는 좌식 분만대(한림의대 이근영 교수 제공)

우리의 경우 조선시대 선조들은 천장이나 대들보에 줄을 매달아 놓고 산모에게 그 줄을 잡게 했는데, 산모는 산통을 이기기 위해 줄을 힘껏 잡아당기면서 자연스럽게 쪼그려 앉거나 비스듬히 선 자세를 취했다.

이 같은 좌식분만법은 산모와 아기에게 가장 적합한 자세로 꼽힌다. 산모가 앉으면 골반직경이 누운 상태보다 더 넓어지는데다 중력의 영향으로 아기가 산모의 몸에서 쉽게 빠져 나올 수 있다는 점에서 그렇다.

분만의 주체가 산모와 아기에서 의료진으로 대체된 근래의 획일적 '침대분만'에 대한 반성으로 최근에는 고전적인 좌식분만법 등을 응용한 새로운 분만법이 등장하고 있다.

(2) 좌식분만의 장점

- 임산부가 앉아서 분만을 하면 자궁속의 태아 체중이 아래로 몰리게 되므로 임산부가 효과적으로 힘을 줄 수 있어 분만시간이 단축되고 임산부가 통증을 덜 느끼게 된다.
- 태아의 머리가 자궁 경부 쪽으로 향해 있어 무게중심이 중력 방향과 일치되어 자궁을 쉽게 빠져 나오게 한다(분만할 때 임산부가 반듯이 누워 있으면 자궁과 평형이 되어 중력과 수직이 되도록 힘을 주어야 하고 태아도 중력을 거슬러 빠져 나오기 힘들게 된다).

3. 그네분만

분만대에 반듯하게 누워 가족들과 격리된 채 혼자 진통을 겪어야 하는 일반 분만법과 달리, 앉아서 아기를 낳은 좌식분만의 변형이다.

그네분만(birth wheel)에 사용되는 분만대는 충격을 완화할 수 있는 굵은 고리모양의 철봉이 그네처럼 매달려 있는데 몸의 자세에 따라 의자모양의 받침대가 변형된다. 허리가 닿는 부분에 찜질기구가 있고 뒤로 눕거나 의자처럼 앉을 수도 있다.

분만 과정은 분만 대기실에 있는 산모에게 강한 진통이 규칙적으로 오게 되면 그네분만실로 자리를 이동하여 진통중인 산모가 그네에 앉아 있는 자세로 골반을 전후좌우로 흔들어줌으로써 고통이 분산될 수 있고 기계 조작을 통해 좌식분만을 취하면 보다 진행이 순조롭게 된다.

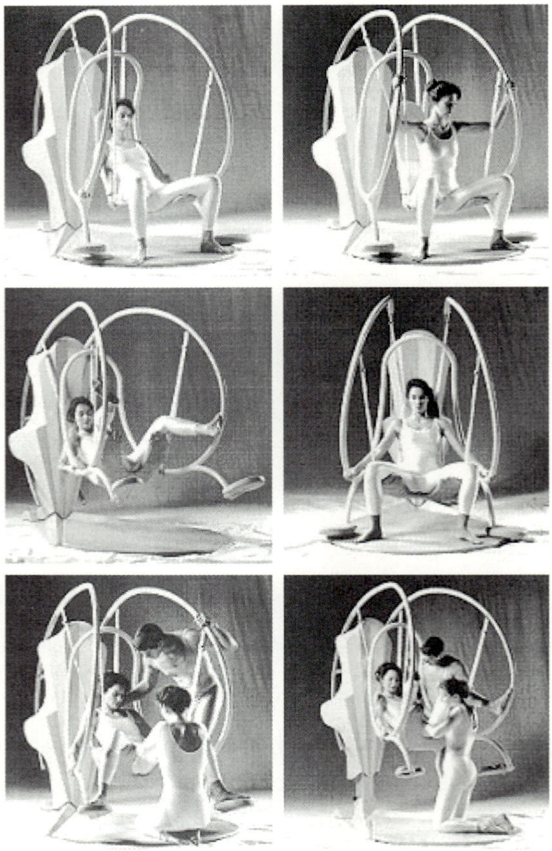

그네분만(다양한 자세로 출산할 수 있다)

4. 르봐이어 분만

1970년대에 프랑스의 산부인과 의사인 프레드릭 르봐이어 박사는 "폭력 없는 탄생" 이라는 책을 통해 전 세계 산부인과 의사는 물론 일반인들에게 지금까지의 현대의학이 오히려 분만환경에 많은 제약을 가져왔다는 것을 통렬히 비판한 적이 있고 이 책은 지금까지 전 세계에서 베스트셀러로 읽히고 있다.

르봐이어 박사는 어머니의 자궁 안은 어둡고, 양수라는 좋은 방과 어머니의 방음장치가 있는 아늑한 공간인데 비해, 분만환경이 강렬한 빛과 소리로 불안한 상태에서 산소를 공급받던 탯줄마저 잘리므로 아기가 공포와 불안에 떨게 된다고 생각하고, 그것은 아기에게 일종의 폭력이라고 생각하였다. 그래서 아기 탄생의 첫 순간을 아기의 입장에서 폭력 없는 분만환경으로 만들어 보자는 데 초점을 두고 아기의 시각, 청각, 촉각, 감정을 존중해 주는 다섯 가지 수칙을 제시하였다.

① 분만에 임하는 모든 사람은 소곤소곤 말한다

태아의 감각 중 가장 발달한 감각이 청각이다. 태아는 자궁 안에서 조용한 소리만을 듣고 있었다. 자궁 안은 엄마의 심장소리, 장의 운동소리 등은 작은 시냇물이 흐르는 평화로운 소리지만, 자궁 문을 나서는 순간 들리는 여러 소리는 천둥소리와 같은 큰소리로 아가에게 스트레스를 주는 것이다.

② 분만실을 어둡게 한다

자궁 안은 30럭스 정도의 어둠침침한 환경이지만 분만실을 조명은 30만 럭스이다. 강렬한 빛으로부터 연약한 태아의 시력을 보호하고 안정감을 주기 위해서는 아기의 형태만을 알아볼 수 있을 정도로 어둡게 해야 한다.

③ 바로 엄마 위에 올려놓고 엄마 젖을 빨게 한다

자궁 문을 나온 아기는 모든 것이 불안하다. 엄마의 따뜻한 체온과 심장소리를 듣고 젖을 물며 엄마의 부드러운 손길을 느끼면서 곧 안정을 취하게 된다. "사랑해, 아가야"라는 목소리를 들으면 더욱 좋겠지요.

④ 분만 5분 후 탯줄을 자른다

태아는 탯줄을 통해 산소를 공급받았으나, 자궁 문을 나오면서 폐호흡을 하게 된다. 아기는 폐호흡과 탯줄호흡을 동시에 하다가, 폐로 산소를 받아들이는 것이 익숙해지면 탯줄의 혈액순환이 저절로 멈추어진다. 이 시간은 5분 내외로 이때 탯줄을 잘라야만 아기는 고통스럽지 않게 폐호흡에 익숙해진다.

⑤ 아기를 욕조에서 놀게 한다

분만실에 마련된 아기 욕조를 따뜻한 물로 채워 방금 나왔던 엄마의 자궁 안과 비슷한 환경에서 놀게 한다. 아기는 물과 함께 놀면서 스스로 분만의 스트레스로 경직된 몸을 풀게 되고 반짝이는 눈으로 행복한 미소를 짓게 된다.

자료 : 정순옥 모유수유 클리닉(http://www.sosmamma.com)

5. 소프롤로지(Sophrology) 분만

소프롤로지는 임신과 출산을 긍정적으로 받아들이는 정신훈련을 통해 통증을 줄이는 분만이다. 아기를 웃으면서 낳는다고 말할 정도로 통증을 초월한 '초통(超痛) 분만' 이기도 하다. '출산=통증' 이라는 후천적으로 학습된 강박관념이 통증을 실제보다 확대시킬 수도 있는데, 임신기간 동안 '출산=기쁨' 이라는 자기 최면을 반복적으로 훈련하여 통증을 최소화한다는 것이 이 분만법의 핵심이다.

제왕절개

(1) 제왕절개란

수술에 의한 분만방법이며, '제왕절개' 란 이름은 로마의 황제 시저가 이 방법으로 태어났다고 해서 제왕절개라는 이름이 붙여졌다.

제왕절개를 했을 때의 부작용이 자연분만에 비하면 크지만, 의술의 발달로 그 위험성이 현저하게 감소했으며, 태아나 산모가 긴급한 사태에 이르렀을 때에는 오히려 가장 안전한 분만법이다(40분~1시간 소요).

(2) 제왕절개를 해야 하는 경우

- 아기가 두 쌍둥이이거나 그 이상 되었을 때
- 아기가 둔위나 횡단자세일 때 또는 치명적인 병에 걸렸을 때
- 탯줄이 아기의 목을 여러 번 휘감은 경우
- 산모가 전치태반일 경우

학습자료 II-1-S45

제왕절개술과 다양한 출산법

학년 반 번 이름:

※ 다음은 나라별 제왕절개율을 나타낸 표입니다. 제왕절개술에 대한 다음의 질문에 답해 봅시다.

구 분	WHO 권고	일본	영국	미국	한국
제왕절개율(%)	10	15	16	20	43

Q 제왕절개술이 무엇인가요?

Q 제왕절개술의 장점과 단점은 무엇인가요?

Q 우리나라가 제왕절개율이 매우 높은데, 산모와 아기에게 미치는 영향에 대하여 생각해 봅시다.

※ 모둠별로 여러 가지 분만법에 대하여 알아봅시다.

수중 분만	(분만 방법의 특징과 장 · 단점)	좌식 분만 (그네 분만)	(분만 방법의 특징과 장 · 단점)
르봐이어 분만	(분만 방법의 특징과 장 · 단점)	소프롤로지	(분만 방법의 특징과 장 · 단점)

Q 자신이 배우자와 이용하고 싶은 분만 방법을 정리해 봅시다.

교사용 자료 II-1-T39

출산의 기쁨을 되찾읍시다!

병원 침대에 누워 소리 지르며 외롭게 출산의 고통을 견뎌내야 하는 여성들, 그들은 아주 오랜 시간동안 누려오던 성스럽고 신비스러운 출산의 주도권을 지난 몇 십년동안 잃어버린 듯합니다. 병원분만이 안전하다는 이유로 가족들과 헤어져 팔에 꽂은 주사바늘 때문인지, 침대에 누워 진통자세 하나 마음대로 바꾸지 못한 채, 온 가족의 기쁨인 생명 탄생의 순간을 고통의 아픔으로 겪어내야 했습니다.

그러나 이런 모습이 점차 사라지고 있습니다. 요즘은 온 가족이 둘러앉아 잔치 분위기 속에서 아이를 낳거나 임신부가 출산 직전까지 웃으며 대화를 나누는 새로운 분만법들이 등장했고 이를 위한 노력이 조금씩 늘어나고 있습니다. 특히 선진국을 중심으로 수중분만, 좌식분만, 그네분만, 가족분만, 소프롤로지 분만 등 새로운 분만법들이 속속 개발되었으며, 우리나라도 '부드러운 분만'을 위한 다양한 분만법들이 모색되고 있습니다.

교사용 자료 II-1-T40

그럼, 어느 분만법을 택할 것인가?

- 내게 맞는 분만법 -

※ 남편과 함께 하는 분만

가족간의 유대 관계를 중시하는 사람은 가족분만실을 이용하면 좋다. 가족분만실에는 분만을 함께 하고 싶은 임신부의 가족이라면 누구든 들어와서 분만 축제에 참여할 수 있기 때문이다.

최근에는 남편이 분만실에 들어오는 것을 허용하는 병원이 늘어나면서, 그동안 의료진들이 빼앗아 갔던 탯줄을 자를 권리도 남편에게 돌아간다. 아내의 분만을 지켜본 남편들은 모두 '내가 새롭게 태어나는 것 같았다', '이렇게 힘든 것도 모르고 그동안 못해준 게 너무 미안하다' 고 말한다.

※ 혼자서 당당하게 하는 분만

가족이나 남편이 분만에 참여할 수 있는 여건이 안 되는 임신부라면 소프롤로지 분만법을 권하고 싶다. 또한 분만에 있어서 여성의 주체성을 가장 중시하는 사람에게도 소프롤로지 분만법이 적절하다. 분만을 하는 당사자는 여성이다. 그러므로 분만에는 엄마와 아이의 능동적인 자세와 적극성이 가장 중요하다.

소프롤로지 분만법을 하기 위해서는 임신부가 각 교육 기관에서 하는 산전 교육을 충실하게 받고 집에서도 혼자 열심히 연습을 해야 한다. 도와주는 사람이 없는 만큼 더 강한 정신력이 필요하다.

※ 앉아서 하는 분만

앉아서 분만하면 임신부가 힘을 주기도 편하고, 아이가 산도를 빠져 나오기도 쉽다. 좌식분만에 가족분만의 장점을 합한 그네분만대는, 남편이 그네분만대에 먼저 앉고 아내가 그 앞에 앉아서, 부부가 분만을 함께 경험할 수 있다. 그네분만대는, 임신부와 의료진 모두에게 편하게 개발된 분만대다. 그네분만은 아직 우리나라에 보급이 많이 되지 않은 상황이므로, 좌식분만을 하는 곳을 먼저 알아보는 것도 좋겠다.

※ 내 맘대로 움직이는 분만

평소에 생리통이 올 때, 배를 움켜쥐고 쪼그리거나, 엎드리거나 벽에 기대서기도 하며 다양하게 자세를 바꾸는 임신부라면, 진통이 올 때도 여러 가지 자세를 취하며 고통을 줄이려고 할 것이다. 그런 임신부를 분만 침대에 묶어 두면 고통을 더 심하게 느낀다. 몸을 자유롭게 움직일 수 있는 수중분만이나 자유자세분만을 할 수 있는 곳을 찾아보자.

※ 가장 중요한 것은 임신부 자신의 주체성

어떤 분만 자세를 선택하든지, 임신부가 잊지 말아야 할 것은, 임신과 분만의 주체는 자기 자신이라는 것이다. 나중에 어쩔 수 없는 상황으로 인해 수술을 하게 되더라도, 주체적으로 임신과 분만을 하면, 수유와 양육에 임하는 자세가 달라진다. 임신이나 분만을 앞두고 있다면 아이 옷을 '파란색으로 살까, 분홍색으로 살까' 를 생각하기 전에 어떻게, 어디에서 낳을 것인가를 먼저 고민해야 한다. 그런 고민을 토대로 병원에서 정기적으로 건강을 점검하고 임신부 자신과 태아의 건강 상태에 맞는 분만법을 전문의와 함께 결정하자.

자료 : 박문일 교수의 태교닷컴(http://taigyo.com)

학습자료 II-1-S46

아가야, 안녕?

학년 반 번 이름:

Q 엄마의 배가 슬슬 아프기 시작해요. 온 가족이 아기를 맞이하기 위해 바쁘게 움직여요.

♡ 느낌 :

Q 걷다가 진통이 오면 엄마는 아빠에게 몸을 의지해 고통을 견디곤 하지요.

♡ 느낌 :

Q 이제 엄마의 다리 사이로 작고 빨갛고 쪼글쪼글한 얼굴이 나타났어요.

♡ 느낌 :

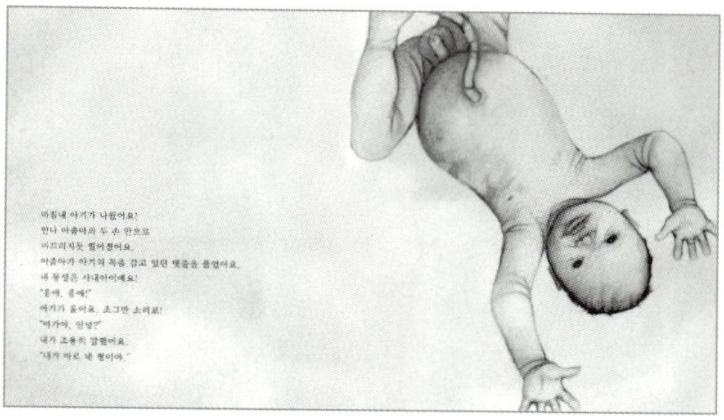

Q 마침내 아기가 나왔어요. 아가야, 안녕?

♥ 느낌 :

Q 엄마는 아기를 가슴에 꼭 안아요.

♥ 느낌 :

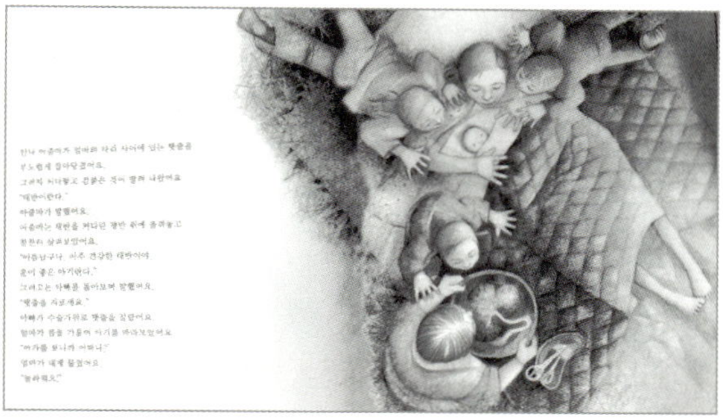

Q 태반이 나오고, 아빠가 탯줄을 잘라요. 우리 모두 예쁜 아가를 사랑스럽게 바라보아요.

♥ 느낌 :

자료 : 제니 오버렌드 글. 줄리 비바스 그림(2000). 아가야, 안녕? 사계절.

- 온 가족이 출산에 참여하는 모습을 본 후 느낀 점은 무엇인가요?
- 이러한 출산방법은 아빠에게, 큰 아이들에게, 그 외 친척들에게 그리고 태어나는 아기에게 어떠한 영향을 미칠까요?
- 이 그림책에 나타난 출산장면의 분위기는 어떠한가요?

3/4차시 모유수유

학습목표 : 모유의 좋은 점을 알 수 있다.
모유를 먹이기 위한 전략을 짤 수 있다.

교수학습 자료 및 준비	교사	교사용 자료 41, 42, 43, 44, 45	수업 준비	멀티미디어 시설
	학생	학습자료 47, 48, 49, 50, 51, 52		
지도시 유의점 교사 Tip	• 모유의 좋은 점을 많이 부각시켜 미래 부모들에게 모유수유를 꼭 할 수 있도록 독려한다.			

도입

Ⓐ 세상에서 가장 아름다운 모습이 무엇이라고 생각하는지 학생들에게 질문한다(또한 '세상에서 가장 아름다운 모습'으로 인터넷 검색을 하면 어떤 이미지 결과가 나올지 미리 해 보게 할 수도 있다). — 생각문 열기

엄마와 아기, 화목한 가족들의 모습, 아름다운 풍경, 귀여운 동물, 연인들의 다정한 모습 등

- 세상에서 가장 아름다운 모습이 엄마와 엄마 젖을 먹는 아기가 아닐지 제시하면서 의견을 말하게 한다.

Ⓐ 시 '아가야! 아가야!'를 읽어주어 분위기를 조성한다.

Ⓒ 사람에게 분유를 먹이는 것이 왜 적합하지 않을까 생각해 보게 한다. - 송아지는 태어나자마자 바로 걸을 수 있지만, 사람은 태어나자마자 걷지 못할 뿐 아니라 목도 가누지 못한다. 그만큼 발육상태가 다르기 때문에 사람에게는 모유를 먹여야 한다. — 다르게 보기

학습목표를 제시한다.

전개

Ⓐ '엄마 젖을 먹이면 살이 빠질까?' 하는 물음을 제시한다.

교사용 자료 [엄마 젖을 먹이면 왜 살이 빠질까?]

Ⓒ 모유를 먹이면 어떤 점이 좋을까? — 생각문 열기

교사용 자료 [모유를 먹이면 어떤 점이 좋을까?]

- 엄마에게 좋은 점은 무엇일까?
- 아기에게 좋은 점은 무엇일까?
- 사회, 환경에 좋은 점은 무엇일까?

Ⓡ 학습자료 [우리나라 모유수유 실태]를 통하여 왜 모유수유율이 낮은지 생각해 보게 한다.

	Ⓡ 학습자료 [모유수유 영상자료]를 통하여 모유수유가 어떻게 좋은지 정리하고, 모유수유를 위해서 노력해야 할 점이 무엇인지 생각해 보게 한다. Ⓒ Ⓡ 생로병사의 비밀(KBS 1TV) 영상자료 두 가지 '엄마 젖의 힘' - 2005년 8월 2일 방영 '엄마 젖 먹이기 - 성공 5계명' 2005년 9월 27일 방영 Ⓒ 학습자료 [엄마 젖 먹이기 홍보작품 만들기]를 통하여 모유를 먹이면 좋은 점을 정리, 이해하면서 모유를 잘 먹일 수 있는 전략을 짜 본다.	더불어 살기
정리	Ⓐ 모유송 플래시 감상하기	

모유송(플래시)

직장엄마의 수유(플래시)

	자료 : http://www.mom-baby.org/together/2004/flash.asp Ⓢ 모유수유의 중요성을 강조하면서 배운 내용을 정리한다.	
	차시예고: 아동의 발달단계에 따른 양육	

교사용 자료 II-1-T41 세상에서 가장 아름다운 모습

✱ 세상에서 가장 아름다운 모습은 무엇일까요?

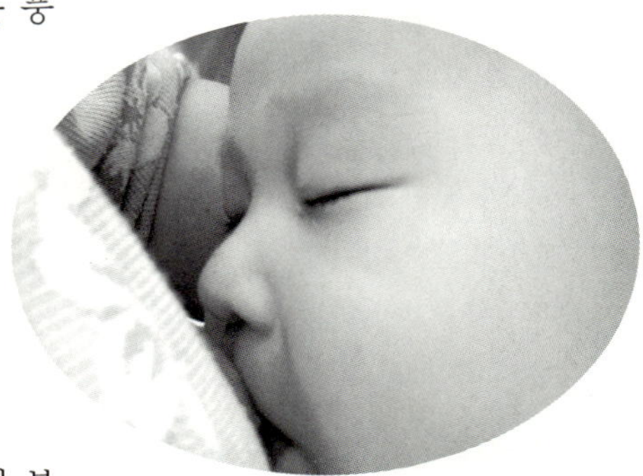

엄마와 아기, 화목한 가족들의 모습, 아름다운 풍경, 귀여운 동물, 연인들의 다정한 모습 등 다양한 의견이 있겠죠.
세상에서 가장 아름다운 모습은 바로 엄마와 엄마 젖을 먹는 아기가 아닐까 생각해 봅시다. 그런 모습을 집안에서 보았을 때, 아니면 지하철 안, 버스 안 또는 그 외 공공장소에서 보았을 때, 어떤 느낌이 드는지 얘기해 봅시다.

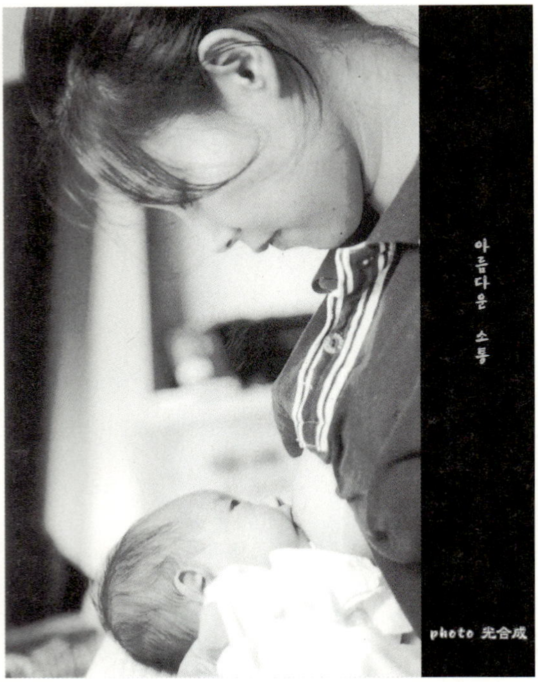

자료 : http://blogfiles9.naver.net/data1/2004/7/31/24/10m35421m0.jpg

교사용 자료 II-1-T42 읽어주면 좋은 시 – '아가야! 아가야!'[2)]

아가야! 아가야!

김인하

아가야
네가 젖을 물며
가슴위에 포갠 한손은
엄마곁을 떠나지 않으려고
붙잡는 거란다.

엄마의 두 주먹보다 작게 태어나서
바람의 회초리도 이겨내지 못하고
감기에 걸린 밤이면

땅의 숨소리에도 놀라 가슴이 뛰고
별도 엄마곁에서 눈물 지은 하루였으니…

아가야
네가 처음으로
혼자서 젖을 삼키던 날은
매미도 한밤내 너를 부르며 응원했지

석류알같은 입술로
몇 번이나 망설이다가
주먹을 꼭 쥐고 눈을 감더니
온 힘을 다해서
엄마를 놀라게 해 주었어

아가야
엄마의 젖이 무슨 맛이었냐고?
한해동안 햇님의 젖을 먹고 자란
기름진 밭의 배추맛이지
하늘빛 들판의 보리잎새 맛이지

밤새워 너를 돌봐준 별님의 젖을 물고
포슬포슬한 땅속에서
힘차게 자라난 고구마 맛이지

고된 밤을 지새운 별이 지고
별을 지켜주던 밤도 기울고
지상의 모든 생명이 잠든 후에도
오래도록 너를 지켜줄
엄마의 눈물맛이란다.

---

2) 2004년 엄마 젖 대국민 홍보작품 공모전 입상작(시) -대한가족보건복지협회 주최-

교사용 자료 II-1-T43

엄마 젖을 먹이면 왜 살이 빠지나?

임신을 하면 엄마의 체중이 증가한다. 개인적인 차이는 있지만 평균 12~14kg 정도 늘어난다. 이는 아기를 낳은 뒤 젖을 먹이기 위한 준비과정이다. 연구에 의하면 엄마가 아기에게 젖을 먹이면 먹이지 않는 엄마들보다 체중이 더 빨리 빠지고, 분만 때 늘어났던 엉덩이 둘레도 빨리 줄어들어 임신 전 몸 상태로 더 빨리 돌아간다고 한다. 또 다른 연구 보고에서는 출산 뒤 4~6개월 동안 젖을 먹이는 엄마는 분유 먹이는 엄마와 같은 양의 열량을 소비하는데도 젖을 먹이기 때문에 체중감소가 더 빨랐다고 한다. 즉, 임신 중의 체중 증가는 젖을 먹이기 위한 현상이어서 젖을 먹이면 자연히 줄어드는 것이다.

이를 숫자로 계산해보면 더 확실해진다.

엄마 젖의 평균 열량은 75kcal/100mL이다. 아기에게 하루에 필요한 젖은 최고 750mL이므로, 엄마 몸에서 젖을 생산하려면 500kcal의 열량이 필요하다. 즉, 젖을 먹이는 데 동원되는 모체의 지방분이 그만큼인 셈이다. 따라서 젖을 먹이는 엄마는 일반 성인여성의 필요 열량인 하루 2000~2200kcal보다 500kcal를 더 섭취해야 한다. 보통 한 끼 식사나 라면 한 그릇을 먹었을 때 얻을 수 있는 열량보다 약간 적은 양이다.

그러나 대부분의 산모들은 2400kcal보다 적은 양의 음식을 섭취하거나 임신 전과 같은 식사를 한다. 이렇게 되면 젖 때문에 필요한 500kcal의 열량은 엄마의 지방조직에서 공급될 수밖에 없다. 즉, 임신기간 동안에 커진 지방세포의 크기가 줄어들고 그 결과로 자연스럽게 체중이 줄어들게 되는 것이다.

일반적으로 출산 직후에 체중은 임신 전으로 내려가지 않고 6주의 산욕기가 지난 뒤에도 임신 전에 비해 2~3kg이 남아 있다. 이 정도라면 젖을 먹이면서 4~6개월이면 뺄 수 있다. 엄마가 느긋하게 아기에게 젖을 먹이면서 식욕이 당기는 대로 식사를 하면 모르는 사이에 살이 빠지는 것이다.

1년간 젖을 먹인 엄마의 80%가 평균 4.4kg 정도 오히려 체중이 감소했다는 보고도 있다. 몸매관리를 위해 애써 돈 들여 다이어트나 운동을 할 필요가 없으니 엄마 젖의 힘이 신기하지 않은가.

자료 : 한국모유수유협회(http://www.momilk.co.kr)

교사용 자료 II-1-T44 모유를 먹이면 어떤 점이 좋을까?

- 첫째, 엄마가 젖을 먹이면 자궁수축호르몬이 나와서 자궁이 수축되므로 산후 회복에 도움이 되고 유방암에 걸릴 위험이 훨씬 적다.
- 둘째, 아기는 엄마의 체온과 심장박동 소리, 호흡 소리를 들으며 젖을 먹게 되므로, '사랑받고 있다'는 것을 감각적으로 느끼며 정서적으로 큰 만족을 얻어 정서가 안정된 아이로 자라게 된다.
- 셋째, 모유는 소화흡수가 잘 되므로, 배변도 잘 된다.
- 넷째, 모유는 자연적으로 알맞은 온도를 유지하며 젖꼭지 관리만 잘한다면 모유는 언제나 무균상태이다.
- 다섯째, 아기의 면역성을 강화해 주어 모유를 먹은 아이는 잔병치레를 하지 않는다. 모유는 설사나 알레르기를 예방하고, 그 밖에 신생아를 위협하는 각종 세균성 질병에 잘 감염되지 않게 한다. 특히 조산아의 경우, 모유에 조산아에게 필요한 항체와 단백질이 적절히 포함되어 있으므로 반드시 모유를 먹여야 한다.
- 여섯째, 아기가 원할 때 언제든지 먹일 수 있게 준비되어 있다.
- 일곱째, 아기의 성장에 맞게 모유의 성분이 조절되며, 아기가 원하는 만큼 양도 조절된다.

신이 만든 황금빛 액체, '초유'

초유란 분만 후 3~5일 사이에 나오는 엄마젖으로, 그 이후에는 나오지 않는다. 초유는 누런색으로 단백질을 비롯한 몸에 좋은 각종 무기질이 풍부하게 들어있지만, 지방질과 당분의 함유량은 적다.

초유 속 단백질에 들어있는 면역 글로불린은 인체 내 면역 물질의 이동을 도와주기 때문에 초유를 먹이면 아이의 면역체계가 튼튼해진다. 또 초유는 태변을 완전히 배설하게 도와준다.

태 변

태아는 엄마가 음식물을 먹고 소화해서 흡수한 영양소들을 태반 및 탯줄을 통해서 공급받는다. 따라서 태아의 경우 배설물이 나올게 없지만 완전히 없는 것은 아니다. 양수 속에 포함되어 있는 성분이나 태아 자체의 소화 장기에서 일정하게 탈락되는 세포 등이 태아의 장내에 일정량이 존재하게 되는데, 이것을 태변이라 한다.

태아는 어머니의 자궁 안 양수 속에서 태변을 배설하지 않고, 분만 후 얼마 안 되서 태변을 배설하는데, 되도록 빠르고 완전하게 배설하는 것이 태아의 건강에 좋다.

학습자료 II-1-S47

우리나라 모유수유 실태

□ 학년 □ 반 □ 번 이름: □

아기의 건강과 안전을 위해 모유수유는 최선의 선택이다.

(사)소비자시민모임(회장 김재옥)은 2004년 10월에서 11월까지 전국 5개도 5개시에 소재한 병 · 의원, 조산원 등을 찾은 산모, 영유아를 둔 엄마 867명을 대상으로 모유수유와 관련한 조사를 실시하였다.

조사결과

■ 산모의 출산 전 모유수유 계획과 출산 후 실제 모유수유율 큰 차이

전체 응답자 중 82.8%가 모유수유를 계획했으나 출산 후 산부인과나 조산원에서 지내는 동안 모유만 먹인 경우는 응답자의 20.7%이었다.

■ 모자동실 이용률 낮고 분만 후 30분 이내에 첫 모유 시작한 경우 드물어

출산 후 산부인과나 조산원에서 지내는 동안 모자동실을 이용한 경우는 응답자의 32.3%이었으며, 분만 후 1시간 이내에 첫 모유를 시작한 경우는 18.1%뿐이다. 모유수유의 첫 관문은 분만 30분 후 젖을 물리는 것이며 모자가 방을 같이 쓰면서 신생아가 깨어있는 시간을 놓치지 않고 모유를 먹이는 것이다.

■ 병원출산의 비율에 비해 모유수유 정보는 의사나 간호사에게 얻고 있지 않았다.

산모가 모유수유에 관한 정보를 의사나 간호사에게 얻었다고 응답한 경우는 9.7%뿐이었다. 우리나라의 경우 병원출산이 99%인 것에 비해 병원에서 모유수유에 관한 정보를 얻고 있는 경우는 매우 저조한 것으로 나타났다.

자료 : 소비자시민모임(cacpk@cacpk.org)

Q 왜 모유수유율이 낮은지 생각해 봅시다.

교사용 자료 II-1-T45

모유수유 영상자료

(생로병사의 비밀 - 세계 모유수유 주간 기획물 내용 소개)

생로병사의 비밀 - '엄마 젖의 힘!' (KBS 1, 2005년 8월 2일(화) 방영)

- 예쁘고 똑똑한 엄마, 탤런트 김지연씨가 딸 가연이에게 모유를 먹이는 이유?
  모유수유는 아기뿐 아니라, 엄마에게도 좋은 영향을 미친다는 것을 보여준다.
- 오른쪽 유방으로만 수유하는 홍콩 탕카족, 왼쪽 유방의 암 발생률이 높다!
  수유하지 않은 가슴의 암 발생률이 높은 것으로 밝히면서, 수유와 유방암 발병률 간의 관계를 살펴본다.
- 미숙아로 태어난 아기를 건강하게 길러준 힘!
  미숙아에게는 필수처방으로까지 내려진다는 모유, 모유 속 면역성분의 놀라운 힘을 살펴본다.
- 아토피피부염, 모유로 예방한다!
  분유를 먹은 아기들에게 아토피피부염의 위험이 큰 이유는 무엇인지, 분유와 모유 속 단백질의 차이를 알 수 있다.
- 엄마 젖을 둘러 싼 오해와 진실
  '출산 6개월이 지난 모유는 영양가가 없다?', '젖양이 부족해서 수유를 할 수 없다?' 등 모유에 대한 정보를 바로잡아준다.
- 냉장/냉동 모유 성분 분석
  유축하여 냉장/냉동 보관하여 수유하는 것이 안전한지 알아본다.

생로병사의 비밀 - '엄마 젖 먹이기 - 성공 5계명' (KBS 1, 2005년 9월 27일(화) 방영)

- 엄마 젖 먹이기에 실패하는 이유
  완전 모유수유 실패원인으로는 젖양의 문제, 유두 통증, 아기의 엄마 젖 거부 등이 있는데, 이에 대한 해결방법을 모색한다.
- 모유수유를 원하는 엄마들을 위한 '엄마 젖 먹이기 - 성공 5계명'
  모유수유 전문가들의 자문을 거쳐 만들어진 엄마 젖 먹이기 성공 5계명을 공개한다.
- 스웨덴의 모유수유율 97%의 비결
  모유수유를 기본으로 생각하는 병원, 체계적인 모성보호법 시행까지 나라 전체가 아기의 젖 먹을 권리 보장에 힘쓰는 나라 스웨덴의 모유수유 문화를 살펴본다.
- 사회의 배려, 엄마 젖 먹이기에 대한 인식을 바꾸자!
  출생 직후 아기들에게 젖병을 물리는 병원들, 모유수유를 하기에 턱없이 부족한 산후휴가와 그마저도 잘 지켜지지 않는 제도, 미비한 수유시설과 주변의 따가운 시선들. 대한민국 젖 먹이는 엄마들이 직면한 현실이다. 엄마 젖 먹이기, 엄마의 의지만으로 이루어내기에는 버겁다. 편하게 모유수유를 할 수 있는 나라를 위해 우리가 해야 할 노력들을 알아보자.
- 아기에게 친근한 일터 - 수유실이 있는 일터 만들기 캠페인

학습자료 II-1-S48

모유수유 영상자료

(생로병사의 비밀 - '엄마 젖의 힘!' -(KBS 1, 2005년 8월 2일 방영))

학년 반 번 이름:

2004년 우리나라 모유수유율은 39.5%, 이는 99년 10.8%에 비하면 큰 증가지만, 50%를 웃도는 미국과 유럽, 45%의 일본에 비해서도 턱없이 부족한 수준이다. 하지만 과학이 밝혀낸 모유의 힘은 다른 무엇으로도 대체될 수 없다.

신세대 엄마들, 엄마 젖 먹이기에 나서다!

Q 탤런트 김지연씨가 딸 가연이에게 모유를 먹이는 이유는 무엇인가요?

Q 오른쪽 유방으로만 수유하는 홍콩 탕카족, 왼쪽 유방의 암 발생률이 높다는데, 그 이유는 무엇인가요?

엄마 젖, 감염질환과 아토피성 피부염을 예방한다!

Q 미숙아로 태어난 소원이를 건강하게 길러 준 힘, 모유에는 어떤 비밀이 있을까요?

Q 아토피 피부염으로 고생하는 첫째를 보고 둘째한테만큼은 꼭 모유로 키우겠다는 결심을 하게 된 이유는 무엇인가요? 분유와 모유 속 단백질, 과연 무엇이 다른가요?

학습자료 II-1-S49

엄마 젖 먹이기 홍보작품 만들기 I[3)]

학년 반 번 이름:

〈작품 1〉

아줌마 1(인터뷰 형식) : 우리 아이가 똑똑하게 자랐으면 좋겠어요!
아줌마 2(인터뷰 형식) : 우리 아이가 빨리 걸음마를 시작했으면 좋겠어요!
아줌마 3(인터뷰 형식) : 우리 아이가 건강하게만 자랐으면 좋겠어요!

나레이터 : (여성 성우의 목소리)
대한민국 모든 아이들이 그렇게 자랐으면 좋겠습니다.

나레이터 : (강한 어조로)
아이는 엄마 품에서 커야 합니다.
아이는 엄마 젖으로 커야 합니다.

〈작품 2〉

나레이터 : 연예인 따라하기, 광고 따라하기……

세상에는 이처럼 흉내를 잘 내는 사람들이 많습니다.
하지만 아무리 흉내를 잘 낸다고 해도 그 본질은 따라갈 수 없죠.
어떤 좋은 분유라도 모유를 따라 갈 수 없는 것처럼 말이죠.

모유수유는 엄마의 사랑입니다.
보건복지부. 대한가족보건복지협회 모유수유 캠페인이었습니다.

〈작품 3〉

BGM : 조용한 피아노 곡

나레이터 : 세상 모든 걸 아기에게 주고 싶은 엄마의 마음
아기는 그 마음을 느낄 수 있을까요?
엄마 젖을 먹을 때 아기는 엄마의 사랑을 느낀답니다.
이젠 아기에게 엄마의 사랑을 보여주세요.

---

3) 2002년 엄마 젖 대국민 홍보작품 공모전 입상작(라디오 CM)-대한가족보건복지협회 주최-

〈작품 4〉

아나운서 : (배경음악 - 김광민의 날 수 있다면)

나레이터 : 우린 아이들에게 바라는 것이 참 많습니다.
하지만 그 이전에 우리가 주어야 할 것들에 대해 생각해보신 적 있으십니까?
우린 우리 아이들이 언제 어디서고
엄마의 사랑을 맛볼 수 있도록 해주어야 합니다.
처음 맛 본 엄마의 모유는 처음 맛 본 엄마의 사랑입니다.

〈작품 5〉 신 현모양처

젊은 엄마 : (밝은 목소리)
현모양처 선! 서!
현! 현명한 엄마로서
모! 모유를 선택하겠습니다.
양! 양질의 영양분인 모유를
처! 처음부터 먹이겠습니다.

나레이터 : 이제 당신도 현모양처가 되세요!

〈작품 6〉 심장소리 편

효과 : 시끄럽고 소란스러운 사람소리. 소음소리(3, 4초간 계속됨)
효과 : 쉿~(순간 조용해지고 심장소리 삼키는 소리 들려온다)
효과 : 두근, 두근, 두근…, 꿀꺽, 꿀꺽……(소리 계속되면서)
여자 나레이터 : 아기가 엄마 젖을 먹고 있습니다.

엄마의 심장 소릴 계속 듣게 해 주세요.
모유수유, 배려와 관심이 필요합니다.
대한가족보건복지협회

홍보작품 구상

내가 엄마 젖 먹이기 홍보작품을 만든다면, 어떤 제목과 내용으로 라디오 CM을 만들까요?
위 작품을 살펴보고, 의미를 잘 전달할 수 있는 홍보물을 만들어 보세요.

학습자료 II-1-S50

엄마 젖 먹이기 홍보작품 만들기 II[4]

☐학년 ☐반 ☐번 이름: ☐

세상에서 가장 위대한 KISS

느낌 적기

Q '엄마 젖 먹이기'를 '세상에서 가장 위대한 KISS'로 표현한 이유가 무엇일까요?

홍보작품 구상

Q 내가 엄마 젖 먹이기 홍보작품을 만든다면 어떤 제목과 내용으로 수정하고 싶은가요?

4) 2004년 엄마 젖 대국민 홍보작품 공모전 입상작(카툰) -대한가족보건복지협회 주최-

학습자료 II-1-S51 엄마 젖 먹이기 홍보작품 만들기 III[5)]

학년 반 번 이름:

아기의 선택

엄마 젖은 당할 수 없어

홍보작품 구상

Q 내가 엄마 젖 먹이기 홍보작품을 만든다면 어떻게 만들까요?

---

5) 2004년 엄마 젖 대국민 홍보작품 공모전 입상작(카툰) -대한가족보건복지협회 주최-

학습자료 II-1-S52 엄마 젖 먹이기 홍보작품 만들기 IV[6]

학년 반 번 이름:

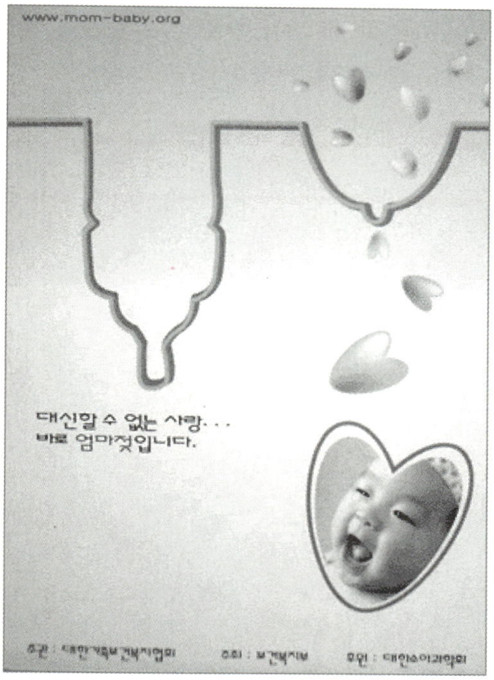

홍보작품 구상

Q 내가 엄마 젖 먹이기 홍보작품을 만든다면 어떻게 만들까요?

---

6) 2004년 엄마 젖 대국민 홍보작품 공모전 입상작(포스터) -대한가족보건복지협회 주최-

4/4차시

아동의 발달단계에 따른 양육

학습목표 : 아동의 발달적 특징을 알 수 있다.
아동의 발달적 특징에 맞는 양육의 원칙을 알 수 있다.

교수학습 자료 및 준비	교사	교사용 자료 46, 47, 48, 49, 50	수업 준비	멀티미디어 시설
	학생	학습자료 53, 54, 55, 56, 57, 58		
지도시 유의점 교사 Tip	• 아이를 키우는 어머니가 매우 중요한 존재이며, 아동의 발달적 특징을 알고 양육하는 것이 필요함을 일깨워 준다.			

도입	Ⓐ 세상 사람들이 가장 위대한 사람, 아름다운 단어로 생각하는 것이 무엇일까 물어본다(교사용 자료 [세상에서 가장 아름다운 단어 '어머니'] 참조). 아이를 키우는 어머니가 가장 아름답고, 강한 존재임을 일깨워 준다. Ⓐ 동생이나 친척 중에 아기가 있는지 물어본다. 아기에 얽힌 경험담 중에 보람 또는 실수담이 있으면 얘기하도록 한다. 학습목표를 제시한다.	생각문 열기
전개	Ⓐ '아동의 발달적 특징을 모르면 어떻게 될까?' 라는 물음을 제시한다. 학습자료 [아동의 발달적 특징을 아는 것이 왜 중요한가?] Ⓡ 아기를 키우고, 아기의 월령에 맞게 양육하는 것이 얼마나 어려운지 얘기한다. Ⓒ 아동의 발달적 특징을 알아보고, 그에 맞는 활동을 해 본다. 교사용 자료 [아동의 연령에 따른 발달적 특징 및 부모의 역할], 학습자료 [발달과업표] 참조 Ⓡ 아동이 커감에 따라 부모역할도 달라지고, 발달됨을 알게 한다. ※ 아기 성장과 관련된 동영상 안내 : 교사용 자료 [아기 성장보고서] Ⓒ 정서지능, 창의성, 대인관계 등에 대해 설명하고, 그것들을 향상할 수 있는 프로그램을 제시하여 적용할 수 있게 한다. (교사용 자료 [정서지능, 창의성, 대인관계], 학습자료 [정서지능 향상 프로그램], [창의성 향상 프로그램], [대인관계 향상 프로그램]) Ⓢ 학습자료 [나는 얼마나 좋은 부모일까?]를 해봄으로써 존경받는 부모가 되기 위한 소양에는 어느 것이 있는지 알게 한다.	다르게 보기 더불어 살기
정리	Ⓢ 아동의 발달적 특징을 알고 그에 맞게 양육하는 것이 중요함을 안다. 차시예고: 부모-자녀 관계	

교사용 자료 II-1-T46 세상에서 가장 아름다운 단어 '어머니'

인간이 태어나서 처음 배우는 말이 '엄마' 다. 어린아이들은 놀라거나 위급한 상황에 처하면 '엄마' 를 부르면서 울음을 터뜨린다. 전쟁터에서 병사들이 죽어가면서 마지막으로 내뱉은 말도 대부분 '어머니' 였다고 한다. 단지 제일 먼저 배운 말이 엄마라서가 아니라 가장 사무치는 존재가 어머니라는 뜻일 게다. 태어나서 죽을 때까지 자식들의 마음속에는 어머니가 있다.

동서양을 가릴 것 없이 위대한 인물을 키워낸 어머니의 이야기는 수도 없이 많다. 조선시대 율곡 선생의 어머니인 신사임당, 한석봉의 어머니 등 위대한 인물의 뒤에는 항상 어머니가 있다. 자식을 강하게 키운 칭기즈칸의 어머니, 미국 건국의 아버지 조지 워싱턴을 길러낸 어머니의 얘기도 모르는 사람이 없다.

비단 위대한 인물을 길러낸 어머니만 위대한 것은 아니다. 보통사람들에게도 어머니는 누구보다 위대하다. 단지 어머니가 계실 때는 그것을 모를 뿐이다. 한 인터넷 카페에서 '가장 위대한 사람' 을 꼽으라는 조사에서는 대부분의 네티즌들이 숱한 유명인사를 제치고 자신의 어머니를 꼽았다.

한편, 세계인들이 생각하는 가장 아름다운 영어 단어는 '마더' (mother, 어머니)인 것으로 조사됐다. 영국 문화원은 11월 25일 전 세계 비영어권 국가 102개국의 4만여 명을 대상으로 설문조사를 실시한 결과 이 같은 결론을 얻었다고 밝혔다.

마더, 패션(passion, 열정), 스마일(smile, 미소), 러브(love, 사랑), 이터너티(eternity, 영원)가 아름다운 영어 단어 톱 5로 선정됐다.

이 밖에 판타스틱(fantastic, 멋진), 데스터니(destiny, 운명), 프리덤(freedom, 자유), 리버티(liberty, 자유), 트랭퀼러티(tranquility, 고요)가 톱 10에 진입해 치열한 선두권 다툼을 벌였다.

영국 문화원이 설립 70주년 기념을 위해 실시한 이번 조사는 4만여 명의 비영어권 국가 주민들에게 아름답다고 생각하는 단어를 쓰도록 해 언급된 횟수에 따라 1위부터 70위까지 순서를 매기는 방식으로 진행됐다.

어머니를 뜻하는 마더가 부동의 1위로 부상한 반면 아버지를 뜻하는 파더(father)는 아예 순위에 들지도 못했다.

영국문화원의 그레그 셀비 대변인은 "70위권 안에 들어온 단어 가운데 유일하게 인간관계를 묘사하는 단어인 마더가 1위를 한 것이 매우 이채롭다" 고 말했다.

아버지들이야 섭섭할지 모르겠지만 어머니가 가장 아름다운 단어로 선정된 것은 당연하고 축복받을 일이다. 우리의 시인 박목월은 자식을 기다리는 어머니를 이렇게 묘사했다.

〈갈림길에서/어머니는 기다리고 계셨다/비단자락 날리듯/감기는 바람/어디로 가는 길일까/하얗게 떠 있는 낮달/밀밭머리/갈림길에서 어머니는/기다리고 계셨다/윗길을 따라가자면/동으로 구만리/아랫길은/강기슭을 따라 서로 구만리/어머니의/날리는 치맛자락 멀리서/달려오는 아들을/기다리고 계셨다〉

잠시 길을 멈추고 가만히 '어머니' 라고 한번 불러보라. 어머니는 항상 어딘가에 서 계신다.

자료 : 세계일보, 2004년 11월 26일자 / 서울신문, 2004년 11월 27일자

학습자료 II-1-Ⓢ53

아동의 발달적 특징을 아는 것이 왜 중요한가?

☐ 학년 ☐ 반 ☐ 번 이름: ☐

✲ 다음 상황을 읽고, 아래 제시된 문제에 답해 봅시다.

상황: 희선씨가 하루는 배변훈련에 관한 책을 읽었다. 그녀는 이 방식을 사용하여 12개월 된 아들을 훈련시키기로 결심했다. 그녀는 하루 종일 애를 썼고 아들은 상황을 이해하는 것 같았다. 아들은 낮에 두 번이나 그녀를 위해 변기를 사용했다. 그 후 며칠간, 하루에 3~4회씩 바지에 오줌을 쌌다. 희선씨는 아들이 바지에 오줌을 쌀 때마다 의자에 앉혀 놓기로 결심했다.

상황: 동욱씨와 지현씨는 3살짜리 아들이 있다. 동욱은 야구를 좋아해서 아들에게 야구를 가르치려 한다. 아들은 볼을 잡기 힘들고 동욱이 시키는 대로 방망이를 잡지 못한다. 동욱은 그의 아들이 그것을 제대로 할 때까지 규칙적으로 연습을 시켜야 한다고 한다. "내 아들은 누구든지 야구를 배워야 한다"고 말하면서.

상황: 정아씨의 딸은 18개월 되었고 어디든지 기어 다닌다. 그녀의 딸이 매우 활동적이고, 장난감과 주변의 물건들을 바라보기를 좋아하기는 하는데, 걸으려고 하지를 않는다. 정아씨는 그 또래의 다른 아이들은 대체로 걷는다는 것을 알았지만, 아이들은 자신만의 속도로 배운다고 생각하고 딸에게 시간을 주기로 했다.

✲ 생각할 문제

Q 위 각 상황에 따른 결과를 예상해 보세요.

Q 아동의 발달적 특징을 잘못 알고 있다면, 어떤 일이 일어날까요? 아이들 또는 사회에 어떤 영향을 미칠까요?

Q 부모들이 가져야 할 바람직한 태도는 무엇일까요?

교사용 자료 II-1-T47 아동의 연령에 따른 발달적 특징 및 부모의 역할

1. 영아기(18개월 이전) 및 걸음마기(18개월~36개월)

1) 발달적 특징

신체적 발달	인지적 발달	심리사회적 발달
- 출생 시 그 정도는 다양하나 모든 감각기 기능을 갖는다. - 뇌가 더 복잡하게 발달하며 환경의 영향에 매우 민감하게 된다. - 신체적 성장과 운동발달이 빠르다.	- 초기 몇 주 이내에 배우고 기억하는 능력이 나타난다. - 상징을 사용하고 문제를 푸는 능력이 두 돌이 될 무렵에 발달한다. - 언어에 대한 이해와 사용이 급속히 발달한다.	- 부모와 타인에 대한 애착을 형성한다. - 자기지각이 발달한다. - 의존성에서 자율성으로 변화가 나타난다.

2) 부모 역할

- 양육자 및 보호자
- 기본적 신뢰감 형성의 조력자
- 자극 제공자
- 자율성 발달의 조력자
- 학습 경험 제공자

3) 영아기 부모를 위한 실제적 제안

- 자주 안아주고 귀여워해 준다.
- 자주 이야기해 주고 노래를 불러준다.
- 아이가 울면 즉각적이고 지속적으로 반응해 준다. 아이가 자라면서 울음은 점차 줄어든다.
- 식사, 취침, 놀이시간을 아이가 예견할 수 있는 시간표를 정해서 실행한다. 단, 아이의 상태를 고려하여 정한다.
- 아이의 발달 상황에 적합한 자극을 제공해 준다.
- 언어 학습경험이 될 수 있도록 늘 사용하는 단어를 반복해 준다.

4) 걸음마기 부모를 위한 실제적 제안

- 안전한 환경을 마련해 준다.
- 놀이와 탐색을 위한 공간과 장난감을 제공해 준다.
- 간단한 것이라도 선택할 수 있는 기회를 준다(예 : 오렌지 주스와 사과 주스 중 어느 것을 먹을래?).
- 아이가 자해를 하거나 사물을 파괴하지 않는 한 기질적인 짜증은 무시한다.
- 아이가 스스로 하도록 하여(식사, 옷 입기 등) 독립심을 갖게 해 준다.
- 힘겨루기를 피한다.
- 아이가 준비가 되었다고 여겨질 때 배변훈련을 시킨다.
- 실수를 하더라도 혼내지 않고 조급하게 생각하지 않는다.
- 걸음마기 아이는 아직 물건을 공유하지 못한다는 것을 이해한다.
- 반복, 설명, 본보기 등으로 언어발달을 돕는다.

2. 유아기(3세~6세)

1) 발달적 특징

신체적 발달	인지적 발달	심리사회적 발달
- 성장이 지속적으로 일어난다. - 식욕이 감소하고 수면문제가 보편적으로 나타난다. - 왼손 및 오른손잡이가 결정된다 : 섬세하고 거친 운동기술과 힘이 증가한다.	- 사고가 아직 자기중심적이지만 점차 타인의 관점에 대한 이해가 확대된다. - 인지의 미성숙으로 세상에 대해 비논리적으로 생각한다. - 기억과 언어가 향상된다. - 지능을 예상할 수 있다.	- 자아개념과 정서에 대한 이해가 좀 더 복잡해진다. - 독립성, 창의성, 자아 통제, 자기 보호 능력이 증가한다. - 성 정체감이 발달한다. - 놀이가 점차 상징적이 되고 정교화, 사회화된다. - 가족이 여전히 사회생활의 중심이지만, 또래가 점차 중요해진다.

2) 부모 역할

- 양육자
- 훈육자
- 자아개념 발달의 촉진자
- 주도성 발달의 조력자
- 학습경험 제공자

3) 유아기 부모를 위한 실제적 제안

- 자녀의 행동을 방해하지 않으면서 감독한다.
- 자녀의 주도성에 협박을 주지 않으면서 한계선을 그어준다.
- 민주적인 양육방법을 사용한다.
- 귀납적인 훈육방법을 사용한다 - 예를 들면 '무슨' 행동을 했느냐보다 '어떻게' 했느냐에 더 초점을 둔다.
- 아이가 싫어하는 '처벌' 보다는 자연스럽고 논리적인 결과를 낳게 하는 방법을 사용한다.
- 긍정적인 자아개념을 격려해 준다.
- 스스로 시도하는 행동과 환경을 탐색하는 행동을 격려해 준다.
- 아이에게 날마다 책을 읽어준다.
- 아이의 끊임없는 질문에 귀를 기울이고 반응해 준다.
- 학습에 도움이 되는 적절한 놀이재료를 제공한다.
- 또래와 놀고 반응할 수 있는 기회를 제공한다.

3. 아동기(7세~12세)

1) 발달적 특징

신체적 발달	인지적 발달	심리사회적 발달
- 사춘기 전까지는 성장이 느리게 이어진다. - 힘과 근육이 증가한다. - 호흡기 질환이 보편적으로 나타나지만 일반적으로 건강은 인생의 어느 시기보다 좋다.	- 자기중심성이 감소한다. - 논리적인 사고가 나타나나 구체적인 사실에 국한된다. - 기억과 언어기술이 향상된다. - 새로운 것을 익히는데 중요한 욕구와 능력을 나타낸다.	- 자존감에 영향을 미치는 자아개념이 복잡해진다. - 상호규제의 기준이 부모통제에서 또래통제로 점차 옮겨진다. - 또래를 가장 중요하게 여기게 된다.

2) 부모 역할

- 격려자
- 훈육자
- 근면성 발달의 조력자
- 긍정적 자아개념 형성의 조력자
- 학습경험 제공자

3) 아동기 부모를 위한 실제적 제안

- 지지적인 양육방법과 귀납적인 훈련방법을 사용한다.
- 상호간에 이해할 수 있는 합리적인 기준을 설정한다.
- 효율적인 의사소통방법을 사용한다.
- 내 자녀가 많은 어른과 또래의 평가에 노출되어 있기 때문에 자아개념에 쉽게 상처를 받을 수도 있다는 것을 알아야 한다.
- 성취를 위한 압력보다는 자녀의 노력에 격려와 지지를 보내준다.
- 부모의 관심이나 기준을 강요하지 말고 자녀의 여가활동에 대한 관심을 격려해준다.
- 자녀가 어떤 활동을 하는지, 친구들은 어떤지를 관심 있게 보고 지도해준다.
- 가정 안과 바깥 모두에서 학습 경험과 기회를 제공해 준다.
- 또래집단의 규범과 수용성을 인정하되 관심과 지도를 멈추지 않는다. 사소한 문제에 지나치게 민감해하지 않는다.
- 자녀의 행동은 성인의 기준에서 또래의 기준으로 변화한다는 것을 이해해야 한다.

자료 : 박성연 외 5인(2004). 부모교육. 교육과학사.

학습자료 II-1-S54

발달과업표

☐ 학년 ☐ 반 ☐ 번 이름: ☐

※ 아래에 제시된 과업을 적은 카드를 만들고, 다음 과업을 수행해야 하는 발달단계에 붙여 봅시다(또는 적어 넣을 수도 있습니다). 결과물을 다른 모둠과 비교해 봅시다.
(교사용 자료 [아동의 연령에 따른 발달적 특징 및 부모의 역할] 참고)

영아 및 걸음마 아기	유 아	아 동

발달과업 목록

- 숟가락으로 밥 먹기
- 배변훈련 받기
- 자전거 타기
- 카드 읽기
- 색깔을 인지하고 말하기
- 틀린 거와 옳은 거 이해하기
- 혼자 걷기
- 계단 오르기
- 첫 단어 말하기
- 친구 고르기
- 원 그리기
- 상상하기 시작하고 확신하기
- 상징으로 사고할 수 있기
- 엎지르지 않고 우유 따르기
- 기기 시작
- 물건을 찾아가기 시작
- 큰소리에 놀라기
- 혼자 앉기
- 집 그리기
- 모형이나 수제품을 만들기
- 자기의 이름 알기
- 친구와 함께 놀기
- 머리 들기
- 여러 단어와 단순 문장 이해하기

자료 : Joanna Kister, Sandra Laurenson(1995). Parenting Resource Guide. The Ohio state University.

교사용 자료 II-1-T48 부모-자녀 관계의 발달적 역할

✲ 아동이 성장에 따라 신체적 · 인지적 · 심리사회적으로 발달하듯이 부모의 역할도 그에 따라 발달해야 한다.

영아와 걸음마기	유 아	아 동
절대적인 보살핌 : 수유, 옷 입히기, 목욕시키기, 상해로부터 보호 등	독립심과 자율성을 키워주면서 보살펴야 한다.	가정에서 배우는 것과 바깥세상에서 배우는 지식을 조화시키도록 돕는다. 추구해야 할 목표를 수립하는 것을 돕는다.
정서적 애착	올바른 성 정체감을 발달시키도록 도와준다.	도덕적 추론을 발달시킬 수 있도록 도와준다.
안전감 : 자신이 보살핌을 받고 있다는 믿음에서 나오는 안전감	자신의 신체에 대해 건전한 인식을 갖도록 돕는다.	학업에서, 운동에서, 사회에서 성취할 수 있도록 격려한다.
부모의 민감한 반응으로부터 얻어지는 인생에 대한 통제력을 의식하기 시작한다.	지적 능력, 특히 언어발달을 격려한다.	특별한 재능과 기술을 격려한다. 높은 자존심을 갖도록 도와준다.
보육자, 보호자	양육자	격려자

교사용 자료 II-1-T49

아기 성장보고서
(EBS 영상자료 5부작)

〈제1부〉 세상을 향한 첫걸음

아기가 자극에 대해 반응하는 것은 생존하는 데 필수적인 조건이다. 청각, 후각 등의 감각이 일찍 발달하며, 모로반사, 잡기반사 등이 발달하는데, 3개월이 지나면 자신의 의지로 두 손을 붙잡고 손, 발을 통제하는 능력이 생긴다. 아기에게 충분한 자극을 주고, 엄마와 접촉을 많이 하면 할수록 아기의 정서발달과 신체성장에 도움이 된다.

〈제2부〉 아이는 과학자로 태어난다.

아기는 태어날 때 많은 인지능력을 지니게 된다. 수의 원리, 인과관계, 범주화, 기억 등의 인지능력을 실험을 통해 보여준다.

〈제3부〉 애 착

아기는 울음으로 신호를 보내고, 양육자는 아기의 울음으로 인해 애정과 보호본능이 생긴다. 애착은 아기와 양육자 간에 생후 1년 사이에 형성되는 유대감으로 원숭이 실험을 통해 애착의 중요성을 알려준다. 12~18개월 아이를 대상으로 애착 관련 실험을 통해 양육자의 역할을 알려준다.

〈제4부〉 언어습득의 비밀

첫돌이 지나면 첫 단어로 언어의 세계에 첫걸음을 떼게 된다. 아기마다 감정과 욕구를 표현하는 수단을 갖고 있으며, 그것을 베이비사인이라고 한다. 아기들은 언어를 습득할 능력을 가지고 태어나며 결정적 시기가 존재하므로, 양육자가 적절한 자극을 해주어야 한다.

〈제5부〉 육아의 키워드, 기질

알렉산더 토마스와 스텔라 체스는 아이들의 기질 구성에 9개 요소가 있음을 발견하였다. 규칙성, 활동성, 접근-회피, 적응성, 기분, 반응역치, 반응의 강도, 주의산만성, 지속성이 그것인데, 이 요소를 기준으로 순한 아이, 까다로운 아이, 반응이 느린 아이 등으로 나눌 수 있다. 성격유전자를 통해 타고난 기질이 나타나며, 이렇게 타고난 기질도 부모의 양육방식에 의해 영향을 받게 된다. 각자 다른 독특한 기질에 맞는 육아법이 있으며, 그것을 알려준다.

교사용 자료 II-1-T50 정서지능, 창의성, 대인관계

1. 정서지능

(1) '정서지능' 이란

정서지능(EQ: Emotional Quotient)은 일반지능과 대비하여 사용하는 용어로, 우리의 감정과 느낌을 통제하고 조절할 줄 아는 능력을 말한다. 즉, 일상생활에서 자연스럽게 나타나고 사라지는 감정 상태와 그로 인한 신체적 반응을 어떻게 다스리느냐 하는 문제이다.

(2) 자녀의 정서지능을 높일 수 있는 방법

① 정의적인 방법

- 인물사진이나 그림을 보고 등장인물의 감정 상태를 설명해 보도록 한다.
- 유아의 동화책에 나오는 주인공의 감정 상태를 설명하도록 한다.
- 거울을 보고 희로애락의 감정 상태를 다양한 표정으로 표현해 보도록 한다.
- 어떤 놀이나 활동에 참여할 때의 기분을 얘기해 보도록 한다.
- 매일마다의 감정 상태를 여러 가지 색깔로 표현하도록 한다.
- 우울할 때나 기분 나쁠 때 기분 전환하는 방법을 가르쳐 준다.
- 하고 싶은 일을 정해 놓고 스스로 해내도록 한다.

② 인지적인 방법

- 만화영화에 나오는 등장인물이 되어서 그들의 느낌을 느껴 보도록 한다.
- 모든 일이 잘 될 것이라는 신념을 갖도록 한다.
- TV에서 방영되는 연속극 속의 여러 인물들의 생각과 느낌을 설명해 보도록 한다.
- 사람들이 화가 나거나 슬플 때 어떻게 행동하는지에 관해 설명해 준다.
- 자신의 느낌을 자신에게 고백하는 식으로 내면적 대화를 하도록 지도한다.

③ 행동적인 방법

- 몸짓, 얼굴표정, 언성 등 비언어적 행동을 적절하게 표현하는 연습을 시킨다.
- 상대방이 말하는 동안 그의 표정이나 언성 등을 통해 상대방의 감정 상태를 읽어내는 연습을 시킨다.
- 자신의 감정 상태를 말로 표현해 보는 기회를 준다.

2. 창의성

(1) '창의성' 이란

창의성이 무엇인가에 대한 정의는 학자에 따라 매우 다양하고 다소 차이가 있지만, 대체로 유창성, 융통성, 독창성, 정교성 등의 네 가지로 이루어진다는 게 공통된 견해이다. 이들 요소들을 모두 통합하여 창의성이라 할 수 있다.

(2) 창의성의 요소

① 유창성

제한된 시간 내에 어떤 내용과 관련되는 다양한 아이디어를 많이 산출하는 능력이다. 예를 들어, '색종이를 이용해서 무엇을 만들 수 있을까?' 라는 질문에 대해 다양한 대답을 많이 할수록 유창성이 높다고 할 수 있다.

② 융통성

유연성이라고도 하며 사고의 폭이 넓은 정도를 재는 것이다. 즉, 얼마나 다양한 관점에서 생각과 반응을 하느냐를 보는 것이다. 예를 들어, 색종이를 이용해서 만들 수 있는 것으로 학 접기, 개구리 접기, 장미꽃 접기 등을 말한다면 이것들은 모두 종이접기에 해당하므로 같은 관점이라고 할 수 있다. 그러나 바람개비 만들기, 선물 포장하기와 같은 반응은 모두 다른 관점이므로 보다 융통성이 높다고 할 수 있다.

③ 독창성

사고와 행동에 있어 새롭고 독특한 반응을 하는 능력이다. 유아가 이전에 경험해 보지 못한 것을 생각하거나 만들어 내는 능력은 바로 독창성이다. 다른 사람들이 생각하지 못하거나 행동하지 못하는 것을 하는 유아는 독창성이 우수하다고 할 수 있다.

④ 정교성

사고와 행동에 있어 얼마나 세심하게 관찰하고 한 가지 아이디어를 설명하기 위해 상세한 내용을 더하여 세밀하게 설명하거나 심층적인 아이디어를 만드는 능력이다. 우리가 생각해 낸 아이디어는 이러한 정교성에 의해 보다 구체화될 수 있다.

3. 대인관계

(1) '대인관계' 란

대인관계 능력이란 다른 사람과 어울려 더불어 지내는 데 필요한 능력을 말한다. 대인관계 능력이 유능한 사람은 다른 사람과 사회적 관계를 맺고 그 관계를 계속적으로 유지하며, 사회적으로 바람직하다고 여겨지는 일련의 행동을 할 수 있는 사람이다. 대인관계 능력이란 다음 네 가지 능력을 모두 포함하는 것이라고 할 수 있다.

첫째, 자신이 원하는 바, 즉 자신의 권리, 요구, 만족, 의무를 타인과의 관계 속에서 효과적으로 수행하는 능력이다.

둘째, 자신의 바램을 수행하되 타인의 권리, 요구, 만족, 의무를 손상시키지 않고 행하는 기술이다.

셋째, 효과적인 의사소통 능력이다. 즉, 자신의 의도를 상대방에게 잘 표현하여 전달하는 동시에 상대방의 의도를 잘 파악하고 이해하는 능력이다.

넷째, 자신과 타인의 욕구가 생산적으로 공유되어 모두 만족할 수 있는 결과를 가져오게 하는 행동적 기술이다.

(2) 자녀의 대인관계 능력을 키워주려면

① 얼굴표정

얼굴표정은 인간의 기본 정서, 즉 기쁨, 놀람, 공포, 슬픔, 분노, 혐오를 나타내는 주요 수단이다. 감정을 나타내는 얼굴표정은 자신의 의도와 상관없이 자신도 모르게 얼굴에 나타나게 된다. 자신의 얼굴표정을 잘 조절하는 것뿐만 아니라 상대방의 얼굴표정을 잘 지각하는 것도 중요하다.

얼굴표정을 통해 상대방의 감정을 읽기란 쉬운 일은 아니지만, 이 또한 노력과 훈련에 의해 향상시킬 수 있다. 특히 입과 눈썹의 미세한 움직임을 관찰한다면 보다 쉽게 감정을 읽을 수 있다.

② 눈 마주침

눈 마주침은 눈빛과 쳐다보는 시간을 통해 상대방에 대한 관심을 표현하고 여러 가지 감정을 표현하는 수단이다. 따라서 눈을 통해 자신의 감정을 잘 전달하고 또 상대방의 마음을 잘 읽는 훈련이 필요하다.

③ 몸 움직임

손, 팔, 머리, 몸통 등의 움직임을 통한 몸동작은 언어의 의미전달을 돕는 보완적 수단이다. 또 몸의 자세도 상대방에 대한 태도를 표현하는 주요 수단이다. 따라서 상대방과 상황에 따른 올바른 자세와 자신의 의사를 적절하게 표현할 수 있는 신체 움직임에 대한 훈련이 필요하다.

④ 신체적 접촉

신체적 접촉은 감정을 표현하는 가장 원초적인 방식인 동시에 가장 직접적인 방식이라 할 수 있다. 특히 상대방에 대한 친밀감이나 애정, 지배나 종속적 관계를 표현하는 데 사용된다.

⑤ 공간 활용

상대방과의 물리적 거리는 친밀감의 정도를 나타낸다. 대체로 사람들은 자신을 중심으로 60cm 이내는 친밀한 사람과의 공간으로, 60~120cm는 개인 공간으로, 120~330cm는 사회적 관계를 맺는 공간으로, 330cm 이상은 타인들과의 공공적인 공간으로 느껴진다고 한다. 같은 공간에 앉을 때 상대방과 서로 앉는 방향도 중요하다. 상대방과 친밀해지고 싶다면 마주 앉는 것보다는 옆에 나란히 앉는 것이 좋다.

⑥ 대화기술

상대방의 말 듣기, 질문하기, 상대방에게 공감하기, 설명하기, 강화주기, 자기 공개하기, 자기 주장하기, 유머 사용하기 등에 있어 적절한 기술이 필요하다.

자료 : 김현주, 송은경, 신혜영(2000). 현장중심 부모교육. 양서원.

학습자료 II-1-S55

정서지능 향상 프로그램

☐ 학년 ☐ 반 ☐ 번 이름: ☐

- 준비물 : 종이, 그림 재료
- 목표 : 자신의 감정 상태를 인식하고 표현할 수 있는 능력 기르기
- 활동방법
  - 부모 : ○○야! 너는 언제 행복하고 기쁜 마음이 생기니?
  - 유아 : 나는 맛있는 거 많이 먹을 때도 기쁘고, 또……
  - 부모 : 엄마는 …일 때 행복하더라. 또 …할 때도 아주 기쁘단다. 그런데 엄마는 이렇게 기쁠 때는 그림으로 엄마의 마음을 나타내고 싶단다.
  - 부모 : ○○는 어떠니? 너도 행복하고 기쁜 마음을 그림으로 그려서 엄마에게 전해 보겠니?

✲ 이 활동을 다양하게 응용할 수 있다.

〈나는 이럴 때 무서워요.〉
〈나는 이럴 때 놀랐어요.〉
〈나는 이럴 때 슬펐어요.〉
〈나는 이럴 때 화가 나요.〉

✲ 참고로 유아들이 느끼는 다양한 감정 상태를 유발하는 상황은 다음과 같다.

〈이럴 땐 행복하고 기뻐요!〉

♥ 선물을 받았을 때
♥ 생일 축하를 받았을 때
♥ 놀이공원에 놀러갈 때
♥ 엄마가 안아줄 때
♥ 친구와 재미있게 놀 때
♥ 칭찬 받았을 때

〈이럴 땐 깜짝 놀랐어요!〉

♣ 갑자기 뒤에서 칠 때
♣ 천둥, 번개가 칠 때
♣ 컵을 떨어뜨렸을 때
♣ 강아지가 갑자기 짖을 때
♣ 화장실에 있을 때 누가 갑자기 문을 열 때

〈이럴 땐 슬펐어요!〉

★ 부모님이나 선생님으로부터 꾸중을 들었을 때
★ 친구들이 놀이에 끼워주지 않을 때
★ 내가 키우던 병아리(강아지)가 죽었을 때
★ 엄마(동생)가 많이 아플 때
★ 매 맞을 때

〈이럴 땐 화가 나요!〉

♠ 친구가 때릴 때
♠ 다른 사람이 나를 놀릴 때
♠ 동생과 싸울 때
♠ 친구가 나에게 모래를 뿌릴 때
♠ 내가 만든 것을 동생이 망쳐 놓았을 때

자료 : 김현주, 송은경, 신혜영(2000). 현장중심 부모교육. 양서원.

학습자료 II-1-S56

창의성 향상 프로그램

학년 반 번 이름:

창의성을 높일 수 있는 방법

① 유창성 높이기
- 아이디어를 찾을 때 자유분방하게 찾아보도록 격려하기
- 선택 및 해결 상황에서 양자택일 방법 찾기
- 정확한 한 개 이상의 정답 가능성 받아들이기

② 융통성 높이기
- 제시된 문제에 접근할 때 다양한 방법의 사용 및 해결하기
- 문제를 축소한 관점에서 보거나 확대한 관점에서 다시 살펴보기

③ 독창성 높이기
- 독특한 생각이나 작품 찾아보기
- 질문, 대답 과정 바꾸기
- 닮지 않은 대상 비교하기

④ 정교성 높이기
- 아이디어, 개념, 질문 등을 세련되게 표현하기
- 평범한 사물을 흥미롭게 하도록 자세히 설명해 보기
- 쓰기 자료에서 빈칸 채우기, 아이디어를 확대, 발전시키기

〈활동 1〉 몽타주 꾸미기

■ 준비물 : 신문, 잡지, 광고지 등, 색지 또는 도화지, 풀, 가위

■ 목표 : 독창적으로 꾸미기

■ 활동방법
- 신문, 잡지, 광고지 등에서 재미있는 사진이나 그림, 컷 등을 오려 모은다.
- 오린 그림들을 여러 가지 방법으로 늘어놓아 보면서 재미있는 그림이 되도록 구상해본다(예를 들어, 사람을 만들고자 할 경우 머리, 팔, 다리, 신발, 모자 등을 각각 다른 그림에서 오린 것으로 만들 수 있다).
- 색지나 도화지에 그림조각들을 풀로 붙여 구상한 것을 완성한다.
- 유아에게 제목을 정하도록 하고 부모도 제목을 정한다. 이 때 제목을 다양하게 정해보도록 한다.

〈활동 2〉 동화 뒷이야기 만들기

■ 준비물 : 동화, 도화지

■ 목표 : 독창성 및 정교성 기르기

■ 활동방법
- 유아와 함께 동화를 읽는다.
- 다 읽은 후 "그런데 이 다음에 어떻게 되었을까?" 하고 물어본다.
- 유아가 주인공들의 뒷이야기를 다양하게 꾸며 보도록 한다.
- 유아가 잘 이어가지 못할 경우에는 부모들의 아이디어를 제시하여 도와주도록 한다.
- 뒷이야기의 줄거리에 맞추어 유아와 함께 그림을 그리고 글을 써 넣어 완성한다.

자료 : 김현주, 송은경, 신혜영(2000). 현장중심 부모교육. 양서원.

대인관계 향상 프로그램

□ 학년 □ 반 □ 번 이름: □

〈활동 1〉 친절 카드 사용하기

■ 준비물 : 종이, 색연필, 사인펜, 크레파스, 봉투

■ 활동방법

- 다른 사람을 기쁘게 할 수 있는 일이 어떤 것들인지에 대해 이야기 나눈다.
- 각자 가족을 위해 할 수 있는 일을 두 가지씩 생각하도록 한다.
- 카드에 각자 생각한 활동을 적거나 그림으로 그리도록 한다.
- 봉투에 카드를 넣어 부모님께 드리도록 한다.
- 부모들은 아이들의 도움이 필요할 때 친절카드를 사용할 수 있다.
- 가족을 위해 친절을 베푼 경험에 대해 이야기 나눈다.

인사하기	신발 정리하기	심부름하기
방청소하기	안마하기	가족 돕기

〈활동 2〉 신나는 공놀이

■ 준비물 : 헝겊 보자기, 공

■ 방법

- 각자 보자기의 귀퉁이를 잡고 여러 가지 방법으로 움직여 본다.
  • 속도를 달리 하면서 걷기 : 빠르게 걷기, 느리게 걷기
  • 위, 아래로 흔들어보기
  • 제자리에서 뛰기
  • 신호에 따라 움직이는 방향 바꾸기
  • 파도치는 모양 만들기
  • 가운데로 모였다가 제자리로 돌아가기
- 보자기 위에 공을 올려놓고 위의 방법으로 움직여 본다. 이 때 공이 떨어지지 않도록 서로 협조한다.
- 보자기 위에 2개의 공을 올려놓고 위의 방법으로 움직여 본다.
- 보자기 위에 공을 올려놓고 목표 지점까지 함께 이동한 후 공을 바구니에 넣어 본다.

자료 : 김현주, 송은경, 신혜영(2000). 현장중심 부모교육. 양서원.

학습자료 II-1-Ⓢ58 나는 얼마나 좋은 부모일까?

☐ 학년 ☐ 반 ☐ 번 이름: ☐

'아이에게 따돌림을 받는 부모'와 '존경받는 부모', 그 중 나는 어디에 속하는지 간단한 테스트를 통해 알아보자. 아래의 질문에 대해 각각의 척도를 매긴 후 이를 종합한 점수가 바로 당신의 부모지수이다.

(매우 그렇다 5점, 약간 그렇다 4점, 글쎄 3점, 약간 아니다 2점, 전혀 아니다 1점)

- 아이 친구들과도 친하다. ( )
- 10초 안에 아이 친구 다섯 명의 이름을 댈 수 있다. ( )
- 아이 마음을 움직이는 방법이 있다. ( )
- 아이가 최근 무슨 일로 마음이 상했는지 파악하고 있다. ( )
- 아이의 감정 변화를 읽을 수 있다. ( )
- 아이의 재능과 소질을 말할 수 있다. ( )
- 아이의 장점을 3가지 이상 댈 수 있다. ( )
- 아이의 현재 고민거리를 알고 있다. ( )
- 아이의 친구를 손님처럼 대한다. ( )
- 아이의 기를 살려주는 말이 무엇인지 안다. ( )
- 아이와 10분 이상 이야기를 나눌 수 있다. ( )
- 친구나 동생 앞에서 자녀를 꾸짖거나 벌하지 않는다. ( )
- 아이들 앞에서 싸우거나 말다툼하지 않는다. ( )
- 아이의 담임선생님 이름을 알고 있다. ( )
- 아이와 식사할 때는 신문이나 TV를 보지 않는다. ( )
- 내 기분에 따라 가족의 행동을 결정하지 않는다. ( )
- 배우자의 친구나 친척과도 친교를 갖는다. ( )
- 자녀 앞에서 배우자의 험담을 하지 않는다. ( )
- 배우자를 진심으로 사랑한다. ( )
- 배우자와 의견이 달라도 아이 앞에서는 배우자를 존중한다. ( )

평 가

86~100점 매우 좋은 부모
70~85점 괜찮은 부모
55~69점 노력형 부모
40~54점 보통 부모
25~39점 노력이 요구되는 부모
24점 이하 부모라 부르기 어려운 부모

자료 : 최범수(2002). 아이들은 이런 부모를 원한다(박성연 외 5인(2004). 책에서 재인용)

1/7차시

부모-자녀 관계

학습목표 : 다양한 부모-자녀 관계에 대해 생각해본다.
부모-자녀 관계에 영향을 미치는 요인을 생각하여 발표할 수 있다.

교수학습 자료 및 준비	교사	교사용 자료 51	수업 준비	멀티미디어 시설
	학생	학습자료 59, 60		
지도시 유의점 교사 Tip	• 그림이 인쇄된 학습지 대신 부모-자녀 관계가 나타난 애니메이션 동화나 e-동화를 보여주는 것도 좋은 방법이다. 질문에 답하게 하는 과정에서 학교 상황에 따라 협동학습 또는 일제학습이 가능하다.			

도입	Ⓐ 학생들에게 [업어주는 자동차]의 동화 내용을 읽어주거나, 보여주고, 학습지의 질문에 답하도록 한다. - 부모님한테 업히거나 안겼던 기억과 느낌 - 이 동화에 나타난 부모-자녀 관계의 특성	생각문 열기
	학습목표를 제시한 후 학습지 질문으로 토의를 유도한다.	
전개	- 관계에 대한 정의 내리기 Ⓡ 나의 부모-자녀 관계의 특성과 영향을 미친 요인 - 부모-자녀 관계를 좋게 또는 나쁘게 하는 데 영향을 미치는 요인 Ⓒ 학생들의 활동에 격려를 해준다. Ⓐ 교사용 자료 [지금까지 겪은 모든 일은 머릿속에 저장되어 있다]를 읽어준다. 이 내용을 학습자료 [기억 속의 서랍 정리하기]와 연결시켜 학습자료의 질문에 답하도록 한다. Ⓡ 어릴 적 기억 꺼내보기 - 그 속의 자기 모습 살펴보기 - 부모-자녀 관계가 개인의 삶에 미치는 영향과 그 이유 - 주변의 자료(소설, 영화, 신문기사, 잡지)에서 관련 내용 찾아보기 - 부모와 자녀의 상호작용이 개개인의 발달에 미치는 영향 살펴보기	다르게 보기 다르게 보기
정리	Ⓒ 학생들의 이야기나 의견을 경청하고, 공감적인 반응을 보여준다.	
	차시 예고 : 부모 양육 유형에 따른 아이의 성장	

학습자료 II-2-Ⓢ59 업어주는 자동차

☐ 학년 ☐ 반 ☐ 번 이름: ☐

Q 부모님한테 업히거나 안겼던 기억이 있나요? 그때의 느낌은 어땠나요?

Q 이 동화속의 부모-자녀 관계는 어떻게 느껴지나요?

Q '관계'를 무엇이라고 생각하나요?

Q 나의 부모-자녀 관계를 표현한다면 어떻게 표현할 수 있을까요?

Q 나의 부모-자녀 관계에 영향을 미친 것은 무엇인가요?

Q 부모-자녀 관계를 좋게 또는 나쁘게 하는데 영향을 미치는 것에는 어떤 것들이 있을까요?

자료 : 조문현 글, 넥스트그림공장 그림(2000). 업어주는 자동차. 두산동아.

교사용 자료 II-2-T51 지금까지 겪은 모든 일은 머릿속에 저장되어 있다

1950년대는 간질을 앓던 이들에게 힘든 시기였다. 현재 사용하는 약품 중 대다수가 아직 개발되지 않았기 때문이다. 당시 펜필드라는 사람이 중증의 간질에는 외과수술이 효과가 있다는 것을 발견했는데, 그것은 환자의 두뇌 표면을 조금 절개하는 것이었다. 그 수술을 받은 환자는 발작이 줄어들거나 사라지는 효과가 있었다.

충격적인 사실은 환자는 맨 정신으로 깨어 있는 상태에서 수술을 받아야 했다는 점이다. 그것은 안전상(?)의 이유로 국부마취만 허용되었기 때문이다. 집도의는 두개골을 조금 떼어내어 뇌의 표면을 절개하고는 두개골을 도로 덮고 두피를 꿰매었다. 어쨌든 질병을 앓는 것보다 나으니까 그런 수술을 했을 것이다.

수술 도중에 환자들은 놀라운 사실을 체험했다. 수술의가 가느다란 외과용 바늘로 뇌의 표면을 조심스럽게 건드리면, 환자는 갑자기 오래된 과거의 일들을 놀라우리만큼 선명하게 기억해냈다. 오래 전에 〈바람과 함께 사라지다〉를 본 어느 환자는 극장 안에서 풍기던 싸구려 향수 냄새와 앞자리에 앉았던 사람의 벌집 모양 헤어스타일까지 완벽하게 기억해냈다. 의사가 외과용 바늘로 다른 곳을 건드리자, 환자는 수술대에 누워 생생히 깨어 있는 상태에서 자신의 네 번째 생일 파티를 선명하게 기억해냈다. 이렇게 오래된 기억을 놀라우리만치 선명하게 떠올리는 현상은 다른 모든 환자들도 마찬가지로 경험했다.

잇따른 연구가 이 경이로운 발견을 뒷받침했다. 경험한 모든 것-모든 시각적 이미지, 소리, 대화 등-은 우리가 그때그때 느꼈던 감정과 함께 우리 뇌 속에 영원히 저장된다. 물론 이 모든 걸 기억해내는 것이 어렵긴 하지만 어쨌든 기억은 저장되어 있고 그 기억들은 일생을 두고 영향을 끼친다. 우리 뇌 속의 주름진 표면에 우리 인생이 몽땅 저장되어 있는 것이다!

자료 : 스티브 비덜프, 샤론 비덜프 저, 전순영 역(2002). 아이에게 행복을 주는 비결 1. 북하우스.

학습자료 II-2-Ⓢ60

기억 속의 서랍 정리하기

□ 학년 □ 반 □ 번 이름: □

✲ 나의 최초의 기억 또는 어린 시절의 기억을 서랍 속에서 꺼내봅시다.

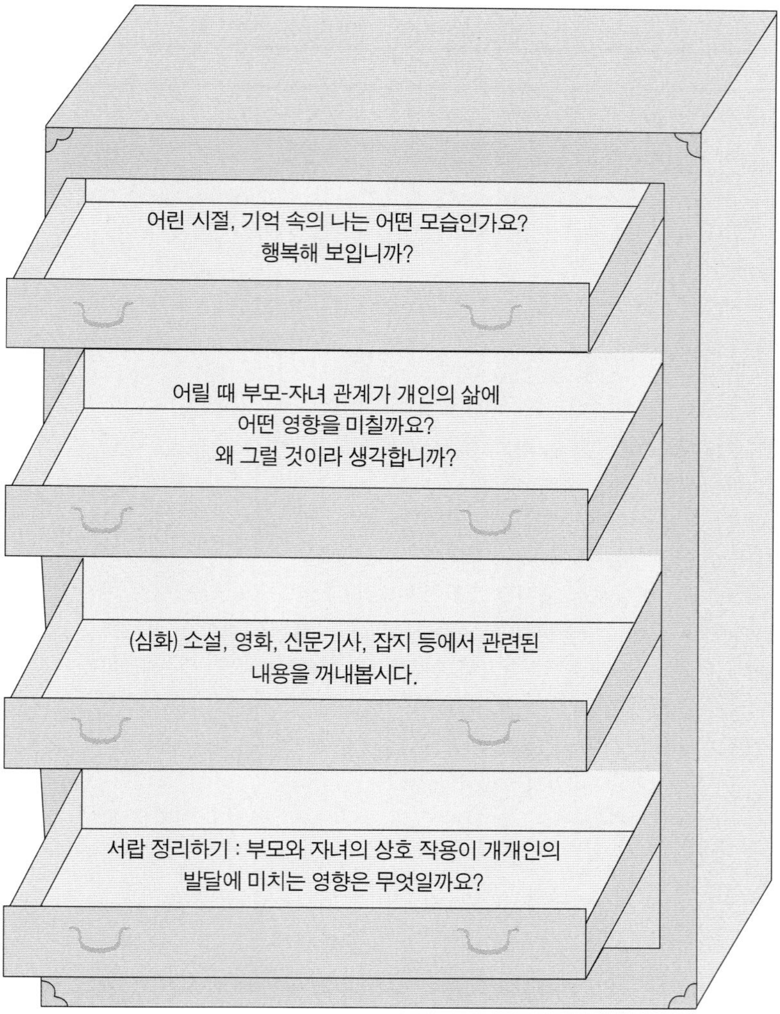

2/7차시

부모 양육 유형에 따른 아이의 성장

학습목표 : 다양한 부모 양육 유형을 말할 수 있다.
부모 양육 유형이 자녀에게 미치는 영향을 고려할 수 있다.

교수학습 자료 및 준비	교사	교사용 자료 52, 53	수업 준비	동영상을 볼 수 있는 멀티미디어 시설
	학생	학습자료 61, 62, 63		
지도시 유의점 교사 Tip	• 학생들에게 부모 양육 유형이 다양할 뿐만 아니라 분류하는 방식도 다양함을 인식하도록 한다. 또한 부모 양육 유형이 자녀에게 미치는 영향이 크며, 상황에 따라 달라질 수 있음을 강조하고, 긍정적인 부모 양육 유형을 내면화하도록 돕는다.			

도입

Ⓐ [딸이 차려준 밥상]의 동영상을 감상한다.
(TV 동화 행복한 세상의 '다시보기' 서비스를 활용한다)
http://www.kbs.co.kr/2tv/sisa/happytopia/vod/1239293_1144.html
- 시청 소감과 함께 아이의 행동의 원인이 되었을 부모의 행동과 환경에 대해 생각해 보고 발표하도록 한다.

Ⓒ 학생들의 발표에 공감적인 반응으로 격려를 한다.

학습목표를 제시한다.

생각문 열기 / 다르게 보기

전개

Ⓐ 학습자료 [부모의 양육 스타일]의 질문에 답하도록 한다.
- 부모 양육 스타일과 관련된 단어를 마인드맵으로 정리하기
- 부모 양육 스타일 이름 짓기
- 기사 속의 양육 스타일 정리하기(분류 방식의 차이 살펴보기)

Ⓡ 내가 되고 싶은 부모 양육 스타일

Ⓐ 학습자료 [이럴 땐 어떻게]에 제시된 상황에 따라 부모 양육 스타일에 따라 어떤 행동을 할 것인지 상상하여 기록해보도록 한다(교사용 자료 [상황에 따른 부모의 행동 특성]을 참고하여 상상을 돕거나 모둠별로 역할극을 준비하도록 할 수 있다).
- 각 상황에서 부모의 양육 스타일에 따른 행동을 상상해보기
- 부모의 행동에 따른 아이의 반응과 영향 생각해보기
- 자신이 예상하는 행동 방식과 이상적 스타일 비교하기

Ⓒ Ⓢ 참신한 생각에 칭찬을 하고, 그 의견에 대해 다시 한 번 꼬리 잇기로 생각을 이어보도록 한다.

다르게 보기

정리

교사용 자료 [부모의 양육 스타일과 아이에게 나타나는 결과]를 참고하여 내용을 정리하면서 차시학습과 연계하여 더 생각해볼 문제를 제시한다.
- 모든 상황에서 동일한 양육 유형이 효과적일까? 때에 따라 바뀌면 효과적일까? 그 이유는?
- 미래의 자녀, 부모인 나와 사회를 위해 최선의 양육 스타일은 무엇인가? 그 이유는?

차시 예고: 부정적 부모-자녀 관계

학습자료 Ⅱ-2-Ⓢ61

딸이 차려준 밥상

☐ 학년 ☐ 반 ☐ 번 이름: ☐

Q '딸이 차려준 밥상을 동영상으로 감상해 봅시다.

http://www.kbs.co.kr/2tv/sisa/happytopia/vod/1239293_1144.html

TV동화 행복한 세상

Q 아이 행동의 원인이 되었을 부모의 행동과 환경은 어떠했을까요?

Q 부모-자녀 관계에 대한 다른 동영상도 감상하고 느낌을 나누어 봅시다.

- 잔소리꾼 딸 - 잔소리꾼 딸 덕에 바른 생활 아빠가 되고 있습니다.
  http://www.kbs.co.kr/2tv/sisa/happytopia/vod/1239294_1144.html

- 보따리 싸는 엄마 - 엄마 옆에서 밤새도록 보따리 풀어야……
  http://www.kbs.co.kr/2tv/sisa/happytopia/vod/1239193_1144.html

학습자료 II-2-S62

부모의 양육 스타일

학년 반 번 이름:

Q 아이를 기르는 부모의 스타일과 관련하여 떠오르는 단어를 마인드맵 식으로 자유롭게 기록해 봅시다.

Q 비슷한 종류의 단어를 묶어 부모의 양육 스타일 이름을 지어 봅시다.

✻ 다음은 부모의 양육 스타일과 관련한 신문 기사입니다.

10살짜리 아들과 6살짜리 딸을 둔 주부 지은정(39세, 서울 안암동)씨는 깐깐하다. 아이들과 대화하고 타협하기보다 지시하고 강요하는 데 익숙해 있다. 때문에 아이들은 엄마를 무서워한다. 지씨는 요즘 변신을 시도하고 있다. 아이들이 숙제를 안 하거나 뭘 해달라고 조를 때 예전에는 "빨리 하지 못해", "그만 칭얼거려" 식으로 화를 내거나 다그쳤다. 하지만 요즘엔 심호흡을 한 뒤 한 박자 늦추는 습관을 기르고 있다. 자신의 생각만을 아이에게 강요하기보다, 아이의 처지에서 생각하고 대화하는 시간을 가지려는 것이다.

지씨의 변신 시도는 지난해 초 다솜 아동청소년연구소가 주관한 부모교육 프로그램에 참가한 일이 계기가 됐다. '권위형' 부모의 단점을 알게 되고는 '민주형'으로의 변신을 시도하게 된 것이다. 그렇게 한 지 1년, 지씨는 "아이들이 전에는 '엄마 무섭다'는 말조차 못했는데, 지금은 그런 감정표현은 물론 자기 생각을 엄마한테 곧잘 털어 놓는다"며 "더 좋은 부모가 되기 위해 아이들의 처지에 서보고, 이해해 주며 대화하고 놀아주는 시간을 늘리려 노력하고 있다"고 말했다.

자녀 양육방식에서 민주형으로의 변신을 꾀하는 부모들이 늘고 있다. 지난해 육아정보 회사 키즈큐가 전국 761명의 부모를 대상으로 조사한 결과, 민주형 부모는 175명(23%)으로 단일유형으로는 가장 높은 비율을 차지했다. 이와 함께 과잉보호형이 144명(19%), 허용형이 112명(15%), 무관심형이 116명(15%)이었다. '귀한 자식 매 한대 더 때려라', '귀한 자식일수록 매를 아끼지 말라'는 속담으로 단적으로 표현되는 전통적인 부모상이 오늘날에는 무너진 듯하다. 하지만 부모교육 전문가들은 '아직도 많은 부모들이 권위형을 벗어나지 못하고 있다'고 지적하고 있다.

1970년대 초 미국의 교육심리학자 바움라이드는 부모의 자녀 양육방식을 민주형, 권위형, 허용(방임)형으로 구분하고 이 가운데 가장 바람직한 부모상으로는 민주형을 꼽았다.

민주형은 자녀의 의견과 자율성을 존중하는 양육태도다. 자녀와 의견대립이 있을 때 타협을 통해 해결책을 찾되, 부모가 양보할 수 없을 부분에 대해서는 일관되게 굳은 원칙을 제시한다.

민주형과 자칫 혼동되기 쉬운 게 허용형이다. 허용형은 매사를 자녀가 원하는 대로 하게 하고 자녀에게 전적인 자유를 준다. 때문에 허용형 가정에는 분명한 규칙이 없는 것처럼 보인다. 반면 권위형은 부모-자녀 간을 종적인 관계로 보고, 매사를 부모의 의사대로 결정한다. 부모-자녀 관계는 일방적이어서 자녀는 좌절감을 느끼게 된다.

많은 부모들이 '아이한테 최소한의 요구만 하는데도 아이들이 못 맞춰 준다' 며 볼멘소리를 한다. 이런 부모들은 대체로 자신들을 민주형이라 여기고, 불편한 부모-자녀 관계의 원인을 자녀 탓으로 돌린다. 한국지역사회교육협의회 부모교육 강사 유수정씨는 '부모는 잘 하고 있다고 생각하는데, 속을 알고 보면 부모-자녀 관계에 문제가 있는 경우가 의외로 많다' 며 '부모 스스로의 주관적인 평가보다 자녀가 부모의 양육방식을 실제로 어떻게 느끼는지가 중요하다' 고 말했다.

부모의 양육 유형은 자녀들의 발달과 성격 형성에 절대적인 영향을 끼치기 때문에 결코 소홀히 할 수 없다. 많은 연구결과, 민주적으로 양육된 자녀들은 자신감, 자아존중감, 책임감, 독립심 등 많은 측면에서 긍정적인 특성을 나타낸다. 이들은 또 자신의 욕구 만족을 자제할 수 있는 자제력도 강해 사회적 성취도도 높았다.

반면 허용형으로 키워진 자녀는 세상의 많은 것들을 자신이 원하기만 하면 얻을 수 있다는 비현실적인 자신감을 갖게 된다. 놀이 상황에서 뭐든지 자기 마음대로 하려는 행동 때문에 또래들로부터 따돌림을 당한다. 또 어른들에게 의존적이고, 자제력이 약하며, 충동적인 경향을 띤다.

대조적으로 권위적인 가정에서 자란 아이는 부모의 강압적인 태도 때문에 자신의 의견을 분명하게 말하는 데 어려움을 겪으며, 위축되고 자신감이 없어 보인다. 이런 아이들은 유치원이나 학교에서 다른 또래에 비해 행복해 보이지 않는다.

도현심 이화여대 소비자인간발달학과 교수는 '민주형 부모는 자녀를 깊이 이해하고 진정으로 공감하며, 진지하게 대화하려는 태도에서 출발한다' 며 '그러려면 자녀를 부모의 소유물이 아니라, 자신의 삶을 가진 하나의 인격체로 바라보는 자녀관의 변화가 필요하다' 고 말했다. 그는 또 '노력 없이 좋은 부모가 될 수 없다' 며 '올바른 자녀양육법에 대한 공부를 게을리 하지 말아야 한다' 고 덧붙였다.

자료 : 한겨레신문, 2004년 4월 11일자

Q 기사 속 양육 스타일을 정리해 봅시다.

Q 기사 속 분류 방식과 우리(나) 분류 방식의 공통점과 차이점을 살펴 봅시다.

Q 나는 어떤 유형의 부모가 되고 싶은가요? 그 이유는 무엇인가요?

학습자료 Ⅱ-2-S63

이럴 땐 어떻게?

학년 반 번 이름:

※ 앞에서 분류한 양육 스타일의 부모가 다음의 상황에서 할 수 있는 행동은 무엇일지 상상하여 기록해봅시다.

▶ 생각 키우기 : 부모의 행동에 따른 아이의 반응과 영향을 연결지어 봅시다.

■ 상황 1 : 세 살짜리 아이가 잡은 손을 뿌리치고 차가 통행하는 길에서 뛰어 다닐 때

(스타일)
(스타일)
(스타일)
(스타일)

■ 상황 2 : 자녀의 학교 성적이 많이 떨어졌을 때

(스타일)
(스타일)
(스타일)
(스타일)

■ 상황 3 : 중간고사를 망쳤다고 아이가 울고 있을 때

(스타일)
(스타일)
(스타일)
(스타일)

■ 상황 만들어보기 : ( )

(스타일)
(스타일)
(스타일)
(스타일)

Q 위 상황에서 여러분들은 어떻게 행동할 것 같은지, 자신이 바라는 것은 어떤 유형인지 표시해 봅시다.

※ 더 생각해보기

■ 모든 상황에서 동일한 양육 스타일이 효과적일까요? 때에 따라 바뀌면 효과적일까요? 왜 그렇다고 생각합니까?

■ 미래의 자녀들에게, 부모인 나에게, 사회를 위해 최선의 양육 스타일은 어떤 것이라고 생각합니까? 그 이유는 무엇인가요?

교사용 자료 II-2-T52 상황에 따른 부모의 행동 특성

사례 1 : 세 살짜리 아이가 혼자 길을 건너려 할 때

- 학대 : 볼기짝을 찰싹 때림
- 조건적 보살핌 : 아이를 끌어당기며 "네가 내 말을 듣지 않으면 사랑하지 않을 거야"라고 말한다.
- 긍정적 보살핌 : 아이를 불러 뒤에 서게 한다. 혼자 건너는 것은 협상할 수 없는 규칙임을 강조한다.
- 지원적 보살핌 : 아이가 길을 건너고 싶은 마음을 인정하고, 아이가 크면 혼자 길 건너는 방법을 배울 것임을 일깨워준다.
- 방임 : 혼자 길을 건너도록 내버려 둔다.
- 무시 : 다른 곳을 쳐다본다.

사례 2 : 네 살짜리 아들이 여자 옷을 입고 놀 때

- 학대 : "네가 여자니?"라고 말하며 아이를 때리거나 옷을 잡아챈다.
- 조건적 보살핌 : "난 네가 진짜 남자아이처럼 행동할 때만 너를 사랑해"라고 말한다.
- 긍정적 보살핌 : 꼭 껴안으며 사랑스럽게 "몸치장 놀이를 하고 있구나!"라고 말한다.
- 지원적 보살핌 : 다양한 옷차림을 제공한다.
- 방임 : 카우보이 옷, 해적 옷, 슈퍼맨 옷과 같은 "진짜 남자"로 활동할 수 있는 6벌의 옷을 산다.
- 무시 : 그냥 내버려 둔다.

사례 3 : 일곱 살짜리 아이가 친구들로부터 따돌림 당해 슬퍼할 때

- 학대 : "난 그 애들을 비난하지 않는다. 나도 너 같은 미친 애랑 놀지 않을 거야" 아이의 귀를 비틀거나 팔 윗부분을 때리면서 말한다.
- 조건적 보살핌 : 한숨을 쉬면서 "난 네가 항상 인기 있기를 바란다"라고 말한다.
- 긍정적 보살핌 : "난 너를 사랑하고, 네가 훌륭하다고 생각한다. 널 그렇게 둬서 미안하구나. 오늘 네가 할 수 있는 다른 일은 뭐니?"
- 지원적 보살핌 : "나도 네 나이 때 따돌림 당해 슬펐던 것을 기억한다. 좋지 않은 기분이지. 난 네 편인 것을 기억해라. 내가 해줄 수 있는 일이 없니?"
- 방임 : "내가 새로운 장난감 몇 개 사줄게. 그러면 그 애들이 너랑 놀아줄 거야."
- 무시 : 그것이 문제라고 관심을 가지거나 말하지 않는다.

사례 4 : 열 살짜리 아이가 호른을 배우고 싶어 할 때

- 학대 : 조롱하는 투로 "네가 호른을 배우고 싶어?" 하고 아이를 비웃는다. 종이로 원뿔형을 만들어 아이 귀에 대고 크게 노래한다.
- 조건적 보살핌 : 칭찬하지 않고, 실수에 초점을 맞추어 이야기하거나 스포츠를 억지로 시킨다. "네가 스키보다 호른을 좋아한다 해도 시킬 돈이 없어."
- 긍정적 보살핌 : "금요일에 우리는 음악 가게에 갈 거야. 그리고 호른 빌리는 것과 좋은 선생님에 대해 알아보자.
- 지원적 보살핌 : "나는 네가 훌륭하다고 생각해. 조만간 리사이틀이 있어 네 호른 연주를 들을 수 있기를 바란다."
- 방임 : "여기, 네 트럼펫이 있다. 매우 좋은 거야. 호른보다 네가 옮기기 쉬울 거야."
- 무시 : 아이의 요구를 무시하거나, 악기를 사주기로 약속하고 잊어버린다.

사례 5 : 가족이 다른 마을로 이사 가야 하는데 10살짜리 아이가 원하지 않을 때

- 학대 : "울지마! 계속 칭얼거리면, 가만 두지 않겠다!"
- 조건적 보살핌 : "난 네가 기운 차리고, 짐 꾸리는 것을 도와줬으면 해."
- 긍정적 보살핌 : 아이가 우는 것을 본다. 아이를 안고, 위로해준다. 이사 경험에 관한 책을 주고, 아이와 그것에 대해 이야기한다.
- 지원적 보살핌 : "네가 살던 곳을 떠나고, 네 친구들과 헤어지는 것이 믿어지지 않겠지. 뭔가 특별한 방법으로 친구들에게 인사할 방법을 계획해보자."
- 방임 : "너한테 미안하구나. 난 네 나이에 두 번 이사했어. 너에게 침실 선택권을 줄게. 그리고 네 새로운 방에 모두 새 가구로 꾸며줄게."
- 무시 : 아이의 고민에 관심을 기울이지 않는다.

사례 6 : 두 살짜리 아이가 닥치는 대로 입에 넣을 때

- 학대 : 아이에게 소리치면서 아이의 입에서 나온 것을 친다.
- 조건적 보살핌 : 눈살을 찌푸리면서 "네가 그런 행동을 하면 널 사랑하지 않을 거야. 네가 착한 아이라면 그만해라."
- 긍정적 보살핌 : 아이가 놀 때 위험하거나 깨지기 쉬운 물건들을 방에서 치운다. 아이의 탐구 능력을 칭찬한다.
- 지원적 보살핌 : 아이의 입에 들어가도 안전한 다양한 물건을 제공한다.
- 방임 : "모든 것을 입에 넣기를 원하면" 모든 물건을 치워버린다.
- 무시 : 아이가 색깔 있는 티슈, 담배꽁초, 아스피린, 설거지 비누의 맛을 보는 것에 대해 주목하지 않는다.

자료 : Joanna Kister, Sandra Laurenson(1995). Parenting Resource Guide

교사용 자료 II-2-T53 부모의 양육 스타일과 아이에게 나타나는 결과

구 분	권위적 스타일	민주적 스타일	허용적 스타일
관계의 주체	부모	부모=의장, 아이=선거인 아이들은 동의하고, 선거권을 가지지만 부모는 거부권을 가진다. 목표 : 각 가족 구성원은 자기 통제를 한다.	아이
기 대	부모는 아이가 행동하지 않을 것을 기대한다(그래서 "…하지 마라"로 가장 직접적으로 말한다). 아이는 부모에게 '순종'할 때 좋다.	부모는 자신이 모범을 보이면 아이도 바르게 행동할 것이라고 가정한다. 어린이는 착하지만 가끔 나쁜 일도 한다.	부모는 어린이가 행동하기를 희망한다. 부모는 아이에 대해서 기본적으로 착하지만 나쁘게 바뀔 수 있다고 믿는다.
규 칙	엄격하고, 똑바르게 한다. 이유가 없을 수도 있다. 어린이 의견 없이 부모가 규칙을 만든다. 규칙은 일시적인 힘에 변할 수 있다. 질문하지 않는다.	규칙은 서로 의논하여 정한다. 명백하고 이해할 수 있다. 어린이의 의견은 존중받는다. 구속은 동의 하에 이루어진다. 규칙은 아이 나이와 상황에 따라 융통성이 있다. 타협은 허용될 수 있다.	규칙이 존재하지 않는다. 불명확하고, 비일관적이고, 강요하지 않는다.
관 계	존경은 요구된다.	존경은 자연스럽게 형성된다. 민주적 과정은 아이들에게 책임을 가르친다.	"희망을 위해" 존중한다. 부모는 어린이가 부모를 좋아하기를 원한다.
자녀에게 나타나는 결과	자기 신뢰가 적다. 무서워하고, 조용하고, 부끄러워하거나 공격적 반항 : 권위에 도전 변덕스럽고, 행복하지 않고, 쉽게 화낸다. 스트레스의 영향으로 상처받기 쉬워 궤양, 화병, 자살 등이 나타난다. 자기존중감이 낮다. 수동적이면서 적의를 나타낸다. 거짓말을 하거나 속인다.	자기 신뢰, 자기 훈련이 됨 쾌활하고, 행복함 우호적이고, 인간관계가 강함 스트레스에 잘 대처함 협조적 권리를 존중한다. 공손하다. 자신이 결정한다. 적응을 잘한다. 계획을 세우고 목적을 세운다. 다른 연령, 문화, 의견에 관대하다. 성취 지향적 책임감이 있다. 자신만만하다. 실수를 하더라도 기꺼이 한다. 스스로 하려는 의지가 있다.	자기 신뢰가 적다. 최소의 자기 조절 최소의 독립성 공격적이다. 무례하다. 선생님, 경찰, 고용주, 어른에게 고분고분하지 않다. 거만하다. 충동적이다. 목적이 없다. 목표를 세우지 않는다. 자기존중감이 낮다. 최소한의 성취 직장을 구하기 어렵다.

자료 : Joanna Kister, Sandra Laurenson(1995). Parenting Resource Guide. The Ohio state University.

3/7차시

부정적 부모-자녀 관계

학습목표 : 부정적 부모-자녀 관계의 문제점에 대해 말할 수 있다.
부정적 부모-자녀 관계가 미치는 영향을 고려할 수 있다.

교수학습 자료 및 준비	교사	교사용 자료 54	수업 준비	멀티미디어 시설, 노래 악보
	학생	학습자료 64, 65, 66		
지도시 유의점 교사 Tip	• 부정적인 면의 부각으로 상처받는 학생들이 없도록 배려하고, 되도록 부정적인 면을 긍정적인 면으로 변화시킬 수 있는 실천력을 가지고 행동할 수 있도록 격려한다. 학교 도서관에서 학생들이 도서나 인터넷 자료 등을 활용할 수 있도록 하면 더욱 활발한 학습이 될 수 있다.			

단계	내용	
도입	Ⓐ 전 차시의 생각해보기 과제 확인 후 학습자료 [엄마 눈은 달마시안, 아이의 마음은]의 광고를 보고, 질문에 자유롭게 답하게 한다. - 광고에서 표현하고자 한 것, 말하고자 하는 내용 Ⓡ 부모님께 맞아본 경험과 느낌 소개 - 친구나 동생을 때려본 경험과 기분 학습목표 제시 후 모둠별로 토의하도록 한다.	생각문 열기 다르게 보기
전개	- 신체적 폭력 외에 우리를 멍들게 하는 행동 - 부모-자녀 간에 서로 아프게 하는 원인 Ⓐ 학습자료 [짐승처럼 방치, 버려진 아이들]을 읽거나 시청한다. 학습지 대신 뉴스의 동영상을 시청하게 할 수도 있다. (http://news.naver.com/news/read.php?mode=LOD&office_id=055&article_id=0000020793 http://news.naver.com/news/read.php?mode=LOD&office_id=052&article_id=0000035795) 모둠별로 주제를 정해 아동학대의 예방 및 대책에 대한 기사나 신문을 만들도록 한다. - 왜 이런 일이 생겼을까? - 왜 우리 사회에서 이런 문제가 계속적으로 발생하는가? - 이런 일을 막기 위해 부모/자녀/이웃/지역사회에 필요한 것은? - 우리는 왜 아동학대에 관심을 가져야 하는가? - 다른 가족이나 지역사회 공동체 구성원의 책임은 무엇인가? - 기타 : 장기간 아동학대의 결과는 무엇인가? Ⓒ 모둠별로 발표하도록 하고, 열심히 활동한 모둠을 칭찬한다.	생각문 열기 다르게 보기
정리	Ⓡ 학습자료 [사랑받고 존중받을 가치]로 아동학대 결과를 생각해보고, 부정적 부모-자녀 관계의 영향을 살펴본다. - [우리는 사랑받기 위해 태어난 사람]을 개사하여 함께 부르고, 사랑하고 사랑받기 위해 태어난 나에게 간단한 편지를 쓰도록 한다. Ⓒ Ⓢ 학생들의 활동 소감과 편지글을 발표하도록 하고, 가족 사랑과 존중의 가치를 되짚어 보도록 한다. 차시 예고 : 긍정적 부모-자녀 관계	더불어 살기

학습자료 II-2-Ⓢ64

엄마 눈은 달마시안, 아이의 마음은?

학년 반 번 이름:

Q 위의 광고에서 표현하고자 하는 바는 무엇인가요? 말하고자 하는 내용은 무엇이라고 생각합니까?

Q 부모님께 맞아본 경험이 있습니까? 그 경험과 느낌을 간단하게 나누어봅시다.

Q 친구나 동생을 때린 경험이 있습니까? 그 상황과 기분은 어떠했습니까?

Q 신체적 폭력 외에 우리를 멍들게 하는 행동에는 어떤 것들이 있습니까? 자신이 아팠던 경험 그리고 다른 가족을 아프게 했던 경험엔 어떤 것이 있었는지 서로 이야기해 봅시다.

Q 부모-자녀 간에 이렇게 서로 아프게 하는 원인이 무엇인지 생각해 봅시다.

학습자료 II-2-S65

짐승처럼 방치... 버려진 아이들

□ 학년 □ 반 □ 번 이름: □

〈앵커〉 내일(5일)이 어린이날입니다만 태어났으면 따뜻한 보살핌 속에 밝게 자랄 권리가 우리 아이들에겐 마땅히 있습니다. 하지만 부모들의 방치 속에 채 피지도 못하고 시들어가는 새싹들이 적지 않습니다. ○○○ 기자의 보도입니다.

〈기자〉 허겁지겁 젖병을 빠는 모습이 애처롭습니다. 귀에서 시작된 상처가 곪아서 얼굴까지 번졌습니다. 이제 15개월이 갓 지난 이모군. 경기도 고양의 한 원룸에서 3살 형, 4살 누나와 함께 발견됐습니다. 아이들이 생활했다는 원룸은 대소변과 음식물 쓰레기로 뒤범벅입니다. 화장실에는 옷가지가 산더미처럼 쌓여있고 우유 통에서는 상한 우유가 쏟아집니다. 사람이 살았다고는 상상도 할 수 없는 환경입니다. 아이들은 짐승우리보다도 못한 좁고 지저분한 원룸에서 하루 24시간 온종일 방치됐습니다. 부모는 하루에 한 번 들러 음식을 먹일 뿐 전혀 아이들을 돌보지 않았습니다.

[이웃 주민 : (어머니가)여기 오긴 와요. 와서 우유나 빵 같은 거 사들고 가고. 있다가 또 금방 나가고.]

경찰은 아동학대 혐의로 달아난 아이들의 부모를 쫓고 있습니다.

자료 : SBS TV, 2004년 5월 4일 방영

[뒷얘기]

어린 자녀들을 버려둔 채 집을 나갔던 비정한 부모. 이 가운데 아버지 24살 이모씨가 가족들의 설득 끝에 어젯밤 늦게 경찰에 자수했습니다. 이씨는 부인 22살 윤모씨가 평소 아이들을 잘 돌보지 않았다며 지난 29일 밤에도 이 문제로 크게 다툰 뒤 홧김에 집을 나갔다고 말했습니다.

무책임한 부모 때문에 어린 세 남매는 벌레와 오물투성이인 집에서 며칠을 보내야 했습니다. 먹지도 씻지도 못했습니다. 이제 겨우 4살, 3살, 1살배기 아기들이었기 때문입니다. 게다가 1살배기 막내는 발견 당시 머리가 침대와 벽 사이에 낀 채 심한 귓병을 앓고 있는 상태였습니다. 부모가 집을 나가기 전부터 아이의 병이 방치됐던 것으로 추정됩니다.

현행 아동복지법은 어린이들을 학대하거나 기본적인 양육을 안 한 채 방치할 경우 5년 이하의 징역이나 천 오백만원 이하의 벌금형에 처하도록 하고 있습니다. 경찰은 자취를 감춘 아내 윤씨의 소재를 파악하는 데 주력하는 한편 아버지 이씨는 아이들의 양육상 구속이 어렵다고 보고 불구속 수사한다는 방침을 세웠습니다.

자료 : YTN TV, 2004년 5월 5일 방영

✲ 모둠별로 주제를 정해 아동학대의 예방 및 대책에 대한 기사나 신문을 만들어 봅시다.

Q 왜 이런 일이 생겼을까요?

Q 왜 우리 사회에서 이런 문제가 계속적으로 발생하나요?

Q 이런 일을 막기 위해 부모에게, 자녀에게, 이웃에게, 지역사회에 필요한 것은 무엇인가요?

Q 우리는 왜 아동학대에 관심을 가져야 하나요?

Q 다른 가족이나 지역사회 공동체 구성원의 책임은 무엇인가요?

교사용 자료 II-2-T54 **아동학대 바로 알기**

‘아동학대’ 란?

아동학대는 보호자를 포함한 성인에 의하여 아동의 건강 · 복지를 해치거나 정상적 발달을 저해할 수 있는 신체적 · 정신적 · 성적 폭력, 가혹행위 및 아동의 보호자에 의하여 이루어지는 유기와 방임을 말한다(아동복지법 제2조 제4호).

1. 아동학대의 유형

- 신체학대 : 신체적 손상을 입힌 경우와 신체적 손상을 입도록 허용한 경우
  - 예 구타나 폭력에 의한 멍, 화상, 찢김, 골절, 장기파열, 기능의 손상
- 정서학대 : 언어적, 정서적, 심리적 위협, 억제, 감금, 기타 가학적 행위
  - 예 아동의 인격, 존재, 감정을 심하게 무시하거나 모욕하는 행위, 원망적, 거부적, 적대적, 경멸적인 언어폭력
- 성학대 : 성인의 성적 충족을 목적으로 미성숙한 아동과 청소년을 그들이 동의할 수 없는 그리고 사회적 금기를 어기는, 이해되지 않는 성적 활동에 개입시키는 것
  - 예 성적 유희, 성기 및 자위행위 장면의 노출, 관음증, 성적 접촉 등
- 방임 : 고의적, 반복적으로 아동양육 및 보호를 소홀히 함으로써 아동의 건강과 복지를 해치거나 정상적인 발달을 저해할 수 있는 모든 행위
  - 예 아동에게 의식주를 제공하지 않거나, 장시간 위험한 상태에 방치하는 신체적 방임, 아동과의 약속에 무신경하거나 아동의 마음에 상처를 입히는 정서적 방임, 아동의 무단결석을 허용하는 교육적 방임 등

2. 아동학대의 발생원인

아동학대의 가해자 중 대부분은 바로 부모이며 대개가 정상적인 사람들이다. 구체적인 아동학대의 발생원인은 다음과 같다.

- 부모의 미성숙 : 나이가 어리고 안정되지 못한 부모들은 아동의 행동이나 욕구를 이해하지 못하여 아동학대를 쉽게 행하고 건전한 가족관계의 형성에도 어려움을 겪게 된다.

- 아동양육에 대한 지식 부족 : 다양한 아동발달에 대한 지식 부족으로 어떻게 아동을 키울 것인가를 잘 모르거나 건전한 가족관계가 어떤 것인지 잘 알지 못하는 경우이다.
- 지나친 기대 : 부모들은 종종 자신의 자녀가 마치 어른처럼 행동해 주기를 기대하는데, 이처럼 높은 기대는 아동학대의 가능성을 높이는 원인이 된다.
- 어릴 때 학대받은 경험 : 자녀를 학대하는 부모들 중 대부분은 자신들이 어릴 때 부모로부터 학대 받은 경험이 있다.
- 잦은 가정의 위기 : 경제적 어려움, 실직, 잦은 병치레, 가정불화 등 잦은 갈등으로 인해 부모들이 자녀를 학대하는 경우가 있다.
- 정서적 욕구불만 : 부모들은 자신의 욕구가 충족되지 못하거나 스트레스를 받을 때 아동에게 그 불만을 터뜨린다.
- 사회적 고립 : 아동양육의 부담을 도와줄 수 있는 친척이나 친구, 이웃이 주위에 아무도 없는 경우에 아동학대를 하기도 한다.
- 알코올중독, 약물중독 : 알코올중독이나 약물중독에 빠진 부모들은 자신을 잘 통제하지 못하고 자녀를 학대하기도 한다.

3. 아동학대의 징후

아동이 명백한 이유 없이 상처를 입었거나 의기소침해 있거나, 새로운 행동문제를 나타내며 평소와 다른 모습을 보일 때 그리고 성인을 두려워하는 행동을 보인다면 학대의 가능성을 고려해 보아야 한다.

- 신체적 징후 : 설명하기 어려운 상처와 채찍자국, 도구의 모양이 그대로 나타나는 상처, 설명하기 어려운 화상(담뱃불 자국, 뜨거운 물에 잠겨서 생긴 화상자국, 팔, 다리 목 등에 묶은 줄 자국의 화상), 설명하기 어려운 골절, 설명하기 어려운 절상, 성장장애, 신체발달 저하, 언어장애, 나쁜 위생 상태, 부적절한 옷차림, 지속적인 피로, 불안정감, 수업 중 조는 태도
- 행동적 징후 : 공격적이거나 위축적인 극단의 행동, 지나친 행동, 부모에 대한 두려움, 발달지연, 자살 시도, 비행, 가출, 기괴하고 미묘한 성적 행동과 지식, 이른 등교와 늦은 하교

4. 아동학대의 후유증

- 정신적 · 신체적 장애
- 학대받는 아동은 다른 사람을 신뢰하거나 사랑하지 못할 확률이 크다.
- 비행을 저지르거나 반사회적 행동을 하게 된다.
- 자신의 아이를 가지게 되었을 때 학대를 되풀이 할 가능성이 높다.
- 자존감이 없고, 여러 가지 정서적 문제를 일으킬 수 있다.

5. 아동학대 예방

- 아동학대의 예방이 치료보다 훨씬 좋다.
- 가해자(어른)의 경우
  - 학대 또는 폭력의 충동을 느끼는 경우 마음을 가라앉힌다.
  - 자녀에 대한 지나친 기대보다는 기대수준을 현실적으로 맞추도록 노력한다.
  - 항상 화목한 가정을 위해서 가족 구성원이 노력한다.
  - 아동양육이 힘들 때는 친척이나 주위 사람에게 도움을 요청한다.
  - 알코올중독이나 약물중독에 빠지지 않도록 대화를 자주 하고 고민에 대해서도 의논할 수 있는 가정 분위기를 가꾼다.
  - 심한 스트레스를 받거나 욕구충족이 되지 않고 고민스러울 때는 전문가에게 상담을 요청한다.
- 피해자(아동)의 경우
  - 크게 울거나 싫다고 소리를 지르는 등 학대거부의사를 확실하게 밝히도록 한다.
  - 학대의 현장에서 피한다. 잘 모르는 사람은 따라가지 않는다.
  - '괜찮은, 적절한' 접촉과 '안 되는, 부당한' 접촉을 구별하여 부당한 접촉은 거부하도록 가르친다.

6. 아동 학대 신고

- 전국 아동학대예방센터 : 국번 없이 1391

자료 : 한국복지재단(http://www.childabuse.or.kr)

학습자료 Ⅱ-2-Ⓢ66

사랑 받고 존중 받아야 할 가치

□학년 □반 □번 이름: □

✲ 아동학대로 인해 일어날 수 있는 일들을 생각해보고, 빈칸을 채워봅시다.

영구적인 신체적 손상	정신 지체	타인을 사랑하거나 신뢰 못함	
	자기존중감 부족	반사회적 행동	폭력적 행동
			죽음

♥ 우리는 사랑 받기 위해 태어난 사람!

우리는 사랑받기 위-해 태어난사람-

우리의 삶속에서- 그사랑 받고 있지요-

우리는 사랑받-기 위해 태어난 사람-

지금도 그 사랑- 받고 있지요-

사랑하고, 사랑받기 위해
태어난 나에게 보내는 편지

4/7차시

긍정적 부모-자녀 관계

학습목표 : 긍정적인 부모-자녀 관계의 특성에 대해 말할 수 있다.
나는 이런 부모가 되고 싶다는 생각을 정리할 수 있다.

교수학습 자료 및 준비	교사	교사용 자료 55	수업 준비	인터넷 연결 멀티미디어 시설
	학생	학습자료 67, 68, 69		
지도시 유의점 교사 Tip	• 학생들이 토의자료로서 도서나 참고자료, 인터넷 자료를 조사할 수 있도록 학교 도서관을 이용하는 것도 좋은 방법이다.			

도입	Ⓐ TV 동화 행복한 세상의 '이런 부모가 되겠습니다' 와 '이런 자녀가 되겠습니다' 를 감상한다(인터넷의 다시보기 활용). http://www.kbs.co.kr/2tv/sisa/happytopia/vod/1317378_1144.html http://www.kbs.co.kr/2tv/sisa/happytopia/vod/1317268_1144.html 학습목표를 제시한다.	생각문 열기
전개	Ⓡ 감상소감과 연결지어 역할을 바꿔 생각해보도록 한다. -이런 자녀를 둔 부모는 어떨까? -이런 부모를 둔 자녀는 어떨까? -현재의 나는 이런 자녀가 되겠습니다. Ⓒ 참신하고 솔직한 표현에 격려를 해준다. Ⓐ 학습자료 [아이들이 진정으로 원하는 것은]을 읽고 질문에 답하도록 한다. - 이 글에서 아이들에게 진정으로 필요한 것은 무엇인가? - 현재 자녀의 입장에서 필요한 것은 무엇인가? - 더 어린아이들에게 필요한 것은 무엇인가? Ⓡ 교사용 자료 [어린이들에게 필요한 새 비타민]을 읽어주고, 학생들이 발표한 자료를 종합하면서 자녀에게 필요한 새로운 비타민을 추가시킨다.	다르게 보기 더불어 살기
정리	Ⓡ 학습자료 [아이들은 생활 속에서 배운다]를 큰 소리로 같이 읽도록 한다. 학습 내용을 종합하여 다음의 질문에 답하도록 한다. - 지금까지 살핀 긍정적인 부모-자녀 관계의 특성은 무엇인가? - 긍정적인 부모-자녀 관계 형성을 위해 부모에게 필요한 것은? Ⓒ Ⓢ 참신하고 성숙한 생각과 아이디어를 격려해주고, 긍정적인 부모-자녀 관계 형성을 위한 방법을 차시에 학습함을 안내한다. 차시 예고 : 긍정적인 부모-자녀 관계 만들기	

학습자료 II-2-S67

이런 부모, 이런 자녀가 되겠습니다

□ 학년 □ 반 □ 번 이름: ________

✲ 다음 동영상을 감상하고 생각을 이어가 봅시다.

♡ 이런 자녀가 되겠습니다.

http://www.kbs.co.kr/2tv/sisa/happytopia/vod/1317268_1144.html

간단한 소감 : ________________________________

____

____

생각 이어가기 : (역할 바꿔보기) 이런 자녀를 둔 부모는 어떨까 생각해봅시다.

____

____

♡ 이런 부모가 되겠습니다.

http://www.kbs.co.kr/2tv/sisa/happytopia/vod/1317378_1144.html

간단한 소감 : ________________________________

____

____

생각 이어가기 : (역할 바꿔보기) 이런 부모를 둔 자녀는 어떨까 생각해봅시다.

____

____

현재의 나는 이런 자녀가 되겠습니다.

미래의 나는 이런 부모가 되겠습니다.

학습자료 II-2-Ⓢ68

아이들이 진정으로 원하는 것은?

☐ 학년 ☐ 반 ☐ 번 이름: ☐

1945년, 2차 세계대전이 끝난 후의 유럽은 초토화된 상태였다. 산적한 문제들 중 하나는 전쟁 중 부모의 사망이나 행방불명, 이산 등으로 생겨난 수많은 전쟁 고아들의 구호문제였다.

다행히 전란에서 비켜나 있던 스위스는 이 문제를 해결하기 위해 의료진들을 동원해 조사를 실시했다. 그중 어느 의사는 고아가 된 아기를 어떻게 하면 가장 잘 보살필 수 있는지 연구하는 과제를 맡았다.

그는 고아를 돌보는 가장 훌륭한 방법을 찾기 위해 유럽의 여러 나라에 있는 수많은 고아원을 방문했다. 어떤 곳에서는 미군 야전병원이 고아보호시설을 만들어 아기들을 위생병동의 스테인리스 요람에 눕히고 말끔한 제복을 입은 간호사가 특수 제조된 분유를 네 시간 간격으로 먹이는 것을 보았다.

또 외딴 산골마을에 트럭 한 대가 와서는 운전사가 "이 아기들을 돌보아주실 분 계십니까?" 하고 여섯 명의 울고 있는 아기들을 마을 사람들의 손에 맡기고 떠나는 것을 보았다. 아기들은 거기서 마을 아이들, 개, 염소, 마을 여인네들에 둘러싸여 염소젖이나 여럿이 함께 먹는 스튜를 얻어먹으며 자랐다.

그 스위스 의사는 서로 다른 양육 시설을 아주 간단한 방법으로 비교했다. 아기들의 몸무게를 잴 필요도, 아기의 웃음이나 눈 맞춤을 확인해볼 필요도 없었다. 인플루엔자나 이질이 만연하던 당시에 그는 가장 간단한 통계 수치인 사망률을 확인했다.

비교 결과는 놀라운 것이었다. 전염병이 유럽을 휩쓸어 많은 사람들이 죽어가는 가운데, 그 외딴 산골 마을에 남겨진 아기들이 야전병원에서 과학적이고 위생적으로 양육되고 있던 아기들보다 훨씬 건강하게 자라나서 더 많이 살아남았다.

자료 : 스티브 비덜프, 샤론 비덜프 저, 전순영 역(2002). 아이에게 행복을 주는 비결 1. 북하우스.

Q 이 글에서 아이들에게 진정으로 필요한 것은 무엇이라고 생각하나요?

Q 현재 자녀의 입장에서 필요한 것은 무엇인가요?

Q 여러분보다 어린 아이들에게 더 필요한 것은 무엇인가요?

교사용 자료 II-2-T55 어린이들에게 필요한 새로운 비타민

우리는 매일매일 살아가는 데 필요한 비타민이 A부터 K까지 있다는 것을 알고 있다. 최근 과학자들이 이 비타민들 못지않게 우리 몸에 필요한 비타민을 새로 발견했다는 소문이 들린다. 그 새로운 필수 비타민들은 다음과 같다.

- 비타민 M - 음악(music) : 젊은 부모들이 자연스럽게 자주 들으며 가족 식단에 즉시 올릴 수 있다. 멋진 음악을 틀어놓고 거실에서 아이들과 춤을 춰보라. 그것도 자주. 아이들이 너무 어리면 안고서 추면 된다. 차 안에 있을 때는 제일 좋아하는 테이프를 틀어놓고 노래를 부를 것. 간단한 악기를 하나 마련하는 것도 좋다. 아이들에게 음악 레슨을 시킨다면 아이가 만족하고 있는지가 제일 중요하다. 최소한 재미있게 생각해야 한다. 한편, TV나 라디오를 계속 켜놓는 것은 위험하다. 아이들이 듣지 않고 흘려버리는 습관을 갖게 되니까.

- 비타민 P - 시(poetry) : 동시나 운율이 있는 짧은 글을 아이들에게 가르칠 것. 아이가 조금 자라면 가족들이 모인 자리에서 짧은 시를 낭송할 수 있다. 시 낭송 테이프를 들려주면서 흘러나오는 목소리를 음미하게 할 것. 좋은 시는 아이들에게 마술과 같은 감동을 준다.

- 비타민 N - 자연(nature) : 아이들로 하여금 사람의 손길이 전혀 닿지 않은 자연을 경험할 기회를 주라. 아직 어린 아이들의 경우 뒤뜰도 괜찮다. 많은 벌레들, 기어 다니는 것들, 새들이 와서 앉는 나무들이 있으니까. 그러나 가능하다면 숲이나 바닷가로 가도록 한다. 석양을 감상하고 캠프를 만들라. 이 비타민 N은 영적인 세계를 뜻하는 비타민 S(영혼, spirituality)와도 통한다. 비타민 S는 때로 교회나 절, 사원 등에서 얻을 수 있다. 컴퓨터 게임이나 도시 생활, 너무 많은 놀이동산들, 즐거움을 돈으로 살 수 있다는 생각 따위로 인하여 비타민 N은 이제 사라질 위기에 처해 있다.

- 비타민 F - 즐거움(fun) : 어디에나 있는 우주에서 제일 흔한 비타민. 아이에게서 어른으로 또 어른에게서 아이로 가는 것. 직장이나 일터에 원래부터 존재하는 것은 아니지만 몰래 갖고 들어갈 수는 있다. 사람들이 시계를 차게 되면서부터 사라질 위기에 처해 있다.

- 비타민 H - 희망(hope) : 희망은 자연스럽게 생기는 것이므로 독약들에 노출되어 사라지지 않게만 주의하면 된다. 뉴스 시청이나 신문 읽기를 피해야 한다. 자녀들, 특히 십대 아이들 곁에서 싫은 소리를 하면서 시간을 보내느니, 차라리 뜻있는 일을 하는 단체에 가입하여 세상을 변하게 하는 데 동참하라. 그린피스나 야생동물보호협회 등의 출판물과 팸플릿은 대단히 긍정적인 메시지를 담고 있다. 부모가 적극적으로 이런 활동에 참가하면 아이들이 정신적으로 더 건강해지고 세계나 미래를 보는 시선이 더 긍정적으로 변하며 자신들도 참가하고자 하게 된다.

자료 : 스티브 비덜프, 샤론 비덜프 저, 전순영 역(2002). 아이에게 행복을 주는 비결 2. 북하우스.

학습자료 II-2-Ⓢ69

아이들은 생활 속에서 배운다

□ 학년 □ 반 □ 번 이름: ______

비난 받으며 크는 아이
비난하는 것을 배우고
적개심으로 크는 아이
싸우는 것을 배우고
업신여김으로 크는 아이
부끄러움을 배우고
치욕스럽게 크는 아이
자책감을 배우고
관용으로 크는 아이
인내심을 배우고
격려로 크는 아이
자신감을 배우고
칭찬으로 크는 아이
감사함을 배우고
공명정대하게 크는 아이
정의를 배우고
안전하게 크는 아이
믿음을 배우고
인정받으며 크는 아이
스스로는 좋아하는 것을 배우고
친구들과 잘 어우러져 크는 아이
세상을 사랑하는 법을 배운다.

-도로시 로 놀데-

✱ 생각을 정리해 봅시다.

Q 긍정적인 부모-자녀 관계의 특성은 무엇인가요?

Q 긍정적인 부모-자녀 관계 형성을 위해 부모에게 필요한 것은 무엇인가요?

5-6/7차시

긍정적인 부모-자녀 관계 만들기

학습목표 : 긍정적인 부모-자녀 관계를 만들기 위한 실제적인 방법을 알 수 있다.
긍정적인 부모-자녀 관계를 만들기 위한 의사소통 방법을 실생활에 적용할 수 있다.

교수학습 자료 및 준비	교사	교사용 자료 56, 57, 58, 59	수업 준비	인터넷 연결 멀티미디어 시설
	학생	학습자료 70, 71, 72, 73, 74		
지도시 유의점 교사 Tip	• 자신의 어린 시절에 들었던 말들을 소개하고 평가하는 과정에서 학생들이 상처입지 않고 치유할 수 있는 시간이 될 수 있도록 사전 안내를 한다. 긍정적인 부모-자녀 관계 형성을 위한 의사소통 기술은 아는데서 그치는 것이 아니라 실천이 중요함을 알게 하고, 직접 행동할 수 있도록 지도한다.			

도입	Ⓐ [네 모습 그대로 사랑한단다]의 동영상을 감상한다. http://www.yes24.com/home/chyes/story_viewer.asp?mediaFileKey=4180252&AK=1404597&pretty=74(yes24 홈페이지 → 채널예스 → 플래시 동화) 학습목표를 제시한 후 학습자료 [난 어떤 모습이지?]의 질문에 답하게 한다.	생각문 열기
전개	Ⓡ 어렸을 때 부모님께 많이 들었던 말 BEST 5 - 부모님 말 속에 담긴 자신의 모습 살펴보기 - 학생들의 자료를 부모님께 많이 들었던 말 BEST 10으로 정리 - 긍정적인 부모-자녀 관계 형성에서 의사소통의 중요성을 생각해본다. Ⓐ 학습자료 [이런 말은 삼가주세요]의 각 질문에 답하도록 한다. - 부모님께 듣기 싫은 말 생각해보기 - 듣기 싫은 말, 부정적인 말의 특성 정리하고 예 찾아보기 - 내가 부모라면 이렇게 말하겠다 - 고쳐 말하기 Ⓒ 학생 발표에 공감적인 반응을 보여준다. Ⓡ 학습자료 [자녀에게 긍정적인 메시지를 입력하는 방법]을 보고, 앞에서 수정한 내용을 다시 평가하고, 미래의 부모가 되어 현재의 자신을 긍정적인 메시지로 칭찬해보도록 한다. (교사용 자료 [어떻게 말하느냐에 달려있다]로 보충 설명을 한다) Ⓐ 자녀와 효과적인 의사소통을 위해서 부모들에게 필요하다고 생각되는 것을 질문한 후 학생 답변에서 그 기술을 추출한다(예 : 능동적 경청, 무조건적 사랑, 표현, 칭찬, 믿음). 교사용 자료를 참고하여 [5가지 사랑의 언어]에 대한 학습활동을 하고, 다양한 사랑의 표현방법이 있고, 사람마다 중요하게 여기는 것이 다름을 이해하도록 한다.	다르게 보기 다르게 보기
정리	Ⓐ 교사용 자료를 참고하여 칭찬에 대해 설명한 후 긍정적인 부모-자녀 관계 형성을 위한 [칭찬일기 쓰기]를 지도한다(교사용 자료 참고). Ⓒ Ⓢ 칭찬일기는 장기간에 걸쳐 실시해야 가족행동의 변화를 유발할 수 있으며, 칭찬일기를 쓰는 학생 자신에게는 긍정적인 전략을 강화시킬 수 있다는 장점을 설명하고, 학생들의 행동을 격려한다. 차시 예고 : 자녀 스스로 건강하게 성장할 수 있도록 도와주기	더불어 살기

학습자료 II-2-S70

난 어떤 모습이지?

□ 학년 □ 반 □ 번 이름: □

샘 맥브래트니 글, 아니타 제람 그림, 김서정 옮김(2004).
네 모습 그대로 사랑한단다. 베틀북.

http://www.yes24.com/home/chyes/story_viewer.asp?mediaFileKey=4180252&AK=1404597&pretty=74

Q 어렸을 때 부모님께 많이 들었던 말 BEST 5

- 1
- 2
- 3
- 4
- 5

Q 어렸을 때 부모님께 많이 들었던 말 BEST 5 속에 담긴 나는 어떤 모습인가요?

Q 우리 반 학생들이 부모님께 많이 들었던 말 BEST 10을 정리해 보세요.

Q 긍정적인 부모-자녀 관계 형성에서 의사소통이 왜 중요할까요?

학습자료 Ⅱ-2-ⓢ71

이런 말은 삼가주세요!

□학년 □반 □번 이름: □

어린 아이에서 청소년 시기까지 우리는 끊임없이 나 자신에 대해 묻습니다. '나는 누구지?', '난 어떤 사람일까?'. 이런 자기 정의가 모여서 자기 정체성을 형성해가는 것입니다. 이러한 자기 정체성 형성 과정에서 부모의 부정적인 표현은 자녀들에게 상처가 될 뿐만 아니라 부정적인 자기 정체성을 형성하게 됩니다.

Q 부모님, 이런 말은 하지 않았으면……

넌 머리를 장식으로 달고 다니니?

네가 엄마 힘든 것 손톱만큼이나 알기나 하니? 난 너 때문에 못살겠다.

넌 도대체 누굴 닮아서 그 모양이니?

옆집 ○○의 반만 닮아봐라. 걘 또 1등 했다는데 너는……

Q 부모님의 말 중에서 듣기 싫은 말, 부정적인 말의 특성을 정리해 봅시다. 정리한 특성을 가진 예를 더 찾아 봅시다.

Q 내가 부모가 된다면 위에 제시된 말들을 어떻게 고쳐 말할 수 있을까요?

① 이런 말은 :

☞이렇게 :

② 이런 말은 :

☞이렇게 :

학습자료 II-2-Ⓢ72

자녀에게 긍정적인 메시지를 입력하는 방법

학년 반 번 이름:

Q 사랑하는 자녀에게 힘이 되고 긍정적인 자아정체성을 형성할 수 있는 메시지에는 어떤 표현들이 있을까요?

우리 ○○는 웃는 모습이 참 예뻐서, 주변까지도 환해지는구나!

어떻게 이런 생각을 했니? 아주 멋지고 창의적인 생각인걸!

어쩌면 그렇게 동생을 잘 돌보니, 그러니까 동생이 너를 그렇게 좋아하고 따르지.

아이 자존심 이렇게 키워줘요.

- 눈 보며 대화를 : 대화할 때 항상 아이의 눈을 보면서 밝은 얼굴로 대한다.
- 가족회의를 해라 : 가족회의를 자주 열어 아이가 자유롭게 의견을 말하게 한다.
- 잘 들어줘라 : 아이의 이야기를 끝까지 경청하고 말허리를 자르지 않는다.
- 참견을 줄여라 : 작은 일부터 스스로 결정하게 하고 중간에 개입하지 않는다.
- 비교는 금물 : 다른 사람과 비교해 야단치지 않는다(특히 친구나 동생 앞에서).
- 뒤통수를 치지 말라 : 등 뒤나 뒤통수에 대고 한심하다는 투의 말을 내뱉지 않는다.
- 보듬어 줘라 : 실패를 두려워하지 않도록 성적이 나빠도 따뜻하게 안아준다.
- 야단칠 땐 따끔히 : 열 마디 잔소리보다 호되게 한 번 야단 치고 반복하지 않는다.
- 때론 진지한 시간을 : 가끔 긴 시간을 내 아이의 깊숙한 생각을 진지하게 듣는다.
- 식사시간은 즐겁게 : 30분 이상 식사하면서 서로 칭찬하고 즐거운 분위기를 만든다.
- 칭찬할 땐 확실히 : 아이 스스로 자랑스럽다고 느끼는 일을 했을 땐 크게 칭찬한다.
- 약속은 칼같이 : 자녀와의 약속은 반드시 지키고, 그렇지 못할 땐 양해를 구한다.

자료 : 중앙일보, 2005년 7월 4일자

Q 앞의 학습자료에서 내가 수정한 말들이 긍정적인 메시지를 전달할 수 있는지 평가하고, 수정해봅시다.

Q 미래의 부모가 되어 지금의 나를 칭찬하는 말을 긍정적인 메시지로 담아 봅시다.

교사용 자료 II-2-T56 어떻게 말하느냐에 달려있다 - 긍정적인 말의 효과 -

칭찬 혹은 기죽이기만이 아이의 자신감 높낮이를 결정짓는 것은 아니다. 우리가 아이들에게 요구나 지시를 할 때 말을 어떻게 하느냐에 따라 아이들의 자신감에 차이가 생긴다.

어른인 우리는 자신의 행동이나 느낌을 '스스로에게 말하면서' 방향을 잡는다('차에 기름 넣는 걸 잊지 말아야 하는데', '이런, 지갑을 깜빡했네, 나도 이제 늙었군' 등). '스스로에게 말하는 것'은 부모님이나 선생님들로부터 직접 보고 배운 것이다. 같은 이치로 이제 우리가 자녀들의 마음속에 온갖 유용하고 긍정적인 말들을 심어 넣어 아이들이 스스로 되새길 수 있게, 그래서 평생 동안 용기를 잃지 않게 만들 때이다.

예를 들어 아이에게 "오늘 학교에서 싸웠다만 봐. 그냥!" 하는 대신 "오늘 학교에서 친구들과 재미있게 놀고, 즐거운 시간을 보내고 와라" 하는 게 어떨까?

그런 사소한 것들이 어떻게 큰 차이를 만드냐고? 요컨대 이건 사람의 마음이 어떻게 움직이느냐 하는 문제이다. 만약 어떤 사람이 당신에게 2분 동안 파란색 원숭이에 대해 생각하지 않으면 100만 달러를 주겠다고 했다고 하자. 그게 가능할 거라고 생각하는가?(못 믿겠다면 직접 해볼 것!) 만약 아이가 "나무에서 떨어지지 마"라는 말을 듣는다면, 아이는 두 가지 일을 생각해야 한다. '하지 마'와 '나무에서 떨어지는 것'. 우리는 무엇을 듣든지 간에 거기에 따라서 자동적으로 연상을 하기 마련이다. 아이가 나무에서 떨어지는 걸 아주 실감나게 상상한다면 아이는 실제로 떨어질지도 모른다. 차라리 긍정적으로 말을 바꾸는 게 낫다. "나무 위에 올라가면 발 디딜 만한 곳을 찾아봐."

상황을 바로잡을 기회는 항상 있다. "차도로 뛰어들지 마" 대신 "나랑 인도에 같이 있자"가 쉽고 낫다. 아이로 하여금 '어떻게 하면 안 된다' 보다는 '어떻게 한다'를 상상하게 할 것.

아이들에게 무엇을 시킬 때 옳은 방법을 정확하게 설명해 줄 것. 아이들이 사고를 저지를 수도 있으므로 지시를 명료하게 할 것. "민수야, 보트의 이쪽을 양손으로 잡고 있어"가 "그거 빼면 죽을 줄 알아"나 "너 물에 빠지려고 그래"보다 낫다. 큰 차이가 없는 것 같지만, 사실은 차이가 크다.

긍정적인 말은 아이가 생각하고 행동하는 것도 긍정적으로 만들어, 예기치 못한 상황이 닥쳐도 여유 있게 대처하게 한다. 아이들은 성공하게 되는 것을 상상하고, 훌륭한 결과를 만들어 낼 때까지 스스로 그 말들을 되새긴다. 부모의 격려는 아이들과 평생을 함께 한다.

자료 : 스티브 비덜프, 샤론 비덜프 저, 전순영 역(2002). 아이에게 행복을 주는 비결 1. 북하우스.

학습자료 II-2-Ⓢ73

5가지 사랑의 언어

☐ 학년 ☐ 반 ☐ 번 이름: ________

인간에게는 누군가에 의해 친밀감을 느끼고 사랑받고 싶어 하는 욕구가 있습니다. 우리는 이러한 친밀감과 사랑의 욕구를 충족받기를 원하고 있습니다. 게리 채프먼(1997, 1998)은 [5가지 사랑의 언어]에서 가족 간에 이러한 친밀감과 사랑을 표현하는 방법을 다섯 가지 사랑의 언어로 설명하고 있습니다.

Q 부모-자녀 간에 또는 가족 간의 다섯 가지 사랑의 언어에는 어떤 것이 있을까요? 그 예를 들고, 본인의 사례와 그 당시 느낌에 대해 이야기를 나누어 봅시다.

하나 : 육체적인 접촉을 가져라(껴안기, 뽀뽀하기 등)

둘 : 인정하는 말을 하라(우리 아들이 최고야!)

셋 : 함께하는 시간을 가져라(과학실험도 하고 설거지도 하고…)

넷 : 선물을 준비하라(사랑하는 사람에게 선물을)

다섯 : 봉사하자(마음만 갖지 말고 시간을 내어 상대방의 어려움을 도와라)

Q 다섯 가지 사랑의 언어 중에 가장 중요하다고 생각되는 것은 무엇입니까? 그 이유는 무엇입니까?

교사용 자료 II-2-T57

5가지 사랑의 언어

게리 채프먼(1997, 1998)은 다섯 가지 사랑의 언어에 대해 다음과 같이 설명하고 있습니다. 엔진 오일을 넣지 않고 자동차를 달리는 것에 비유해서 사랑의 탱크에 사랑을 넉넉히 채워 유지시켜주는 것을 강조하고 있습니다.

■ 하나 : 육체적인 접촉

아동발달과정을 연구한 많은 보고서에 따르면, 육체적인 접촉을 전혀 갖지 않고 지낸 아이들보다 안아주거나 키스를 해 준 아이들이 훨씬 건강하게 자란다고 한다.

■ 둘 : 인정하는 말

인간에게 가장 심오한 욕구는 누군가로부터 인정받고 싶은 욕구이다. 인정은 다음과 같은 언어를 통해 전달된다.

- 잘한 일을 구체적으로, 여러 가지 방법으로 칭찬하라.
- 친절한 행동에 감사하라. 작은 일에도 반드시 고맙다는 표현을 하라.
- 잠재력을 격려하라.
- 온유하게 말하라. 비록 화가 나더라도 큰 소리를 지르기보다 차분하게 자신의 생각과 느낌을 말로 표현하는 것이 좋다.
- 요구하지 말고 정중하게 부탁하라. 정중한 부탁은 상대방의 인격과 가치와 능력을 인정하는 것이며, 정중한 부탁은 사랑을 표현할 수 있는 기회를 주지만 무례한 요구는 그 반대이다.

■ 셋 : 함께 하는 시간

함께 하는 시간은 서로가 감정적으로 관심을 집중시키면서 시간을 보내는 것이다. 두 살짜리 아이와 공굴리기를 할 때 중요한 것은 놀이가 아니라 아버지와 아이 사이에 교류되는 감정이다.

- 진정한 대화 : 진정한 대화는 두 사람이 그들의 경험과 사상이나 감정 또는 바램을 아무런 해석 없이 서로 주고받는 말을 의미하며, 경청하는 것이 중요하다.
- 함께 하는 활동 : 함께 하는 활동은 함께 정원을 가꾼다든지, 음악을 듣는다든지, 소풍을 간다든지, 야구경기를 관람한다든지, 봉사를 한다든지 하는 것이다. 이런 일을 통해서 얻은 고생이나 사고, 즐거움은 두고두고 좋은 추억거리가 된다.

■ 넷 : 선물

선물은 상징에 불과하고 선물을 준 사람과 그 때의 느낌은 오래오래 기억된다. 선물은 사랑과 정성이 깃든 것이면 무엇이든지 좋으며 상대가 원하는 것이면 더욱 좋다.

■ 다섯 : 봉사

섬김(봉사)이란 상대방이 당신에게 원하는 바를 해 주는 것이다.

- 사랑은 언제나 마음으로부터 우러나와야 한다. 사랑은 상대방에게 요구하는 것이 아니다. 자발적으로 상대방을 도와주고, 무엇인가 해 줌으로써 사랑을 표현하는 것이다.

※ 다섯 가지 사랑의 언어는 사람마다 중요하게 여기는 것이 다르므로 상대방이 중요하게 여기는 사랑의 언어를 파악하고 이해하는 것이 중요하다.

자료 : 게리 채프먼 저, 장동숙 역(1997). 5가지 사랑의 언어. 생명의 말씀사.
게리 채프먼 저, 장동숙 역(1998). 자녀를 위한 5가지 사랑의 언어. 생명의 말씀사.

교사용 자료 II-2-T58 부모의 칭찬에도 뿌리와 가지 있어야

칭찬할 것이냐, 혼을 낼 것이냐. 아이가 못한다고, 부모가 짜증이 난다고 혼을 내자니 아이의 기가 죽을 것 같다. 그렇다고 마냥 칭찬만 해주면 아이가 기고만장해질 것 같다. 딱 부러지는 정답은 없다. 다만 칭찬에는 아이의 자신감을 길러주는 힘이 숨어 있다. 부모가 자신을 인정해준다는 만족감을 안겨줌으로써 꾸중이나 매로는 풀 수 없었던 문제를 해결하는 열쇠가 된다는 것. 그런데 칭찬에도 꼭 알아둬야 할 기술이 있다. 전문가들이 권하는 칭찬기술을 알아본다.

전문가가 권하는 '자녀 칭찬기술'

- 작은 것부터 칭찬하자

아이에 대한 칭찬은 날 잡아서 거창하게 하는 게 아니다. 일상생활에서 자그마한 것을 잘 해내거나 사소하지만 나쁜 버릇을 고쳤을 때 즉시 해주는 칭찬이 큰 효과를 본다.

소아정신과 전문의 손석한 박사는 칭찬의 종류를 '뿌리 칭찬'과 '가지 칭찬'으로 나눈다. '뿌리 칭찬'이란 꼭 고쳐야 한다고 생각하는 문제행동을 고쳤을 때 하는 칭찬이다. 예를 들어 공부하기 싫어하는 아이가 매일 한 시간씩 공부하도록 계획을 세우고 이를 지킬 경우 칭찬한다. 부모나 아이 모두에게 시간과 노력이 많이 든다.

이에 비해 '가지 칭찬'은 고치기 쉬운 행동을 목표로 세우고 이를 고칠 경우 하는 칭찬이다. 쉬운 것부터 시작해서 점차 어려운 것을 고치도록 유도하는 데 효과적이다. 최종 목표가 매일 한 시간씩 공부하는 것이더라도 첫날 10분, 다음날은 20분, 그 다음날은 30분…, 이런 식으로 시간을 늘려가면서 칭찬하는 것이다.

평소 '가지 칭찬'을 많이 해주다 아이의 행동에 뚜렷한 변화가 보이면 '뿌리 칭찬'을 아끼지 않는 방식이 바람직하다고 한다.

- 일관성 지켜야

부모가 서로 상의 없이 마구잡이로 해주는 칭찬은 아이에게 혼란을 안겨줄 수 있다. 부모의 의견이 서로 지나치게 다를 경우가 문제다. 이때 아이는 힘이 있고 자신에게 잘해주는 쪽을 따르게 된다. 손석한 박사는 "칭찬이나 야단 모두 상식적이고 합리적인 수준에서 일관성 있게 해야 한다"고 말한다.

또 칭찬을 말로만 때울 수는 없다. 칭찬받을만한 일을 하면 상도 줘야 한다. 주의해야 할 점은 아이의 행동에 따라 단계적으로 상을 주는 게 바람직하다는 것이다. 부모의 기분에 따라 주면 아이가 부모의 기분에 맞춰 행동하려 할 뿐 진정한 개선 효과는 없다. 아이에게 주는 상으론 역시 선물이 주종을 이룬다. 특히 맞벌이 부부는 부모로서 부족한 부분을 선물로 상쇄하려는 경향이 있다. 그러나 이때도 장난감을 사주는 것으로 그쳐서는 안 된다. 장난감을 사준 뒤 아이와 함께 가지고 노는 것이 더 중요하다.

- 체벌이나 비교는 자제

체벌은 엄격함이나 위계질서를 강조하는 훈육 방식이다. 체벌에 대해서도 여러 의견이 있지만 부모와 자녀관계를 악화시킬 가능성이 높다는 전문가들이 많다. 또 아이를 때릴 때 감정적으로 흐르지 않더라도 문제 해결을 완력으로 하려는 점에서는 바람직하지 않다.

삼성서울병원 소아청소년정신분과 정유숙 교수는 "가능하면 야단은 적게 치는 것이 좋다. 아이들은 부모가 이유를 설명해줘도 혼났다는 것, 매를 맞았다는 것만 기억해 부당하다고 생각하기 쉽다"고 말했다.

불가피하게 야단을 칠 경우에도 피해야 할 것이 있다. 바로 형제나 친구와 비교하는 것이다. 정 교수는 "누구보다 잘해서, 또는 누구보다 못해서 칭찬이나 꾸지람을 하는 것은 적절하지 않다"고 강조했다.

자료 : 중앙일보, 2004년 11월 1일자

이렇게 해 보세요.

♥ 칭찬할 때

- 그 자리에서 즉시 칭찬하자
- "참 잘했어요!" 라고 말하자
- 칭찬하는 이유를 말해주자
- 상을 주자
- 부모가 바라는 행동을 구체적으로 알려주자
- 사랑과 칭찬의 신호를 만들어 몸으로 표현하자
- 결과보다 과정을 중시해야
- 선물도 독이 될 수 있다
- 부모가 일관성 있게 칭찬해야
- 스스로 한 일에 대해 더욱 많이 칭찬하자
- 하지 말라고 한 일을 하지 않았을 때도 칭찬은 필수

♡ 야단치기 전에

- 감정적으로 화를 내지 않기
- 지나간 일을 끄집어내지 않기
- 아이의 잘못된 행동에 대해서만 야단치기
- 형제자매를 비교하지 않기
- 야단치는 목적은 분명하게
- 아이의 인격을 비난하거나 무시하지 않기
- 고쳐야 할 바람직한 방향을 제시하기
- 절대 때리지 않기
- 시간을 정해놓고 야단치기
- 아이의 생각을 들어보기

*도움말=손석한(소아청소년 정신과 전문의)박사

이런 게 바람직한 칭찬

받아쓰기에서 처음으로 100점을 받은 초등학교 1학년 은혜. 엄마와 매일 1시간씩 연습을 한 결과다. 이럴 때 부모는 어떻게 칭찬을 해줘야 할까.

"은혜가 100점을 받아서 엄마는 정말 기뻐. 참 잘했어" 라고 할 수도 있다. 이는 결과에 관심을 가진 칭찬에 불과하다.

반면 이런 칭찬은 더 효과적일 수 있다.

"은혜가 100점을 받았구나. 네가 지난 일주일 동안 엄마와 열심히 노력했다는 것이 자랑스러워. 이제 노력하면 좋은 결과를 얻을 수 있다는 걸 알게 됐지."

결과뿐 아니라 과정에 가치를 둔 칭찬을 들으면 아이는 자신의 노력을 거쳐 나온 결과가 칭찬을 받는 행동이라는 것을 깨닫게 된다. 아이의 동기를 북돋우는 격려인 셈이다.

손석한 박사는 "자녀에게 왜 칭찬을 받을 행동인지를 구체적으로 설명하는 것이 중요하다" 고 강조했다. 결과에 대해서만 칭찬할 경우 '모로 가도 서울만 가면 된다' 는 식의 부작용도 낳을 수 있으므로 과정을 중요시해야 한다는 설명이다.

아이를 바꾸는 한마디의 힘

♣주호(9)=방과후 친구들과 문방구 · 오락실 등을 기웃거리느라 늘 학원에 늦었다. 엄마는 어르고 달래고, 혼내다 학교 수업이 끝나는 시간에 맞춰 아이를 기다려 학원에 데려다주는 방법을 택했다. 그러나 엄마가 학교 앞에서 기다리는 게 창피했던 주호는 다른 길로 샜고 학원도 빼먹었다.

아이와의 숨바꼭질에 지쳐가던 엄마는 "칭찬과 상을 주라" 는 의사의 조언을 받아들였다. 주호가 시간에 맞춰 학원을 가면 "잘했다" 고 꼭 말해주고 학교에 다녀온 뒤에는 간식을 챙겨주는 등 칭찬과 관심을 보이자 주호의 태도는 일주일 만에 달라지기 시작했다.

♣태성(9)=엄마는 자신이 바라는 행동을 아이가 못할 때마다 야단을 쳤고, 태성이는 급기야 소아 우울증을 보이게 됐다. 주의가 산만하고 엄마나 선생님에게 자주 화를 내고 대들다 결국 병원을 찾았다.

의사의 권유로 칭찬요법이 도입됐다. 우선 아이에게 그날그날 할 일을 구체적으로 일러준 뒤 이를 잘 할 수 있도록 도와줬다. 일을 성공적으로 해낸 뒤에는 아낌없이 칭찬했다. 그러자 칭찬을 듣기 위해 노력하는 모습을 보였다.

자료 : 중앙일보, 2004년 11월 1일자

학습자료 II-2-Ⓢ74

칭찬일기 쓰기

□학년 □반 □번 이름: ______

✲ 다음과 같이 4단계에 맞추어 칭찬일기를 써 봅시다.

날 짜	월 일 요일 (번째) 학년 반 번 이름 :
칭찬의 상황은?	
칭찬한 말은?	
부모님의 반응은?	
오늘 칭찬활동에 대한 나의 생각은?	

[참고] 칭찬일기 쓰기의 기본 원칙

칭찬일기를 쓰면서 꼭 지켜야 할 사항은 다음과 같습니다.

1. 비밀 : 칭찬일기는 비밀일기처럼 부모님 모르게 적는다.
2. 무(無)대가 : 부모님께 칭찬의 대가를 절대 요구하지 않는다.
3. 세심한 관찰 : 부모님과 관련된 사소한 내용이라도 자세히 관찰하여 칭찬한다.
4. 표현법 향상 : 표현이 반복되지 않도록 스스로 노력하여 칭찬 표현 기술을 향상시킨다.
5. 용기 : 칭찬을 표현하기가 힘든 가정일수록 칭찬이 필요한 가정이므로 더욱 용기를 가지고 끝까지 칭찬해본다.
6. 배우는 자세 : 칭찬을 잘하는 친구의 사례를 잘 듣고 적극적으로 배우려고 노력한다.
7. 자연스러움 : 노골적이고 형식적인 칭찬보다는 마음을 자연스럽게 표현하도록 한다.

〈칭찬일기의 예〉

날 짜	5월 7일 수요일(7번째) 학년 반 번 이름 :
칭찬의 상황은?	아픈 나는 학교에서 돌아오자마자 방에 누워 잤다. 그런 나에게 오셔서 간호해주시는 엄마. 자고 일어나니 아팠던 것이 말끔히 다 나았다.
칭찬한 말은?	"마술사인가 봐. 다 나았는데. 이 손이 마술손이네!"
부모님의 반응은?	"쉿!, 사람들에게 알리지 마."
오늘 칭찬활동에 대한 나의 생각은?	엄마가 더 아픈 듯(?) 하다.

교사용 자료 II-2-T59 칭찬일기 쓰기 지도

✲ 칭찬일기 프로그램은?

칭찬일기는 칭찬 상황, 칭찬한 말, 부모님의 반응, 활동에 대한 나의 생각, 이렇게 네 부분으로 학생들이 지속적으로 기록하여 행동의 변화를 이끌어내는 데 목적이 있다.

■ 칭찬일기 쓰기의 기본 원칙

칭찬일기를 쓰면서 꼭 지켜야 할 사항은 다음과 같다.

1. 비밀 : 칭찬일기는 비밀일기처럼 부모님 모르게 적는다.
2. 무(無)대가 : 부모님께 칭찬의 대가를 절대 요구하지 않는다.
3. 세심한 관찰 : 부모님과 관련된 사소한 내용이라도 자세히 관찰하여 칭찬한다.
4. 표현법 향상 : 스스로 노력하여 칭찬 표현 기술을 향상시킨다.
5. 용기 : 칭찬을 표현하기가 힘든 가정일수록 칭찬이 필요한 가정이므로 더욱 용기를 가지고 끝까지 칭찬해본다.
6. 배우는 자세 : 칭찬을 잘하는 친구의 사례를 잘 듣고 적극적으로 배우려고 노력한다.
7. 자연스러움 : 마음을 자연스럽게 표현하도록 한다.

■ 칭찬일기 실행 결과

칭찬일기를 쓰면서 학생들은 가정에서의 자신들의 역할에 눈을 뜨게 되었다. 이전에는 스스로를 단지 사랑을 받아야만 하는 존재로 인식했는데 이제는 자신들도 사랑을 베풀어야 하고, 베풀 수 있는 존재라는 사실을 느꼈던 것이다.

'이제는 내가 우리 가정을 지키겠다' 는 다짐을 일기에 써놓은 아이들을 심심찮게 볼 수 있었다. 그렇기에 '자녀들더러 너희는 공부만 하면 돼!' 하는 식으로 그들의 의사결정 능력과 능동성을 차단해버리는 것은 그야말로 자녀들을 비인격적으로 다루는 것이 아닐 수 없다. 그런 의미에서 이 칭찬일기가 학생들에게 뜻 깊었던 게 아닌가 한다.

그동안 부모님을 칭찬하면서 느꼈습니다. 부모님도 관심을 필요로 한다는 것을. 저는 그동안 잊고 있었는지도 모릅니다. 제가 해달라는 대로 다 해주시는 부모님을 어쩌면 저는 요술방망이 정도로 생각하고 있었는지도 모릅니다. 전 칭찬을 하면서 부모님도 저와 같은 인간이며 관심을 필요로 한다는 것을 느꼈습니다. 저는 부모님을 사랑합니다. 물론 부모님도 저를 사랑하시겠지요. 저는 이제부터라도 부모님께 칭찬을 많이 해드리겠습니다. 기나긴 14년 세월의 은혜를 다 갚을 순 없겠지만 이 길만이 제가 효도할 수 있는 방법이라고 생각합니다. ♥ 엄마, 아빠, 사랑합니다.♥

부모들 역시, 칭찬일기를 통해 많은 생각을 할 수 있었다. 아이들의 칭찬이 너무 상상 밖이었고, 부모의 입장에서 엄청난 경험이었기 때문이다. 이렇게 '뒤통수를 맞은 듯한' 충격을 통해 부모들도 자신들의 삶을 돌아보고, 부모 자식간, 부부간의 관계를 재정리하는 계기를 만들 수 있었다.

가정이라는 울타리 안에서 함께 산다는 이유로 서로의 장점을 발견하고 사소한 일에도 칭찬할 수 있는 너그러움을 잊고 산 것 같다. 엄마는 너에게 칭찬을 들을 만한 게 없는 것 같아 늘 미안한 마음이야. 충분한 시간으로 보살펴주고 한 끼 밥을 먹더라도 따뜻하게 차려주고 이야기도 하면서 같이 오순도순 시간을 못 보냈던 점, 늘 바쁘다는 핑계로 학교생활에 관심을 가져주지 못한 점, 형제도 없이 외롭게 자란 너를 혼자 내버려둔 점, 잘하라는 말만 한 점……. 뒤돌아보면 부족한 게 너무너무 많구나. 가끔은 성의 없이 밥상을 차려줄 때도 맛있게 먹어주는 모습에, "엄마가 해주는 음식이 제일 맛있어요" 하는 너의 말 한 마디에 엄마는 왠지 뿌듯하고 기분이 좋아진단다. 엄마도 앞으로는 너 많이 칭찬하고 기분 좋게 해줄게.

자료 : 김상복 저(2004). 엄마, 힘들 땐 울어도 괜찮아. 21세기 북스.

7/7차시 자녀 스스로 건강하게 성장할 수 있도록 도와주기

학습목표 : 긍정적인 부모-자녀 관계를 바탕으로 현재의 나와 미래의 자녀가 긍정적인 행동을 할 수 있는 기반을 마련할 수 있다.

교수학습 자료 및 준비	교사	교사용 자료 60, 61	수업 준비	멀티미디어 시설
	학생	학습자료 75, 76, 77, 78		
지도시 유의점 교사 Tip	• 전시학습 내용과 연계하여 긍정적인 부모-자녀 관계를 바탕으로 미래의 부모로서 자녀의 긍정적인 행동을 촉진시키는 방법뿐만 아니라 현재 자신의 긍정적인 행동을 촉진시키는 방법도 고려해볼 수 있도록 현재와 미래를 잘 조화시켜 수업에 반영한다.			

단계	내용	
도입	Ⓐ '칭찬일기'를 잘 실행하고 있는지 실행한 결과를 확인하고 격려한다. Ⓐ 학습자료 [나는 누구일까요?]를 퀴즈로 내고, 답하도록 한다. 학습목표를 제시한다.	
전개	Ⓐ 학습자료 [어차피 자식보다 오래 못 사니, 홀로 서게 하라]를 읽고 모둠별로 발표하도록 한다(교사용 자료 [피터팬 양산하는 사회] 참고). - 우리 사회에 '피터팬'과 '캥거루족'이 등장하는 이유 - 미래의 부모로서 자녀의 습관을 바르게 형성하고, 독립적으로 성숙하게 하기 위한 양육방법 - 자녀에게 스스로 성장할 수 있는 힘을 북돋아주기 위해 부모에게 필요한 것 - 무조건적 사랑의 필요성과 그 이유 생각해보기 - 가족 내에서 규칙의 가치 Ⓒ 준비과정과 발표에 열심히 참여한 모둠을 격려한다. Ⓐ 학습자료 [우리 자녀를 건강하고 바르게 키우는 방법]에서 문제 상황을 제시하고 자녀를 바르게 지도하는 방법을 모둠별로 역할놀이로 표현하도록 한다. Ⓒ Ⓢ 역할극을 한 후 부모로서 어려운 점에 대한 소감을 발표하고, 자녀를 양육할 때 영향을 미치는 요소들과 자녀를 바르게 성장하도록 하기 위한 양육방법에 대한 생각을 나눈다(교사용 자료 [자녀를 바르게 성장하도록 돕는 방법]을 안내 자료로 활용하여 진행한다). 학습자료 [아버지의 선물, 나의 선물?]을 읽고 다음 주제로 간단한 글을 써서 발표한다. - 재산이 별로 없는 나는 내 아이가 스스로 건강한 삶을 살 수 있도록 어떻게 도와줄 수 있을까?	생각문 열기 다르게 보기 더불어 살기
정리	Ⓒ Ⓢ 진실하고 참신한 글을 쓴 학생들을 격려하고, 연결지어 학습한 내용을 종합 정리한다. 차시 예고 : 가족과 사회현상의 관계	

학습자료 II-2-Ⓢ75 나는 누구일까요?

☐ 학년 ☐ 반 ☐ 번 이름: ________

나는 항상 당신과 함께 합니다.
나는 당신을 가장 잘 도와주기도 하고 가장 무거운 짐이 되기도 합니다.
나는 당신을 성공으로 밀어주기도 하고 실패로 끄집어 내리기도 합니다.
나는 전적으로 당신의 명령을 따릅니다.
내가 하는 일의 절반쯤을 당신이 나에게 떠넘긴다면
나는 그 일들을 더 빠르고 정확하게
처리할 수도 있습니다.

나는 쉽게 관리할 수 있습니다. 그저 나에게 엄격하게 대하기만 하면 되지요.
당신이 어떻게 하고 싶은지만 알려주세요.
몇 번 연습하고 나면 그 일을 자동적으로 할 수 있을 겁니다.
나는 모든 위대한 사람들의 하인이고(이럴 수가!)
또한 실패한 사람들의 하인입니다.
위대한 사람들은 사실 내가 위대하게 만들어 준 것이지요.
실패한 사람들도 사실 내가 실패하게 만들어 버렸고요.

나는 기계가 아닙니다. 기계처럼 정확하고
인간의 지성으로 일을 하긴 하지만.
당신은 나를 이용해 이익을 얻을 수도 있고
망해 버릴 수도 있습니다. 당신이 어떻게 하든 나한테는 별로 상관이 없는 일이죠.

나를 택해 주세요. 나를 길들여주세요. 엄격하게 대해 주세요.
그러면 세계를 제패하게 해 주겠습니다.
나를 너무 쉽게 대하면, 당신을 파괴할지도 모릅니다.

나는 누구일까요?

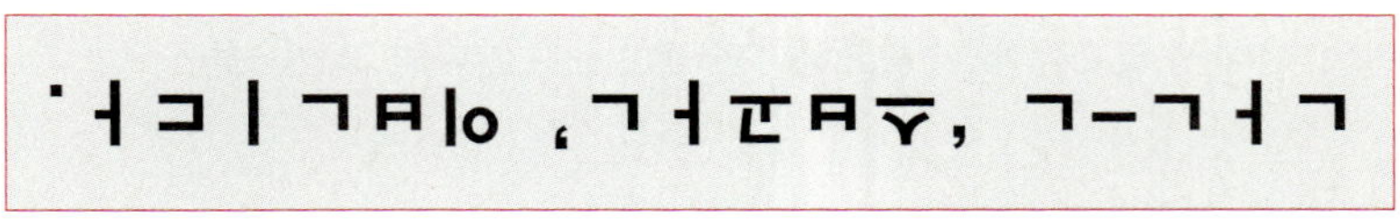

자료 : 숀 코비 지음, 김경섭, 유광태 역(2005). 성공하는 10대들의 7가지 습관. 김영사.

학습자료 II-2-S76 어차피 자식보다 오래 못사니… 홀로 서게 하라

□ 학년 □ 반 □ 번 이름: □

※ 내 아이가 혹시 어른 아이로 자라는 건 아닐까? 몸은 성인이지만 정신적 · 경제적으로 부모에게 의존하는 어른 아이들. '피터팬 신드롬' 에 걸린 이들이 취업난을 맞아 부모 품에 안주하는 '캥거루족' 으로 불리며 사회 문제로 등장하고 있다. 자립은 성인이 되기 위한 필수 요건이다. 자녀를 스스로 책임지는 진짜 성인으로 키우는 방법은?

'어른 아이' 안 만드는 교육법

유아기

올바른 생활습관 기초 다지기
- 식사는 매끼 부모가 제공해 주는 고맙고 필요한 음식이라고 인식한다.
- 세수하기, 이 닦기, 옷 입기 등 자기관리 법을 배운다.

부모는
- 밥투정을 받아주지 않는다.
- 자신의 몸단장 하는 일을 전적으로 대신 해주지 않고 아이와 함께 한다.

초등생

자신의 일은 스스로
- 이불 개기, 먹은 그릇 설거지 통에 담기, 방 청소 등 자신의 일은 스스로 한다.
- 숙제는 혼자 힘으로(힘들면 부모 대신 선생님과 의논)
- 고학년부터 용돈을 본인 스스로 관리한다.

친구 사귀기도 중요한 일
- 수평적인 친구 관계를 통해 독립성을 키운다.

부모는
- 본인이 할 수 있는 자기관리를 부모가 대신하지 않는다.
- 용돈 기입장을 쓰도록 한다.
- 과외활동은 아이와 의논해 결정한다.
- 자료 찾기, 만들어오기 등 숙제를 대신해 주지 않는다.
- 또래와 어울리는 시간을 많이 갖도록 도와준다.

중고생

판단력을 길러야 할 시기
- 용돈은 부모와 합의해 정해진 액수만 규모있게 사용한다.(부득이한 경우가 아니면 추가 용돈을 요구하지 않는다)
- 과외는 자신에게 필요한 과목을 스스로 선택한다.
- 부당하다고 생각하는 일은 논리적으로 자신의 의견을 부모에게 설명한다.

부모는
- 아이가 자신의 일에 대해 생각하고 스스로 결정할 시간과 기회를 준다.
- 용돈은 아이와 합의된 액수만 준다.
- 중요하지 않은 일에 대한 시행착오는 아이 스스로 잘못을 느낄 때까지 지켜준다.
- 자녀 문제 이외에 에너지를 발산할 일거리를 찾는다.

대학생

내 인생은 내가 책임져야
- 자신의 문제(진로, 이성교제 등)는 스스로 충분히 생각한 뒤 결정한다.
- 용돈을 스스로 버는 기회를 만든다.
- 경제적인 독립이 성인이 되는 지름길임을 인식하게 한다.

부모는
- 자녀 문제에 일일이 간섭, 관리하려 들지 않는다.
- 성인 자녀는 정신적, 경제적으로 부모와 독립해야 하는 존재임을 인정한다.
- 자녀 문제에 개입하기보다 부부문화를 찾고 가꾼다.

자료 : 중앙일보, 2005년 5월 16일자

Q 우리 사회에서 스스로 자립하지 못한 '피터팬' 과 '캥거루 족' 이 등장하는 이유는 무엇일까요?

Q 미래의 부모로서 자녀의 습관을 바르게 형성하고, 독립적으로 성숙하게 하기 위해서 어떻게 양육해야 할까요?

Q 자녀에게 스스로 성장할 수 있는 힘을 북돋아주기 위해 부모에게 필요한 것은 무엇일까요?

Q 무조건적 사랑이 육아에 필요할까요? 필요하다면/필요하지 않다면 그 이유는?

Q 가족 내에서 규칙의 가치는 무엇일까요?

피터팬 양산하는 사회

학교 숙제도 엄마가
수강 신청도 엄마가
입사 지원도 엄마가

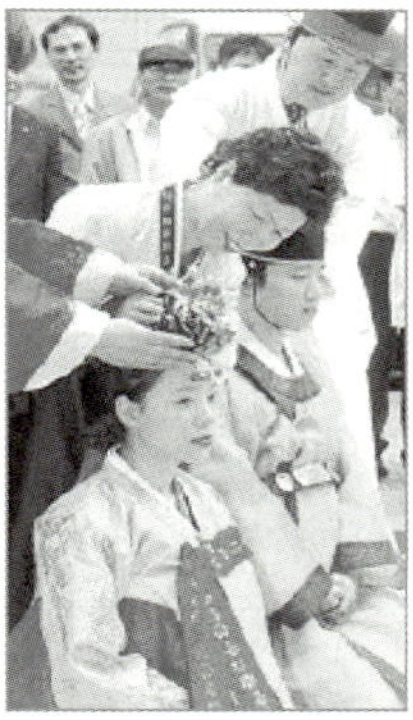

책임감 못 배운 아이들
어른 돼서도 마찬가지
사회생활 적응 힘들어

◆피터팬 양산하는 사회=행복하고 해맑은 동심의 세계에서 영원히 살고 싶다는 것은 누구나 한 번쯤 해보는 상상이다. 이런 바람을 구체화시킨 존재가 영원한 소년으로 존재하는 피터팬이다.

그런데 산업화와 경제성장, 그리고 저출산 · 고학력화 현상은 피터팬 신드롬을 양산하는 것으로 지적된다. 서울대병원 정신과 권준수 교수는 "반세기 전만 해도 10대 후반만 되면 부모님을 도와 농사일을 하며 자연스레 경제활동의 주체인 어른으로 탈바꿈했다"고 설명한다. 종전엔 독립된 성인의 기본 요건인 경제적 자립을 일찍부터 시작했다는 것이다. 반면 경제발전에 따른 고학력화는 자녀들의 독립 시기를 자연스레 늦춘다. 또 경제력을 갖춘 부모들의 저출산화는 자녀가 장기간 부모에 의존하며 살 수 있는 여건을 마련해주고 있다.

◆성적 중심의 교육도 문제=서울 강남의 A초등학교 5학년 B양(12). 학년이 올라가면서 학교 숙제는 어머니 몫, 학원 숙제는 자신의 일로 자연스러운 분담이 이뤄졌다. "자료 찾기, 만들어오기 같은 학교 숙제는 시간도 많이 걸리고 성적과 무관하기 때문에 엄마가 하고, 학원에서 내주는 영어 단어 외우기, 수학 문제 풀이는 아이가 한다"고 어머니는 말한다.

이런 상황은 학년이 올라가면서 심해진다. 학년 초 자신의 교복에 이름표를 붙이려 방과 후 상점을 방문한 S군(Y고 2학년). 가게를 가득 메운 학부모들에게 "엄마는 어디 가시고 학원 갈 시간에 네가 왔느냐"는 말을 들어야 했다.

요즘 아이들은 "공부만 잘하라"는 말을 듣고 자란다. 학업에 방해되는 일은 부모 몫이다. 대도시의 고학력 전업주부 가정에서 흔히 보는 현상이다. 삼성서울병원 소아 · 청소년 정신과 정유숙 교수는 "자녀의 일과표를 일일이 짜주고 과외교사를 섭외하던 어머니들 중에는 자녀가 대학생이 된 뒤에도 수강신청, 진로선택, 이성교제에 관여하려는 경우가 적잖다"고 말한다. 이런 환경에서 자란 자녀는 독립심을 키울 기회조차 박탈당한 채 평생 부모에 의존해 살려는 태도를 갖게 된다고 한다.

◆무책임한 성인들='어른 아이'들에게 나타나는 가장 큰 문제점은 무책임한 태도다. 이들은 일상에서 일어나는 모든 일과 삶에 대해 초지일관 책임지기 싫어한다. 힘든 일은 무조건 기피하고 직장인이 돼서도 자신이 책임져야 할 일에 대한 부담을 못 견뎌한다. 매사 보호받기만을 바랄 뿐 남을 보호하는 일을 거부하다 보니 설사 학창시절 공부를 잘 했어도 사회생활에선 부적응자로 전락하기 쉽다.

권준수 교수는 "부모는 자녀를 끝까지 돌볼 수 없는 존재며, 언젠가는 스스로 자립할 수밖에 없다는 게 인간의 숙명이란 사실을 부모 · 자녀 모두 인식해야 한다"고 조언한다.

◆독립적 성인이 되려면=책임 있는 성인으로 키우려면 성장하면서 시기별로 필요한 과제에 대해 싫더라도 목적의식을 갖고 노력하는 습관을 들여야 한다. 또 부모는 어린 자녀가 혼자 하다 겪는 시행착오에 대해 못마땅하더라도 인내심을 가지고 지켜보는 마음이 필요하다. 특히 일상생활, 친구 관계에서 자녀의 무책임한 행동으로 초래된 결과에 대해선 부모가 대신 해결해 주지 말아야 한다.

어릴 때부터 어른에 대해 긍정적인 생각을 갖게 하는 것도 중요하다. 정유숙 교수는 "부모는 궂은일을 도맡아 해야 하는 딱한 존재가 아니라 독립된 삶을 누리면서 보람찬 인생을 사는 사람이란 개념을 자녀에게 심어주라"고 권한다.

자료 : 중앙일보, 2005년 5월 16일자

학습자료 II-2-Ⓢ77

우리 자녀를 건강하고 바르게 키우는 방법

☐학년 ☐반 ☐번 이름: ☐

✱ 다음의 사례에서 부모의 지도방법을 평가해 봅시다.

(1) 두 명의 유치원생이 장난감 때문에 싸우고 있다. 한 아이가 다른 아이의 손에 든 장난감을 홱 잡아채서 도망을 갔다. 그 부모는 장난감을 가진 아이의 엉덩이를 찰싹 때리며 그것을 돌려주도록 했다. 맞은 아이는 울음을 터뜨렸다.

(2) 비가 와서 공원에 가기로 했던 가족의 외출이 취소되어 다섯 살짜리가 울면서 투덜거리고 있다. 엄마는 울고 있는 자녀에게 춥고, 비가 올 때 집 안에서 할 수 있는 게임에 대해 이야기하면서 주의를 돌렸다.

(3) 네 살 된 ○○가 오줌을 싸서 바지를 적셨다. 아버지는 아이에게 젖은 바지를 입고, 하루 종일 지내도록 하여 다시는 그렇게 하지 못하도록 하였다.

(4) 초등학교 3학년 ○○이가 성적표에 '양'을 받아왔을 때, 아버지는 성적이 올라갈 때까지 친구들과 노는 것을 금했다.

(5) 중학생인 ○○는 공부에 흥미가 없어 성적은 나쁘지만 만화 그리기를 좋아해서 만화만 그리고 있다. 그러나 부모님은 학교 성적을 높여서 대학에 진학한 후 만화를 그리라고 조언하고 있다.

✱ 문제 상황을 제시하고 어떻게 자녀를 바르게 지도할 것인지 역할놀이로 꾸며 봅시다.

■ 상황 :

예 다섯 살 ○○이가 연필로 소파에 구멍을 뚫고 있다.
초등학교에 다니는 아들이 다른 친구를 때려서 다치게 했다.
중학교 3학년 딸이 밤늦게 남자 친구를 만나러 몰래 현관문을 나서고 있다.

■ 시나리오 작성하기

■ 소감 나누기

- 역할극을 하면서 부모로서 어려운 점은 무엇이었나요?
- 부모가 자녀를 양육할 때 영향을 미치는 것에는 어떤 것들이 있을까요?
- 자녀를 바르게 성장하도록 하기 위한 양육방법에는 어떤 것이 있을까요?

교사용 자료 II-2-T61 자녀를 바르게 성장하도록 돕는 방법

부모가 자녀를 어떻게 도와줄까 결정할 때, 그들의 선택에 영향을 주는 많은 요소와 영향력을 검토해볼 필요가 있다.

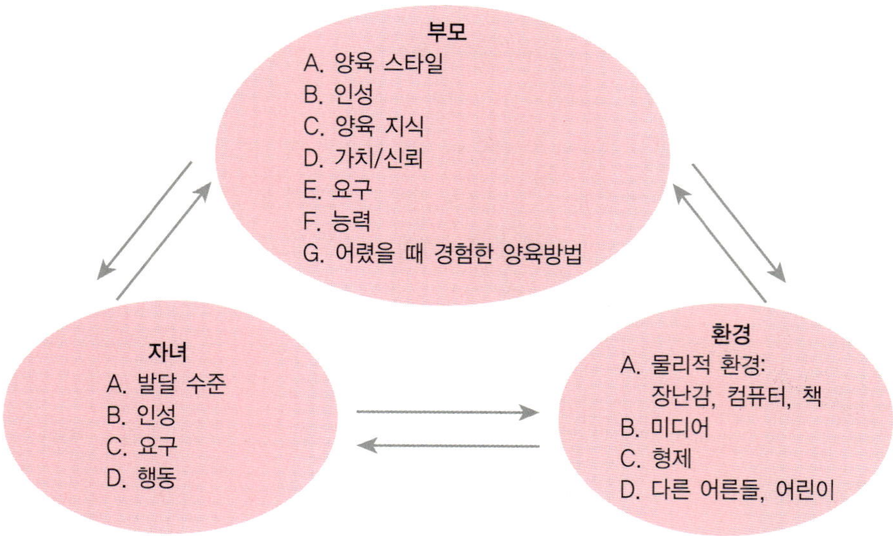

자녀를 바르게 성장하도록 돕는 방법

- 물렁물렁한 부모가 아닌 단호한 부모가 되라!

1. 긍정적 방법으로 규칙을 상기시킨다. "하지 마!" 대신에 "해도 좋아"를 사용한다.
2. 당신이 아이들에게 원하는 행동을 설명해라.
3. 격려해라. 긍정적인데 초점을 맞춘다. 아이의 새로운 또는 인정받는 행동에 용기와 도움을 줘라.
4. 환경을 변화시켜 인정받을 수 있는 행동을 격려하라. 규칙적인 일과를 정해 물질적인 것을 추가하고, 부정적 행동을 증진시키는 것들을 제거하라.
5. 타임아웃 상황에서 아이의 존재를 잊어라. 화가 날 때 감정을 가라앉혀라. 그 뒤 아이들과 어떻게 인정받을 수 있는 행동을 할 수 있는지에 대해 긍정적인 언어로 말해라.
6. 아동이 무엇인가 자율적인 조정감을 가질 수 있도록 언제든지 인정받을 수 있는 선택사항을 제공하라. 부정적 감정을 긍정적인 방법으로 표현하는 것과 같이 부정적 행동에서 긍정적 선택을 설명하라.
7. 긍정적으로 감정을 표현하고, 아이들이 안전하다고 느낄 수 있는 방법을 선택해라. 안아주고, 적절한 유머를 사용하라.

자료 : Joanna Kister, Sandra Laurenson(1995). Parenting Resource Guide. The Ohio state University.

학습자료 II-2-S79

아버지의 선물, 나의 선물?

학년 반 번 이름:

재산이 별로 없는 나는 내 아이에게 무엇을 줄 수 있을까?

나는 그 아이가 얼마나 가치 있는 존재인가를 일깨워 줄 수 있다.

나는 그 아이가 자신을 존중하고 사랑할 수 있도록 그 아이 마음 속 깊은 곳에 다다를 수 있다.

나는 그 아이가 타고난 재능을 발견하고, 그 재능을 키울 수 있도록 용기를 북돋워 줄 수 있다.

나는 그 아이가 다른 사람이나 다른 문화에 대해 이해할 수 있도록 세상을 보여줄 수 있다.

나는 그 아이의 모험심을 자극해 주고, 다양한 경험을 쌓을 수 있는 기회를 줄 수 있다.

나는 그 아이가 자연과 끊임없이 대화하고, 자신의 삶 주위에서 일어나는 일을 인식할 수 있도록 도와줄 수 있다.

나는 그 아이가 자신의 생각이나 느낌을 자유롭게 표현할 수 있도록 그 아이가 하는 이야기에 귀 기울여 줄 수 있다.

나는 그 아이가 다른 사람과의 대화를 통해 인생을 풍요롭게 살 수 있도록 이야기를 많이 나눌 수 있다.

나는 그 아이가 자신을 형성해 가고, 자신이 원하는 목표를 이룰 수 있도록 용기를 줄 수 있다.

나는 그 아이에게 인생이 어려울 때 웃을 수 있는 여유를 보여 줄 수 있다.

이 모든 것을 위하여 나는 그 아이에게 진정한 사랑을 줄 수 있다.

자료 : Slater. E.C.(1992). Relationship. EMC corporation.

Q 재산이 별로 없는 나는 내 아이가 스스로 건강한 삶을 살 수 있도록 어떻게 도와줄 수 있을까요?

1/5차시

가족과 사회현상의 관계

학습목표 : 가족과 사회의 다양한 문제를 나열할 수 있다.
가족과 사회문제는 밀접한 관련이 있음을 알게 한다.

교수학습 자료 및 준비	교사	교사용 자료 62, 63, 64, 65	수업 준비	도서관 활용 모둠 수업
	학생	학습자료 79, 80, 81, 82, 83		
지도시 유의점 교사 Tip	• 현재 우리 사회에서 문제가 되고 있는 가족문제를 찾아서 그 바탕이 되는 사회적인 인식과 배경을 살펴보고, 관련성을 탐색한다. 학습활동자료는 모둠별로 선택적으로 활용할 수 있도록 제시하고, 도서관의 서적 및 인터넷을 활용하여 심화된 학습이 될 수 있도록 지도한다.			

단계	내용	비고
도입	Ⓐ 학생들에게 학벌 위주의 사회 현상, 조기 유학, 부모-자녀 동반 자살 등의 가족 및 사회문제를 간단히 소개한다. 최근 이슈가 되는 가족 및 사회문제를 자유롭게 발표하도록 하고, 칠판에 기록한다.	생각문 열기
	학습목표를 제시한다.	
전개	Ⓡ 모둠별로 기록된 가족 및 사회문제 중에서 한 가지 주제를 선택하고 조사하여 토의하도록 한다. - 문제의 사회적 배경 및 원인 찾아보기 - 문제의 주인공이 되어 변론해보기	다르게 보기 더불어 살기
	Ⓒ 학생들의 활동에 격려를 해준다.	
	Ⓒ 모둠별로 토의 내용을 정리하여 발표한다.	다르게 보기
	Ⓒ Ⓢ 학생들의 이야기나 의견을 경청하고, 공감적인 반응을 보인다. Ⓡ 학생들의 발표를 통해 우리 사회의 가족문제와 사회문제의 연관성을 인식시키고, 심화된 질문을 통해 학생들의 비판적 사고를 유도한다. - 우리 교육에서 추구해야 할 바가 무엇이며, 자녀 교육에서 이를 실천할 수 있는 방안은 무엇인가? - 학생들이 선택한 문제에서 부모-자녀 관계가 극단으로 치닫는 원인과 사회와의 관련성은 어떠한가?	
정리	Ⓢ 인성교육의 중요성을 강조하면서 배운 내용을 정리한다.	더불어 살기
	차시예고 : 타인과의 관계	

학습자료 III-1-S79

참혹한 현장 뉴스

학년 반 번 이름:

✱ 아들 성적 비관한 아버지, 차에 불 질러 가족 몰살

아들의 학업성적에 대한 아버지의 지나친 기대가 일가족 동반자살을 불렀다.

12일 오전 4시 25분쯤 충남 공주시 정안면 광정리 H고등학교 앞 도로에 세워진 쏘나타 승용차에서 불이 나 이모(47)씨와 부인 박모(44)씨, 딸(15) 등 3명이 숨졌다.

경찰은 "이씨가 아들(18세, H고 3년)의 성적 부진 등을 비관해 승용차 안에 불을 질러 가족과 함께 자살한 것으로 보인다"고 밝혔다.

이씨의 아들은 이날 오전 8시쯤 화재 현장에 나타나 경찰에게 "내 문제로 고민하던 아버지가 승용차에 휘발유를 뿌리고 '살고 싶은 사람은 내려라' 고 해 혼자 달아났다" 며 "아버지가 '넌 내 인생의 절반이었는데 모든 게 망가졌다' 고 말했다" 고 울먹였다. 이군이 다니는 H고교는 전국의 상위권 학생들이 입학, 전원 기숙사 생활을 하는 곳으로 알려졌다.

경찰 조사 결과, 이군은 수원에서 중학교 시절을 보내며 전교 1~2등을 유지하다 H고에 입학했다. 그러나 H고교에 입학한 뒤 기숙사 생활에 적응하지 못해 스트레스를 많이 받았던 것으로 알려졌다. 경찰은 "학교 측에서 수업시간에 적응하지 못하는 이군에게 4월 중순까지 전학이나 휴학을 권유했다" 고 말했다.

자료 : 조선일보, 2005년 4월 13일자

✱ 이 사건을 접하면서 느낀 점을 토론해 봅시다!

Q 왜 이런 일이 일어났을까요?

Q 이 가족만의 문제일까요? 이 가족에게 영향을 준 사회적 상황은 무엇일까요?

Q 이런 일이 일어나지 않게 하려면 어떻게 하면 좋을까요?

학교에서는 열등생이지만 사회에서는…

[아름다운 이웃] 30년째 무료이발 "사랑의 가위손"

"몸이 불편하신 분들 이발해 드린 후, 얼굴을 보면 그렇게 기분 좋을 수가 없어요."

18일 서울 강북구 수유동 빨래골 김용배(59) 씨의 광성이발소는 무료로 이발해 준다는 얘기를 듣고 찾아온 동네 할아버지들로 발 디딜 틈 없이 북적였다.

김씨는 30년 전인 1976년부터 이런 선행을 펴기 시작했지만 그 전까진 김씨 역시 어려운 가정형편으로 배우지 못한 한을 자식들에게 넘기지 않겠다는 일념으로 부지런히 돈을 벌었다.

김씨는 6살 때 아버지가 돌아가시고 중학교에 다니던 15살 때 처음으로 가위를 잡았다. 남들보다 부지런했던 김씨는 4년 만에 자신의 이발소를 차렸고 이후 강북구 수유동 4 · 19 국립묘지 앞에서 종업원 8명을 둘 정도로 큰 규모의 이발소를 경영하게 돼 남부럽지 않은 생활을 했다. 하지만 고생은 끝이라 생각했던 김씨의 인생은 순탄치 않았다. 1975년 김씨가 중풍으로 쓰러져 그동안 모아두었던 돈을 치료비로 모두 날려버렸다. 1년이 지나 몸이 회복되자 김씨는 현재 가게가 있는 빨래골로 들어와 조그마한 이발소를 차리고 다시 가위를 들었다. 그러던 중 김씨가 30년간의 봉사활동을 시작하게 되는 계기를 만들어준 손님들이 가게를 찾아왔다. 근처에 있는 한빛맹아원의 아이들이 김씨의 이발소를 찾아와 머리를 깎게 된 것. 중풍으로 여전히 몸이 불편한 김씨는 장애아에게 돈을 받았다는 생각에 이날 잠을 이룰 수가 없었다.

평소에 봉사예찬론을 주장하는 김씨는 "봉사하면 마음이 편해져서 몸도 건강해진다"며 "일반인보다 훨씬 머리 깎기 힘들지만 장애인이나 노인분들이 반가운 눈빛으로 맞아줄 때 절로 힘이 난다"고 말했다.

자료 : 세계일보, 2005년 5월 19일자

■ 이 세상에는 청소년 시절의 학교 성적은 좋지 않았지만 우리 주변을 밝게 해주는 많은 사람들이 있음을 되새기면서 학벌 위주 자녀교육에 대해 생각하게 한다.

학습자료 III-1-Ⓢ80

너무나 버거운 자녀교육!

학년 반 번 이름:

오늘날 우리 가족의 모습을 표현한 그림입니다.
우리 사회의 현상과 관련지어 위의 그림을 해석해 보세요.

학습자료 Ⅲ-1-Ⓢ81 "아이 유학 서둘지 마세요."

학년 반 번 이름:

무작정 일찌감치?
자칫 적응 실패, '득보다 실'
어학 목적이라면 초등 5~6학년 이후가 적당……

해마다 외국으로 유학을 떠나는 아이들이 늘고 있다. 지난해 유학을 떠난 초 · 중 · 고등학생은 1만 490여 명으로 전년보다 3.6% 늘었다. 초 · 중 · 고등학생의 해외유학은 2000년 이후 해마다 큰 증가세를 보이고 있다. 특히 갈수록 나이대가 낮아지는 경향을 보인다. 중학교 2~3학년이나 고교 때 유학을 떠나던 1990년대와 달리 요즘에는 초등학생들이 유학을 떠나는 일을 쉽게 볼 수 있다. 심지어 유치원 때 유학을 떠나기도 한다.

서울지역에서만 매일 평균 34명의 초 · 중 · 고등학생이 공부하기 위해 출국하고 있는 것이다.

조기유학 열풍 작년 초 · 중 · 고등학생 1만여 명 떠나.
부모 보살핌 없는 외국생활로 정체성 혼란 스트레스, 탈선으로 이어지기도.

Q 조기유학의 이점은 무엇이라고 생각하나요?

Q 조기유학으로 인해 일어나는 문제점을 나열해 봅시다.

1.
2.
3.
4.

교사용 자료 Ⅲ-1-T63 '고독감', '외도 유혹' 견디며 자녀 성공에 올인

"기러기 아빠가 급증하는 이유는 다양합니다. 자녀의 대학 진학에 대한 두려움, 왕따, 교사에게 받은 상처……. 분명한 건 자식들에게 남보다 편하고 빠른 길을 찾아주려는 부모들의 의무감이 지나치다는 사실이죠."

자녀의 조기유학 때문에 생겨난 '기러기 가족'이 5만여 가구로 추산되고, 그 비용이 한 해 2조 2,000억원에 육박하는 가운데, '기러기 아빠'들의 삶을 조명한 첫 박사학위논문이 나왔다. 17년간의 주부생활을 청산하고 7년 전 만학(晩學)의 길로 들어선 최양숙(48)씨가 주인공이다. '비동거 가족 경험—기러기 아빠를 중심으로'란 제목의 논문으로, 최씨는 이달 연세대 신학과에서 목회상담학 박사학위를 받는다.

최씨는 논문을 쓰기 위해 2003년부터 기러기 아빠 20명을 심층 면접했다. 면접 대상은 의사(4명), 변호사(4명), 교수(3명), 대기업 임원(2명), 사업가(2명) 등 40~50대의 고소득 전문직 종사자들. 이들은 짧게는 8개월, 길게는 11년 동안 가족과 떨어져 살고 있다. 1년에 8,000만~1억원의 돈이 드는 비용을 월급은 물론 빚까지 내서 송달하는 회사원도 셋이나 됐다.

서울대 서양사학과를 졸업한 최씨가 이번 논문에서 내린 결론은 "한국 사회의 교육문제와 학벌위주의 사회 분위기가 기러기 가족을 급증시키는 구조적 조건"이라는 점이다. 인성교육 부재 및 자존심을 살려주지 못하는 교육, 전교조 문제 같은 공교육에 대한 불만과 함께 사교육비, 직업 전망의 불투명성, 폐쇄적이고 배타적인 한국 사회분위기 등도 자녀를 조기유학 보내는 이유로 나타났다.

'기러기 아빠'들이 털어놓은 독거생활의 어려움도 컸다. "정서적 외로움과 성적(性的) 불만족이 크지요. 이를 해소하는 방법이 운동부터 종교생활, 술·담배, 살림에 이르기까지 다양했습니다." 최씨는 '외도'의 가능성도 배제하지 않았다. '해봤다'고 응답한 사람은 한 사람뿐이었지만, 나머지 아빠들 역시 제 3자의 예를 들면서 '안 해봤지만 유혹은 많이 느낀다' 고 대답했다는 것이다.

최씨는 면접 대상인 '기러기 아빠'들 대부분이 가족과의 별거를 후회하고 있다고 전했다. "20명 중 14명은 현재 생활에 만족하지 못하지만 다시 돌아오게 할 수도 없어서 그대로 유지한다고 대답했죠. 가족은 함께 살아야 한다고 믿지만 자녀의 성공을 위해선 어떤 대가라도 치러야 한다는 의무감 사이에서 아버지들은 혼란을 느끼고 있었습니다." 최씨가 기러기 가족에 처음 관심을 갖게 된 건 지금은 대학생이 된 큰딸 때문이다. "딸이 고 1 때 유학을 보내달라고 졸랐어요. 수능을 목표로 공부하긴 싫다는 거예요. 하지만 반대했어요. 자녀의 성장기를 가족이 함께 지켜볼 수 있다는 것은 다이아몬드보다 값지다고 믿었으니까요." 그러나 주위에선 기러기 가족들이 계속해서 늘어났고, '아빠들이 자녀교육을 위해 저렇게까지 희생해야 하나' 하는 의구심에 논문 주제로 삼았다. "자식을 부모의 분신으로 느끼는 우리 문화도 큰 문제입니다. 그러면 서로를 구속하고 불행해지는 데도 말이지요."

자료 : 조선일보, 2005년 2월 6일자

학습자료 Ⅲ-1-Ⓢ82

자식은 나의 소유물인가?

□ 학년 □ 반 □ 번 이름: □

최근 생활고를 비관한 가족 동반 자살이 잇따르고 있다. 얼마 전 울산의 모 아파트에서는 밤 10시 쯤 13층에서 주부 37살 오모씨가 자녀 둘과 함께 화단으로 뛰어 내리는 사건이 발생 하였다. 생활고를 비관한 나머지 자녀와 함께 동반 자살한 것으로 알려지고 있다.

또 다른 자녀 동반 자살 사고로 자녀 셋과 함께 아파트에 몸을 던진 사고가 있었다. 사고 당일, 손씨는 자신의 집을 방문한 친구에게 “살기 힘들어, 내가 자살하면 어떻게 될까” 라고 말했다고 한다. 그게 친구가 들은 손씨의 마지막 말이었다. 그 길로 손씨는 아이들 셋을 데리고 시내 고층아파트를 찾아갔고, 오후 6시 14층과 15층 사이 복도계단에서 “살려달라” 고 우는 아이들을 한 명씩 창문 밖으로 던지고, 마지막으로 막내를 가슴에 품은 채 손씨 자신도 몸을 던진 것이다.

Q 여러분은 자살의 충동을 느껴 본 적이 있나요? 언제, 무슨 일로?

Q 자녀는 부모의 소유물일까요? 우리나라에서 자녀와의 동반 자살이 많이 일어나고 있는 것은 우리나라 부모들의 어떤 심리 때문일까요?

1.

2.

3.

4.

자녀는 부모의 소유물이 아니다!

자녀는 소유물이 아니다

인간이기를 포기한 비정한 아버지에 의해 채 피지도 못한 채 두 아이가 목숨을 잃었다. 모든 사람들이 경악하고 말문이 막히고 분노와 허탈함에 치를 떨었다. 용서받지 못할 엄청난 죄를 저질러 놓고 현장검증을 하며 죽은 아이들에게 용서를 비는 모습은 가증스러울 뿐이었다.

이러한 동반 자살 사건은 부모가 아이들의 목숨을 자신의 소유물처럼 여겼기 때문에 일어났다고 해도 과언이 아니다. 부모가 어려우니 자식이 짐이 될 것 같아 죽어야 한다는 논리는 정당화될 수 없다. 자기 자식이더라도 이들의 생명은 부모의 소유가 아니며 하나의 인격체로 대우 받아야 한다. 아무리 부모라고 할지라도 스스로 판단 능력이 없는 어린이들의 목숨을 앗아가는 행위는 어떠한 이유가 있다 하더라도 옳지 못하기 때문이다.

전문가들은 이런 사건에 대해 자식을 부모의 '소유물' 로 여기는 한국적인 정서와 맞물려 있기 때문이라고 보고 있다. 이번 사건 외에도 올 한해 많이 발생한 어린 자녀 동반 자살 사건을 통해 이 세상의 부모들이 자식은 부모의 욕구를 채워주는 전유물이 아니며, 더군다나 그들의 생명은 어느 한 사람에 의해 좌지우지될 수 없는 성스러운 것이라는 점을 되새기는 계기가 되었으면 한다.

자료 : 한겨레신문, 2003년 12월 24일자

만물을 낳고 기르는 것은 하늘과 땅의 조화다. 하늘과 땅, 즉 음양에 의해 만물의 성질과 형태가 갖추어진다. 그러므로 도는 하늘의 해와 같고, 덕은 땅과 같다. 하늘의 해와 땅이 만물을 낳아 기르면서도 자기 자랑을 하지 않듯이, 도와 덕은 만물을 소유하거나 자랑하거나 지배하지 않는다.

노자는 자녀들을 소유하려는 부모에게 말한다.

"만물이 그러하듯 사람의 아들과 딸도 자연인이다. 자기가 낳아 길렀다고 자녀를 소유하려는 사람들이 있다. 이것은 자연의 이치에 어긋나는 일이다. 이 세상의 생명은 각자 자기가 누리는 삶이 있다. 그 삶의 권한까지 침해하면서 소유하려고 해서는 안 된다. 그런데도 요즘 자녀의 성취를 자신의 성취로 알고, 자녀의 영달을 통해 자기 성취를 하려는 사람들이 있다. 이들이야말로 자녀에게 교육시키는 것을 투자로 생각하는 몰지각한 사람들이다. 부모는 자녀를 낳아 기르되 소유하거나 자랑하거나 지배해서는 안 된다. 자녀는 고귀한 생명이며, 자연인이며, 어떤 구속도 받지 않고 스스로의 인생을 구가할 권리가 있기 때문이다. 우매한 부모들이여, 자녀를 소유하여 자기 욕망을 취하는 대상으로 삼지 말라."

교사용 자료 III-1-T65 자살의 충동으로부터 헤어날 수 있을까?

✲ 자살 충동 예방 테스트

당신도 자살할 수 있다고 생각해 보았는가?

※ 다음의 각 문항을 읽고 자신에 해당하는 내용이면 Yes를 아니면 No를 써 넣으세요.

1. 죽음을 동경하는 말을 자주한다. (　　)
2. 나중에 태어나면 어떤 사람이 되겠다는 말을 자주 한다. (　　)
3. 일기나 편지에 죽음에 대한 말을 자주 한다. (　　)
4. 평소와는 달리 며칠 동안 말도 없이 우울하다. (　　)
5. 평소 욱하는 성질이 있다. (　　)
6. 가정이 화목하지 못하다. (　　)
7. 학업이나 회사, 친구들 때문에 스트레스를 많이 받는다. (　　)
8. 학교(직장)도 집도 다 싫다. (　　)
9. 평소 남의 비난에 민감하게 반응하는 편이다. (　　)
10. 충동적이고 정서적으로 불안정하여 종잡을 수가 없다. (　　)
11. 이상이 높고 지나치게 완벽을 추구한다. (　　)
12. 뚜렷한 증상이 없는 데도 신체질환을 호소한다. (　　)
13. 실수를 지나치게 두려워한다. (　　)

■ Yes가 반 이상이 나오면

본인은 모르지만 지금 당신의 마음속에 인생을 버려도 그만이라는 생각이 자리 잡고 있는 것 같습니다. 마음을 터놓고 주위의 가족이나 친구 혹은 정신과 의사를 찾아 상담을 받아 보시는 것이 좋을 것 같습니다. 전혀 알지 못했던 삶의 의미를 찾을 수 있을지도 모르니까요.

■ Yes가 3~5개 정도 나오면

밝고 긍정적으로 살아가는 분이네요. 자살? 무슨 얘기?

물론 모르는 일이지만요.

당신은 본인 외 주위 분들도 자살의 충동으로부터 구해주실 수 있는 분이랍니다.

자료 : http://www.carecamp.com

학습자료 III-1-S83

가족문제와 사회문제

☐학년 ☐반 ☐번 이름: ☐

Q 오늘날 우리 사회의 가족문제와 사회문제를 생각나는 대로 적어 봅시다.

	가족문제			사회문제
(예시)	이혼	■	■	가정해체
		■	■	
		■	■	
		■	■	
		■	■	
		■	■	
		■	■	
		■	■	

Q 위의 가족문제와 사회문제에서 서로 관련이 있다고 생각되는 것끼리 줄을 이어 보세요(중복되어도 괜찮습니다).

Q 가장 관련성이 많은 가족 및 사회문제는 무엇인가요? 왜 그렇게 생각하나요?

Q 위의 결과가 시사하는 점은 무엇인가요?

2/5차시

타인과의 관계

학습목표 : 왕따의 원인과 실태를 조사한다.
폭력아동의 원인을 살펴보고 그 대처방안을 강구해 본다.

교수학습 자료 및 준비	교사	교사용 자료 66, 67, 68	수업 준비	OHP 프로젝트
	학생	학습자료 84, 85, 86		협동학습체제
지도시 유의점 교사 Tip	• 학교에서 실제로 왕따나 폭력 피해를 경험하고 있는 학생이 있을 수 있으므로 질문과 답하게 하는 과정에서 주의가 필요하다.			

도입	Ⓐ 학생들에게 왕따와 폭력아동에 대한 기사를 보여주고 질문에 답하도록 한다.	생각문 열기
	- 자신이 왕따를 당하거나 왕따 시킨 경험이 있는지 질문한다.	다르게 보기
	- [왕따는 왜 생겨날까요?]를 읽고 느낀 점을 적게 한다.	
	학습목표를 제시한다.	
전개	Ⓡ 폭력을 행사하거나 당한 적이 있는지를 질문한다.	다르게 보기
	- 폭력의 원인을 함께 토론해 보자.	
	- 사람 관계를 좋게 또는 나쁘게 하는데 영향을 미치는 것에는 어떤 것들이 있을까?	
	- [사회성 체크리스트]를 완성하여 자신의 사회성을 평가해 본다.	
	Ⓒ 학생들의 활동에 격려를 해준다.	
	Ⓡ 교사용 자료 [왕따는 부모가 만든다!]를 읽어준다. 그리고 자신에게는 왕따 징후가 얼마나 나타나고 있는지, 조의 다른 사람들과 비교하고 왕따를 극복할 수 있는 방법에 대하여 의견을 나눈다. 교사용 자료 [왕따 징후와 대처법]을 활용한다.	다르게 보기
	Ⓒ 학생들의 이야기나 의견을 경청하고, 공감적인 반응을 해준다.	
	Ⓡ 부모 양육태도에 따라 사회부적응 자녀가 생겨날 수 있다는 것을 주지시키고 토론 결과를 각 조별로 발표하도록 한다.	
	Ⓒ Ⓢ 각 조별로 발표 후 질문하고 격려해 준다.	
정리	Ⓢ 가정에서의 자녀 인성교육의 중요성을 강조하고 정리	
	차시예고: 일과 가족생활의 조화	

학습자료 III-1-S84

왕따는 왜 생겨날까요?

☐학년 ☐반 ☐번 이름: ☐

3년 만에 밝혀진 '왕따 자살', 유서에 남겨진 피맺힌 절규

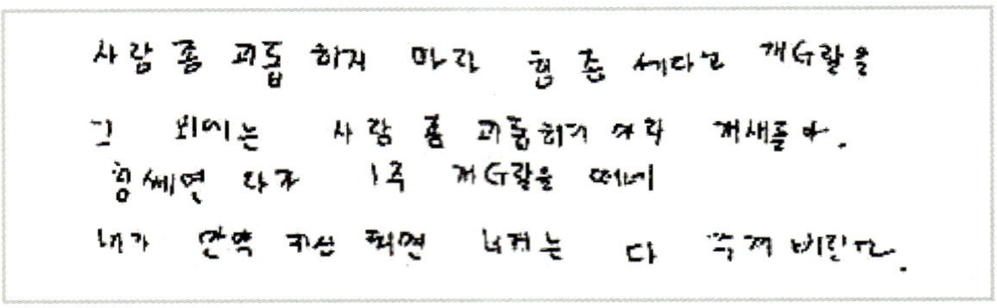

사람 좀 괴롭히지 마라 힘 좀 세다고 개G랄을
그 뒤에는 사람 좀 괴롭히지 마라 개새들아.
힘세면 다가 1주 개G랄을 떠니
내가 만약 귀신 되면 너희는 다 죽여 버린다.

"사람 좀 괴롭히지 마라……, 내가 귀신이 돼서라도 너희 가만두지 않겠다." 3년 전 아파트에서 뛰어내려 숨진 한 중학생의 자살 이유가 집단 따돌림(왕따) 때문이었다는 사실이 뒤늦게 밝혀졌다.

경기도 용인에 사는 황모(50)씨는 자살한 큰 아들(당시 15세, 중학 2년)의 유서(사진)를 13일 공개하면서 "다시는 학교에서 이런 일이 일어나지 않았으면 좋겠다"고 말했다. 황군은 2002년 4월 19일 오후 5시쯤 마산시 자산동 아파트 18층 자신의 방 창문에서 뛰어내려 병원에서 치료를 받다가 일주일 만에 숨졌다. 경찰은 당시 유족들의 진술로 미뤄 앞니가 많이 튀어 나왔던 황군이 자신의 처지를 비관해 투신한 단순 자살 사건으로 결론지었다.

A4 용지 두 장에 연필로 쓴 유서에서 황군은 자신을 괴롭혔던 친구들의 이름을 맨 앞에 거론하며 '나를 놀리는 인간들, 내가 너희들 찔러 죽이려다 참았다. 남의 샤프를 훔쳐가 지꺼(자기 것)라고 우기고……, 잠을 자는데 입에다 먼지 묻은 과자를 쳐 넣고……, 힘 좀 세다고……' 라며 이들에 대한 증오심을 드러냈다.

자료 : 중앙일보, 2005년 4월 14일자

Q 지금까지 살아오면서 왕따를 당하거나 왕따를 시킨 적이 있나요?

Q 왕따가 생겨나는 원인은 무엇일까요?

Q 이러한 원인이 부모의 양육태도와 관련이 되지는 않을까 토론해 봅시다.

학습자료 III-1-Ⓢ85

사회성 체크리스트

□학년 □반 □번 이름: ______

✲ 다음은 사회성을 알아보기 위한 문항입니다. 각 문항들에 대하여 '예/아니오' 로 답해 보세요.

▶▶ 자기인식

나이에 맞지 않게 어린아이처럼 굴 때가 많다. ( )

자신의 생각이나 감정을 타인에게 잘 말하지 못한다. ( )

무엇을 해야 하는지 일일이 부모님이 챙겨주고 알려 주어야 한다. ( )

잘 지내다가도 갑자기 격렬하게 화내는 등 감정의 기복이 심하다. ( )

자신의 행동에 따른 결과를 미리 예측할 수 없다. ( )

자신의 실수를 인정할 줄 알고 모르고 끝까지 우긴다. ( )

▶▶ 타인인식

또래친구나 이웃어른들과 눈 맞춤을 잘 하지 않는다. ( )

다른 사람이 무엇을 하고 있든 별로 관심이 없다. ( )

낯선 사람에게 지나치게 허물이 없다/낯선 사람을 지나치게 경계하고 무서워한다. ( )

엉뚱한 질문을 하거나 상황에 맞지 않는 많은 말이나 행동을 하는 경우가 있다. ( )

어떤 상황인지 눈치 있게 잘 알아차리지 못하는 것 같다. ( )

다른 사람의 말에 쉽게 상처 받고 운다. ( )

▶▶ 또래관계

집단활동에 소극적이며 그다지 즐겁지 않아 보인다. ( )

친구들과 소꿉놀이, 병원놀이처럼 간단한 규칙이나 역할이 있는 놀이를 하기 힘들다. ( )

또래친구들과 함께 있어도 혼자 놀이를 하는 경우가 많다. ( )

허물없이 지내는 친구가 거의 없다. ( )

제 나이보다 어린 아이들과만 어울리려고 한다. ( )

'고마워' 나 '미안해' 와 같은 말은 잘 하지 않는다. ( )

▶▶ 학교생활

또래 친구들이 어려움을 당해도 도움을 주거나 위로해주지 못한다. (　　)

순서에 따라 차례로 활동하기 어렵다. (　　)

선생님의 지시나 집단활동에서 지켜야 할 규칙들을 잘 따르지 못한다. (　　)

협동해야 하는 과제에서 힘들어한다. (　　)

질문을 잘 하지 못한다. (　　)

▶▶ 가족생활

가정 안에서 지켜야 할 규칙들을 자주 무시한다. (　　)

나이 어린 동생에게도 양보가 없다. (　　)

잠시도 어머니 곁에서 떨어지지 않으려고 한다. (　　)

원하는 것을 바로 들어주지 않으면 참지 못하고 떼를 쓴다. (　　)

☞ 절반 이상 '예'에 해당한다면 전문가에게 문의하는 것이 바람직합니다.

자료 : 아이자람 교육연구소

※사회성 향상 프로그램을 실시하는 곳

- 한국청소년상담원(www.kyci.or.kr)
- 각 시 · 도 청소년상담실
- 마음사랑 심리상담센터(www.maumsarang.co.kr)
- 서울임상심리연구소(www.yesucan.co.kr)
- 키즈큐 자녀교육 연구소(www.kidsq.co.kr)

가정에서 충분히 사랑받을 때 아이들은 사회성 첫 걸음인 '자신감'을 갖는다

교사용 자료 III-1-T66 왕따는 부모가 만든다!

초 · 중 · 고 폭력조직 '일진회' 소탕작전이 펼쳐지고 있다. 학부모들은 교육당국도, 학교도 미덥지 않다. 우리 아이의 친구들은 어떤 아이들일까?

학기 초 부모들의 가장 큰 관심사 중 하나는 친구 사귀기이다. "우리 아인 친구들을 때리기만 해요", "맞고만 와서 걱정이에요", "낯선 사람 앞에선 말도 잘 못하는데."

예전엔 공부 잘하는 아이들이 인기도 많고 사회적으로 성공했지만 요즘은 달라졌다. 지난해 말 대학생들을 대상으로 한 설문조사에선 네트워크 지수와 사회성 지수가 성공의 관건이라는 응답이 가장 많았다. 최근 4~8살 아이들이 참여한 설문에서도 공부 잘하는 아이보다는 재미있고 잘생기고 양보를 잘하는 어린이가 좋은 친구로 꼽혔다. 하루아침에 길러지지 않는 사회성. 각 가정에선 어떻게 아이들의 사회성 발달을 도와줄 수 있을까.

자아존중감을 키워주라

인기 많은 아이들은 자신감과 자아존중감이 높다. 초등학교에 갓 입학한 아이에게 '무엇이든 잘 할 수 있다'는 자신감과 '나는 이 세상에 하나뿐인 귀한 사람'이라는 자아존중감을 심어주니 실제 그 아이는 말이나 행동도 활발하고 사교적인 성격으로 변했다.

왕따 아이들의 특징은 이와 반대 상황에서 비롯된다. 자존감이 무척 낮다. '너는 그것밖에 못하니', '아이구, 내가 너 때문에 못살아' 같은 이야기만 한다면 그 아이의 자존감은 회복되지 않는다.

집에서 부모에게 사랑받는 아이가 밖에서도 사랑받는다는 것을 잊지 말자. 칭찬과 긍정적인 표현을 많이 해야 한다. 남과 비교하지 말고 내 아이의 나아진 점을 구체적으로 칭찬하는 것이 좋다.

심리학자, 상담가 등 전문가들은 "요즘 아이들이 자기표현을 잘하고 적극적인 반면 다른 사람들에 대한 배려가 적고 산만하며 규칙을 잘 지키지 않는다"고 말한다. 친구들과의 불화로 유치원에서 '퇴학' 당하는 사례까지 발생하고 있다. 흔히 사회성이라고 하면 다른 사람과 잘 사귀는 사교성만을 생각하지만 공공질서를 잘 지키고 다른 사람을 배려하는 등 세 가지 요인이 모두 어우러져야 한다.

부모를 보고 사교의 기술을 배운다

가족과 함께 보드게임이나 윷놀이, 체스 등 규칙이 있는 게임을 하면 규칙준수 능력이 키워지고 대화하는 방법도 알게 된다. 그러나 가장 중요한 것은 부모의 모습을 보고 닮는다는 것. 부모가 먼저 부부간에 대화를 많이 하고, 내 아이만이 아니라 다른 아이들도 배려하는 모습을 보여준다. 아이가 너무 내성적이라면 친구 사귈 때에 부모가 도와준다. 친구를 집에 초대하거나 사귀고 싶어 하는 친구에게 데리고 가서 "너랑 사귀고 싶어 하는데 우리 애하고 사이좋게 지내지 않을래?"라는 식으로 소개해 준다.

"넌 왜 수줍음을 많이 타니? 적극적으로 나서라"라고 반복하면 점점 더 "나는 원래 그런 아이"라고 생각하게 된다. 아이에 대해 부정적인 말은 피해야 한다.

사교성이 심하게 떨어지는 아이들 중 지능이 낮거나 주의력 결핍 및 과잉행동장애(ADHD), 불안장애 등의 근본적인 문제를 가진 아이들도 적지 않다.

자료 : 키즈큐 자녀교육 연구소

교사용 자료 III-1-T67

왕따 징후와 대처법

부모가 아이의 '왕따'를 알 수 있는 징후들

1. 무조건 전학 보내달라고 하거나 검정고시를 보겠다고 한다.
2. 말수가 적어지고 혼자 있는 시간이 많아진다.
3. 아침에 학교 가기 싫어하고 지각이 잦다.
4. 학용품 및 소지품이 자주 없어지고 망가진다.
5. 외부전화에 민감하고 전화 후 우울해하거나 불안해한다.
6. 예전보다 용돈을 자주 요구하거나 도벽이 생겼다.
7. 화를 내지 않을 상황에서 갑작스럽게 화를 낸다.
8. 연습장 등에 '죽고 싶다' 같은 낙서가 발견된다.
9. 머리나 배가 자주 아프다고 이야기한다.

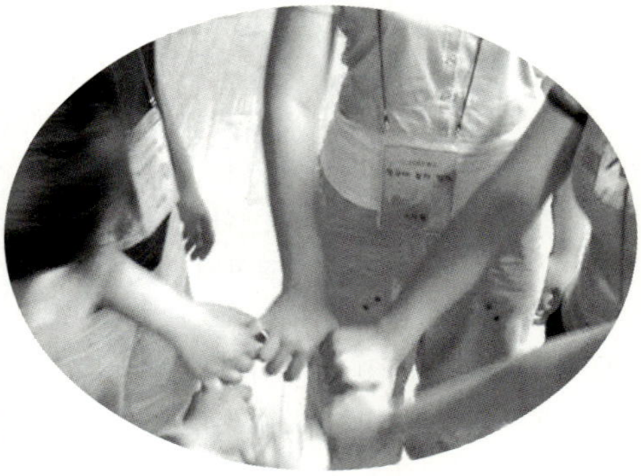

대처법

1. 한달에 한번 이상은 자녀의 친구를 집으로 초대한다.
2. 자녀와 친구들에게 친절하되, 과잉친절은 베풀지 않는다.
3. 다른 아이들 앞에서 자녀를 야단치거나 면박주지 않는다.
4. 아이와 좋은 친구가 될 만한 아이를 찾아 그 부모와 사귄다.
5. 친척과 자주 왕래하고 가까운 이웃끼리도 가족단위모임 파티를 준비한다.
6. 주말, 방학 때 아이들을 청소년 캠프나 야유회에 보낸다.
7. 자녀에게 어느 정도 용돈이 있도록 배려한다.

자료 : 조선일보, 2005년 7월 27일자

학습자료 III-1-Ⓢ86

걸핏하면 싸우고 폭력을 쓰는 아이, 어떻게 해야 할까요?

☐학년 ☐반 ☐번 이름: ☐

사례 1

아이가 친구들과 잘 놀다가도 금세 자주 싸웁니다. 작년에도 친구들과 학교에서 자주 싸웠다고 선생님한테 들어서 새 학기 때 친구들 사귀는 게 걱정이 됩니다. "다시 싸우면 가만두지 않을 거야! 알아서 해! 엄만, 싸우는 아이가 제일 싫어!" 하면서 벌을 줘봤지만 좀처럼 고쳐지지 않습니다. 어쩌다가 싸워 한대라도 맞고 들어오면 속상한 나머지 맞지만 말고 같이 때려 주라고 말하고 싶지만 그럴 수도 없는 노릇이고……, 아이들의 싸움, 막을 수 있는 방법은 없나요?

사례 2

집에서 무슨 일이 자기 뜻대로 안되면 화난다고 고삐 풀린 망아지처럼 날뛰며 옆에 있는 사람에게 장난감을 던지거나 온몸으로 엄마한테 달려들어 때리고, 소리까지 지르는 우리 아이, 키우기가 너무 힘듭니다. 그러지 말라고 했는데도 듣지 않으니까 때론 화가 나서 야단을 칩니다만 반항아가 될까봐 걱정이 됩니다.

싸우기를 즐겨하는 아이, 그 원인은 무엇일까요 ? 사례 1, 2를 읽고 토론해 봅시다!

Q 원인은 무엇일까요?

Q 그 대처 방안을 나열해 보세요.

가정교육 잘못된 아이들이 학교에서 폭력

호주 범죄통계 연구국 조사 결과

가정에서 일정한 규율이 없고 거친 교육을 받고 자란 아이들이 학교에서 폭력을 사용하거나 다른 아이들을 괴롭힐 가능성이 크다고 호주 정부는 밝히고 있다.

호주 언론에 따르면 호주 범죄통계연구국은 2,600명 이상의 학생들을 대상으로 학교 폭력에 대해 조사한 결과 부모들이 편리한 대로 규율을 적용시키거나 폭력을 조장할 경우 문제아를 만들 가능성이 가장 큰 것으로 나타났다고 밝혔다.

조사에서는 특히 편부모나 나이가 35세 미만인 어머니 밑에서 감시의 눈길을 제대로 받지 못하고 자라는 남학생들일수록 학교에서 남을 공격할 가능성이 큰 것으로 나타났다.

반면에 부모들의 미소 띤 얼굴을 보거나 칭찬을 받고 자라는 아이들은 폭력적으로 행동할 가능성이 매우 낮은 것으로 나타났다.

조사를 실시했던 범죄통계연구국의 돈 웨더번 국장은 '부모들이 폭력을 문제 해결의 수단으로 용인하거나 보는 환경에서 자란 아이들이 학교에 가서 그렇게 하는 게 결코 놀라운 일이 아니다'라고 지적한 뒤, 그러나 학교가 학교 폭력을 부모들의 책임으로만 돌릴 수는 없다고 경고했다.

그는 '우리는 학교 환경도 부모들이 자녀들에게 미치는 영향 못지않게 크다는 것을 발견했다'고 말했다.

학교 환경과 관련해서는 이번 조사에서 교사들이 경험이 부족하거나 열의가 없고 학생들의 눈에 인종차별주의를 심각하게 생각하지 않는 것으로 비쳐질 경우 학교 폭력을 조장할 수 있는 것으로 나타났다.

또 학교 폭력이 발생하는 장소로는 통상적으로 화장실이나 탈의실 등을 생각하기 쉽지만 의외로 교실에서 폭력사건이 가장 많이 일어나는 것으로 드러났다.

자료 : 조선일보, 2005년 3월 15일자

■ 공격적이거나 산만한 아이 !!!

외동아이들이 많아지면서 자기 행동 조절이 익숙하지 못한 아이들이 종종 눈에 띈다. 한도를 넘어선 공격성과 폭력적인 행동을 보이는 아이는 또래 아이들이나 친구들 그룹 안에서 자연스럽게 사회적인 규칙을 배울 수 있게 도와주어야 한다.

이런 고민이 있어요.

내년이면 초등학교에 입학하는 남자아이입니다. 성격이 활발한 것까지는 좋은데, 너무 과격한 행동을 많이 해서 주변 엄마들한테 미안한 적이 한두 번이 아니에요. 학원에 같이 다니는 아이들

가방을 빼어서 던지지를 않나, 놀이터에 가면 다른 아이들 밀쳐내고 자기가 먼저 타고, 다른 아이들의 장난감을 자기가 가지고 놀면서 다시 돌려주지 않는다든가, 가만히 있는 아이들을 갑자기 때리기도 하고 주먹질을 하기도 하고.

물론 제가 다 아이 앞에서 본 행동은 아니고 괴롭힘(?)을 당한 아이들이나 엄마들에게서 들은 내용이죠. 어르고 달래고 따끔하게 혼내도 그뿐이에요. 주말에 한번씩 시댁에 가고, 한두 달 간격으로 친정집에 가는데 그때 어른들이 너무 감싸줘서 그런 건 아닌가 싶기도 했지만, 그러기엔 또 어르신들과 함께 하는 시간이 너무 적고요. 공격적인 성격이 초등학교에 들어가면 더 심해지지 않을까 걱정입니다. 이러다가 왕따 당하는 건 아닐까요.

이렇게 풀어보면 어떨까요.

1. 아이의 분노를 이해한다

사회성이 부족하고 자기 행동 조절이 안 되는 아이들에게는 내부적으로 분노감이 쌓여 있는 경우가 많다. 좀더 자세한 아이의 배경과 행동방식을 알아야 하지만, 아이가 폭력적인 행동을 할 수밖에 없는 근거를 알아내는 것이 중요하다. 간접적으로 미루어본다면 시댁 어른들이나 친정 부모님이 아이를 너무 감싸주는 것이 한 가지 원인이 되었을 수도 있다. 형제관계에서 오는 스트레스나 불만, 과도한 학업 스트레스 등이 폭력적인 행동의 원인이기도 하다. 엄마가 혼자 판단하기 어려울 때는 전문가의 도움을 받아보는 것도 좋다.

2. 나이에 맞는 사회적 규칙을 배운다

동네 친구들, 학원이나 유치원 친구들을 괴롭히는 것은 바람직한 교제방법을 모르기 때문이다. 내년이면 초등학교에 갈 아이지만, 하는 행동은 2세 수준에 머물러 있다. 그만큼 타인을 배려하지 못하고 자기조절이 되지 않는다는 뜻이다. 또래 친구들 사이에서 지켜야 하는 사회적 규칙들은 계속적인 만남과 놀이를 하면서 자연스럽게 배우는 것이다. 아이가 자꾸 말썽을 피우고 친구들을 괴롭힌다고 해서 아예 친구들과 못 놀게 하거나 집안에만 앉혀놓으면 안 된다. 얌전하고 내성적인 아이들과 놀게 해서 아예 충돌할 일을 줄이거나 위아래로 한두 살 정도 차이 나는 친구들과 놀게 해서 권력관계가 팽팽해지지 않도록 한다.

3. 혼낼 때는 엄마의 감정 조절도 중요

폭력적인 행동을 하면 그 자리에서 제지하되 지나치게 따끔하게 혼내는 일은 줄인다. 엄마한테 크게 혼날수록 아이는 자기 잘못을 반성하기보다는 혼났다는 일 자체에 집중해서 분노감이 더 쌓이기 쉽다. 엄마가 너무 심하게 체벌하거나 감정적으로 화내는 모습을 보여주면 적개심과 불안감이 생긴다. 엄한 표정과 목소리로 혼내되 너무 많이 화를 내거나 아이의 기를 꺾으면 안 된다. 아이의 팔이나 어깨를 잡고 "그러면 안 돼. 하지 마"라고 말하고 하지 않겠다는 약속을 받아낸다.

자료 : 조선일보, 2006년 4월 12일자

3/5차시

일과 가족생활의 조화

학습목표 : 우리나라 맞벌이 가정의 자녀양육에 대해 알아본다.
저출산, 독신주의, 고령화 등의 사회현상의 원인을 조사한다.

교수학습 자료 및 준비	교사	교사용 자료 69, 70, 71	수업 준비	멀티미디어 시설
	학생	학습자료 87, 88, 89		
지도시 유의점 교사 Tip	• 학습지 대신 어머니의 과중한 가사노동을 표현한 애니메이션 동화나 e-동화를 보여주는 것도 좋은 방법이다. 질문에 답하게 하는 과정에서 학교 상황에 따라 협동학습 또는 일제학습이 가능하다.			

단계	내용	비고
도입	Ⓐ 학생들에게 [돼지책]의 동화 내용을 읽어주거나, 보여주고, 다음의 질문에 답하도록 한다. - 어머니가 안 계셔서 고생한 경험이 있나요? - 이 동화 속의 가족관계는 어떻게 느껴지나요? - 가사노동 부담과 저출산은 어떤 관계가 있을까요? 학습목표를 제시한다.	생각문 열기
전개	Ⓡ 내가 우리 집에서 하고 있는 가사노동에는 어떤 것들이 있을까요? - 가족관계를 악화시키거나 좋게 하는데 영향을 미치는 것에는 어떤 것들이 있을까요? - 저출산과 고령화 사회와의 관계를 토의하게 한다. Ⓒ 각 모둠별 활동을 격려해 준다. Ⓡ 교사용 자료 [부모의 일을 자랑스럽게 여기게 해 주세요!]를 읽어준다. 맞벌이 부모님 아래에서 성장한 학생들은 어렸을 때 기억나는 이야기를 해 본다. 이에 따라 자신의 결혼관이나 자녀관에 어떤 영향을 미칠지 생각해보고, 의견을 나눈다. Ⓒ 학생들의 이야기나 의견을 경청하고, 공감적인 반응을 해준다.	다르게 보기
정리	Ⓡ 가족원들의 가사노동의 종류와 양을 보고 긍정적인 가족관계를 위해 이것을 어떻게 개선해야 할지를 토론하고 합리적인 방법을 나열하도록 한다. Ⓒ Ⓢ 각 조의 활동지를 발표하게 하고 생각을 나눈다. 차시예고 : 양성평등 사회에서 부모의 리더십	다르게 보기

학습자료 Ⅲ-1-S87 돼지책

☐ 학년 ☐ 반 ☐ 번 이름: ________

Q 엄마가 집에 안 계실 때 어땠나요?

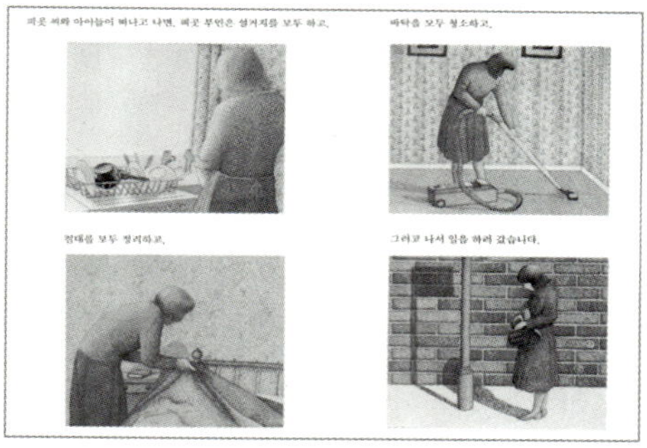

Q 이 동화에서는 왜 어머니만 늘 바쁘게 움직이고 있나요?

Q 나는 우리 집에서 가사노동을 어느 정도 수행하고 있나요?

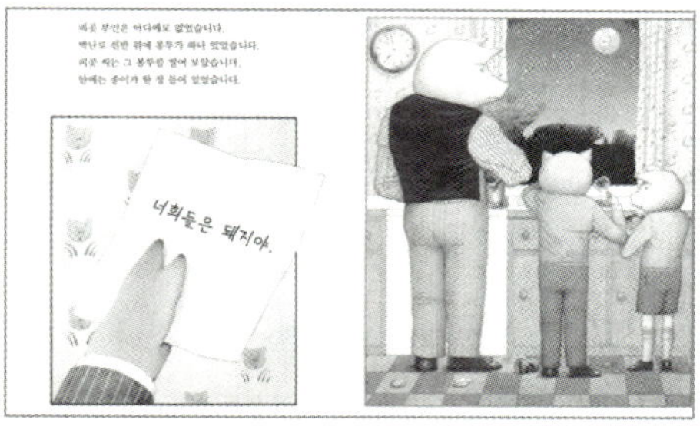

Q 가사노동 분담은 어떻게 이루어져야 할까요?

자료 : 앤서니 브라운. 돼지책. 웅진닷컴.

부모의 일을 자랑스럽게 여기게 해주세요!

맞벌이 부부라 해서 자녀 교육에 무슨 특별한 예외적인 원칙이 적용되어야 하는 것은 아니다. 다만 부모와 아이들의 긍정적인 현실 인식, 충분한 대화, 아버지의 적극적인 교육 참여 등의 사항을 좀 더 염두에 두고, 여느 부모들처럼 성실하게 아이를 돌보는 것이 중요하다.

통계청에 따르면 지난해 말 맞벌이 주부는 545만 명에 이른다. 이러한 맞벌이 부부의 일반화 정도에 비해 안심하고 아이들을 맡길 수 있는 시설이 마땅치 않은 우리 현실에서 부모들은 한결같이 자녀교육문제로 갈등을 겪는다. 흔히 맞벌이 가정의 아이는 부모와 함께 있는 시간이 부족해 정서결핍증에 걸리고 성격이 나빠지는 등 부정적인 영향을 받게 된다고 알려져 있다.

부모들은 충분한 사랑이 필요한 시기에 아이들이 행여 비뚤게 나가고 있는 것은 아닌지, 일을 핑계로 자녀교육을 포기하고 있는 것은 아닌지 조바심까지 나게 마련이다.

맞벌이를 하면서 아이를 잘 키우는 방법은 무엇일까. 무엇보다도 맞벌이라는 현실에 대한 긍정적이고 적극적인 인식이 중요하다. 전문가들에 따르면 자녀에게 큰 영향을 미치는 것은 맞벌이 여부가 아니라 자녀에 대한 마음가짐과 양육태도라고 한다. 맞벌이 가정의 아이는 스스로 앞가림하는 법을 배워 자립심과 독립심이 키워지고 보육시설 등에서 다양한 사람들과 접하면서 사회성 발달이 빨라지며 집안일을 함께하는 아버지를 보면서 성역할에 유연한 생각을 갖게 되는 장점도 있다. 전업 주부들이 오히려 지나친 관심으로 아이를 소심하고 나약하게 키우는 사례도 드물지 않다.

아이가 부모의 일을 자랑스럽게 여기도록 하는 것 또한 중요하다. 어머니가 자기 일에 자부심을 갖고 당당하게 성취해 나가는 모습을 보여주면 자녀는 차츰 어머니를 이해하고 자랑스럽게 여기게 된다. 어머니가 괜히 죄지은 기분에 사로잡혀 선물을 과도하게 주는 등 분별없이 요구를 들어주면 아이는 엄마가 자신에게 뭔가 잘못한 모양이라고 생각하고 비뚤어지게 생각할 위험이 있다. 처음에는 힘들더라도 출근할 때 "엄마는 지금 일하러 나가는 데 몇 시까지 돌아올게"라고 주지시키고 아이 보는 앞에서 당당히 나서도록 한다. 아이가 우는 것이 걱정 돼 몰래 빠져나가면 아이는 온종일 집중하지 못하고 불안감에 빠지기 쉽다. 아이를 한번쯤 직장에 데려가 일하는 모습을 보여주면 아이가 엄마를 이해하는 데 도움이 된다.

맞벌이 가정의 자녀교육에 남편의 적극적인 참여는 필수다. 이는 시간부족으로 쩔쩔매는 맞벌이 아내를 돕는다는 현실적 의미만 있는 것이 아니라 아이가 집안일을 함께하는 아버지를 보면서 평등가정의 의미를 깨우친다는 교육적 의미가 있다. 잠재우기, 목욕시키기, 산책하기 등 아버지가 해야 할 일을 미리 정해놓으면 효과적이다. 맞벌이 부부라 해서 자녀교육에 무슨 특별한 예외적인 원칙이 적용되어야 하는 것은 아니다.

✖ 맞벌이 자녀 양육에서 금지해야 할 10개 항목 ✖

1. 자녀를 애석하게 생각 말라 : 다른 집 아이들은 어머니가 집에서 잘 해주는데 우리 아이에게는 못 해주어서 미안하다거나 애석하게 생각하면 자녀는 더욱 나약해진다.

2. 자녀에게 돈을 함부로 주지 말라 : 출근하면서 생각 없이 돈을 주면 아이들은 돈 씀씀이가 헤퍼지고, 나중에 부족함을 느끼면 도벽이 생길 수도 있다.

3. 일방적으로 자녀에게 지시하지 말라 : 일방적인 지시를 하면 아이에게 반항심이 생기므로 자기가 할 일은 스스로 정하도록 의논을 하라.

4. 힘들어도 자녀에게 짜증내지 말라 : 아이가 보는 앞에서 짜증을 내면 아이는 자기 때문이라고 생각하며 비관하게 된다.

5. 자녀에게 공부나 숙제를 강요 말라 : 공부는 평생 해야 되는 것인데, 강요를 받으면 공부를 지겨워하게 된다. 스스로 할 수 있는 습관을 길러주어야 한다.

6. 자녀를 귀찮게 대하지 말라 : "일에 지치고 살림에 지쳤는데 너까지 그러냐"고 하면 자녀는 모든 의욕을 상실하게 된다.

7. 자녀의 양육자를 비판하지 말라 : 집에서 돌봐주는 사람을 비판하면 아이들도 그를 무시하게 된다. 양육자를 무시하게 되면 아이들은 자기 멋대로 자라며 인성교육에 문제가 된다.

8. 자녀에 대한 사랑을 물건으로 대치하지 말라 : 퇴근시간에 미안하다고 뭘 많이 사오고 비싼 물건을 사주면 아이들은 그 기회를 악용하게 된다.

9. 자녀가 외톨이가 되지 않게 하라 : 자신감은 사람을 당당하게 만든다. 자신감으로 원만한 대인관계를 맺고 더불어 살아가는 삶의 지혜를 가르쳐라.

10. 부부싸움을 하지 말라 : 동등한 경제력을 가지면서 마찰이 생기기 쉬우므로 서로 돕고 이해하는 가족의 분위기를 만들어야 한다. 부부싸움은 자녀교육에 있어 치명적이다.

✖ 맞벌이 자녀양육에서 권장해야 할 10개 항목 ✖

1. 퇴근하여 10분간 포옹하라 : 혼자 있는 시간은 외롭고 고독하다. 피부접촉만이 긴장을 풀어주는 유일한 길이다.

2. 이야기를 많이 하라 : 재미있었던 이야기, 좋은 이야기를 많이 하고 많이 들어주라. 아이와의 거리가 없어진다.

3. 휴일을 온 가족이 함께 보내라 : 아이가 가장 즐겁고 재미있는 시간이 바로 가족과 함께 하는 시간이다. 가능하면 같은 종류의 취미를 가지는 것도 좋은 방법이다.

4. 아버지도 가사와 육아에 참여하라 : 같이 퇴근하여 어머니는 부엌으로 가고, 아버지는 텔레비전을 본다면 가족간의 화목이 깨진다. 육아를 아내에게만 맡기면 정서적으로 불균형이 생긴다.

5. 부모의 일을 이해시켜라 : 부모의 일을 아이가 이해하고, 그것이 가정의 행복을 위한 노동이며 경제적인 수단이라는 사실을 알게 한다면 아이는 부모의 노동에 대해 감사함을 갖게 될 것이다.

6. 재미있는 부모가 되라 : 힘들어도 자녀 앞에서는 개그맨이 되어야 한다. 자녀는 그 모습만으로도 정서적으로 안정된 생활을 할 수 있다.

7. 자녀의 교우관계를 알고 있어라 : 아이들은 또래 집단을 어떻게 형성하느냐에 따라 모범생이 되기도 하고 문제를 일으킬 수도 있다. 그러므로 어떤 친구와 어디서 어떻게 지내는지 스스로 이야기하게 하고 그들의 연락처 정도는 알고 있어야 한다.

8. 학교에 적극 참여하라 : 회사를 조퇴하고라도 부모가 학교행사에 번갈아가면서 참여하여 학교생활과 학교운영방향을 알고 적절히 대처하여야 한다.

9. 집에 전화하여 정서적으로 안정시켜라 : 아이와 마음의 교류가 생기고 곁에 있다는 느낌을 주게 된다. 그러나 지시하기 위한 전화는 오히려 역효과가 나타난다.

10. 아이의 생각을 읽고 있어라 : 아이는 불완전한 상태이다. 그러므로 아이의 현재 생활이나 심리상태를 알고 있어야 마음의 평화를 가져다 줄 수 있다.

학습자료 Ⅲ-1-S88

"나, 임신!" 발표에 주위는 "너 정말 고민 되겠다."

☐ 학년 ☐ 반 ☐ 번 이름: ______

※ "아이는 낳기만 하라. 국가에서 다 키우겠다"는 공약을 믿은 내가 바보(?)

2006년 기준 한국의 출산율은 1.08명으로 OECD 국가 가운데 최하위권이다. 한국이 세계에서 가장 빠르게 고령화 사회로 진입하고 있다는 보도와 노동력 부족으로 인한 국가경쟁력 상실 우려가 정치권과 언론을 통해 쏟아져 나오고 있다.

Q 우리 사회에서 출산기피 현상과 독신주의가 증가하게 된 원인은 무엇일까요?

Q 결혼 후 맞벌이를 하게 된다면 '가사노동은 이렇게 해결할 것이다' 라는 주제로 토론하고 정리해 봅시다.

Q 맞벌이 가정에서 자녀양육의 합리적인 방법을 나열해 봅시다.

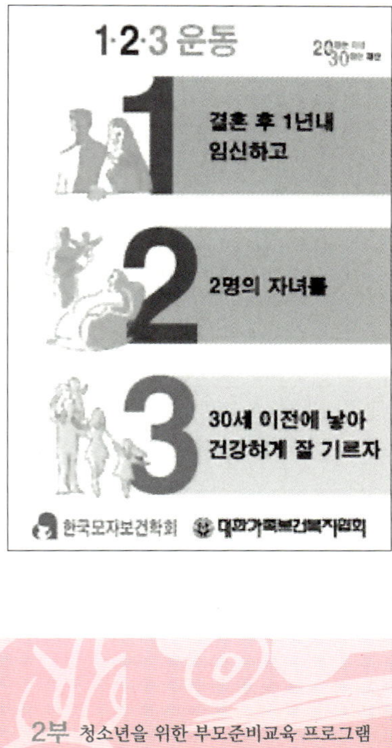

교사용 자료 III-1-T70 늘어나는 자녀 양육에 대한 부담

사교육비 지출 양극화 심화, 상 · 하위 20% 격차

월평균 사교육비 연도별 추이

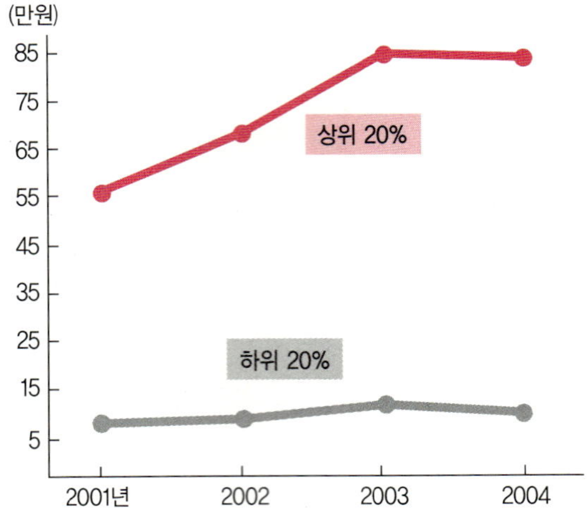

사교육비 지출 하위 20% 계층과 상위 20% 계층 사이 격차가 2001년 7.6배에서 2004년 8.6배로 늘어나는 등 사교육비 지출의 양극화가 갈수록 깊어지고 있다.

조사 대상 가구를 사교육비 지출이 많고 적음에 따라 다섯 집단으로 나누어 비교한 결과, 사교육비 지출 최하위 20% 집단과 최상위 20% 집단의 지출액 격차가 2001년에 7.6배였으나 2004년에는 8.6배로 늘어나는 등 해가 갈수록 지속적인 증가추세를 보였다. 2001년 사교육비 지출 최상위 20% 계층의 월평균 액수는 56만 8,000원인 데 비해 최하위 20% 계층은 7만 5,000원에 불과해 49만 3,000원의 격차를 보였다. 두 집단의 이런 격차는 2002년에 60만원, 2003년 72만 8,000원, 2004년도에는 73만 9,000원으로 지속적으로 벌어졌다.

“최근에는 이런 계층별 사교육비 격차 문제가 더 심화되어 소득 최상위 계층과 최하위 계층 사이 양극화 현상으로 발전하는 모습을 보이고 있다” 며 “교육정책 측면에서 학교교육과 사교육에 대한 기본적인 시각 전환이 필요하다” 고 말했다.

자료 : 한겨레신문, 2006년 2월 7일자

학습자료 III-1-S89

자녀 출산 정책은 어떻게 변화해 왔을까!

학년 반 번 이름:

군부독재시절 출산력 통제의 역사

"딸, 아들 구별 말고 둘만 낳아 잘 기르자"

"하나 낳아 젊게 살고 좁은 땅 넓게 살자"

아버지 어머니 세대만 해도 일반적으로 형제, 자매들이 넷 이상은 됐다. 일곱, 여덟도 특별한 경우가 아니었다. 그러나 지금은 대부분 두 자녀 혹은 세 자녀 가정의 아이들이다. 한 자녀 가정도 심심치 않게 눈에 뜨인다. '1960년 전체 출산율 6.0%, 1990년에 1.5' 라는 명확한 수치를 들이대지 않더라도 불과 한 세대만에 출산율에 엄청난 가시적 변화가 왔던 것이다.

Q 인구감소가 우리나라 장래에 미치는 영향에 대하여 토론해 봅시다!

Q '인구증가 정책을 위한 방안' 이라는 주제로 토론하고 그 결과를 정리해 봅시다.

Q OECD 국가 중 출산율 최하위국에서 탈피하기 위한 표어나 포스터를 제작해 봅시다.

교사용 자료 III-1-T71

표어, 포스터로 보는 가족계획 40년

1960 Poster

많이 낳아 고생말고
적게 낳아 잘 키우자

덮어놓고 낳다보면
거지꼴을 못면한다

적게 낳아 잘기르면
부모좋고 자식좋다

알맞게 낳아서
훌륭하게 기르자

1970 Poster

내힘으로 피임하여
자랑스런 부모되자

하루앞선 가족계획
십년앞선 생활안정

딸아들 구별말고
둘만낳아 잘기르자

1980 Poster

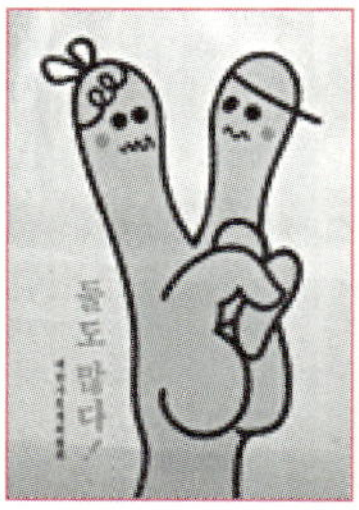

적게낳아 엄마건강
잘키워서 아기건강

잘키운 딸하나
열아들 안부럽다

축복속에 자녀하나
사랑으로 튼튼하게

1990 Poster

사랑으로 낳은자식
아들딸로 판단말자

아들바람 부모세대
짝꿍없는 우리세대

사랑모아 하나낳고
정성모아 잘키우자

젊은꿈을 아름답게
이성교제 건전하게

2000 Poster

출산으로 얻은기쁨 함께하는
자녀양육

하나의 촛불보다는 여러 개의
촛불이 더 밝습니다

한 자녀보다는 둘 둘보단
셋이 더 행복합니다

아빠! 혼자는 싫어요
엄마! 저도 동생을 갖고 싶어요

엄마젖 건강한 다음세대를
위한 약속입니다

자료 : 인구보건복지협회 홈페이지

4/5차시

양성평등 사회에서 부모의 리더십

학습목표 : 우리나라 양성평등의 실태를 알아본다.
양성평등 사회 실현을 위한 미래지향적인 부모의 리더십을 알아보자.

교수학습 자료 및 준비	교사	교사용 자료 72, 73	수업 준비	협동합습체제 OHP
	학생	학습자료 90		
지도시 유의점 교사 Tip	• 진정한 남녀평등에 관해 토론하게 하고 자신은 평등사상에 어느 정도 부합하는 행동을 하고 있는지 혹은 역행하고 있는지 반성해볼 수 있도록 기회를 준다.			

도입	Ⓐ 과거 우리나라에서 여자라는 이유로 버림받은 예화를 들려준다. - 자신이 부모님으로부터 버림받을 수도 있다는 생각을 해 본적이 있나요? 그때의 느낌은 어땠나요? 학습목표를 제시한다.	생각문 열기
전개	Ⓡ 나는 우리 집에서 어떤 존재일까요? - 우리 속담이나 말 속에 나타나는 남아선호사상이나 남녀 불평등을 조장하는 것들을 조사하게 한다. - 우리나라는 전통적으로 남아선호사상이 지배적이다. 그 원인은 무엇인지 토론해 보도록 한다. Ⓒ 학생들의 활동에 격려를 해준다. Ⓡ 교사용 자료 [양성평등을 가로막는 우리들의 TV 문화]를 읽어준다. 평소 TV를 보면서 느낀 남녀 불평등에 관한 예를 들면서 이야기를 나누게 한다. 이에 따라 어렸을 때부터 우리 문화 속에 존재하는 남아선호사상이나 남녀 불평등 상황에 자연스럽게 접하게 됨으로써 한 개인의 삶에 어떤 영향을 미칠지 생각해보고, 의견을 나눈다. Ⓡ 자녀들은 부모를 보고 인성을 형성하므로 평소 부모의 양육태도로부터 가치관도 정립하게 된다. 올바른 성역할을 형성시키기 위한 양육태도에 관해 토론해 보도록 한다.	다르게 보기 다르게 보기
정리	Ⓒ Ⓢ 각 조의 의견을 요약 · 발표하고 공통적인 부분을 찾아 정리한다. 차시예고 : 미래사회의 변화	

학습자료 III-1-S90

나의 슬픈 일기장을 펼쳐보면서……

□ 학년 □ 반 □ 번 이름: □

나만 남기고 모두가 떠난 날!!

"가정 형편이 어려운 우리 집은 나를 할머니 댁에 남기고 오빠만 데리고 떠나갔다. 3살 꼬마였던 나는 떠나가는 자동차 꽁무니를 보면서 하염없이 울었다. 고등학생이 되었을 때 나를 보기 위해 부모님이 찾아 오셨지만 서먹서먹하기만 한 나는 그들이 미웠다." (H고등학교 3학년 여고생)

태어나지 말았으면 좋았을 텐데……

"아들을 낳으려고 늦게까지 출산을 한 우리 집은 가정 형편이 어려워지자 위에 태어난 딸들이 부담스러웠던 모양이다. '아휴, 쟤들은 생기지 않았더라면 좋았을 텐데' 라고 푸념하는 부모님 말씀을 듣고 죽고 싶은 심정이었다. 내가 태어나고 싶어 태어났는가!" (M고등학교 1학년 여고생)

Q 가정에서 남녀 불평등을 조장하는 부모님의 행동을 적어 봅시다.

Q 양성평등을 지향하는 미래형 부모 리더십에 대해 토론해 봅시다.

교사용 자료 III-1-T72 양성평등을 가로막는 우리들의 TV 문화

"TV의 양성(兩性) 불평등 조장 막자"

"며느리라는 직책이 뭐니 뭐니 해도 홈런을 때려야 되거든. 아들을 낳아야지."
(SBS '김승현 정은아의 좋은 아침' 중에서)

"나는 걔가 친부모 밑에서 자랐으면 무병(巫病) 안 왔을 거라고 생각해."
(MBC '왕꽃선녀님' 중에서)

위는 각각 '가부장제 남아선호 및 성 역할 고정관념'을 표현하고, '입양가족에 대한 부정적인 시각'을 드러낸 사례들이다. 한국여성민우회 미디어팀은 최근 성 평등적 관점의 방송심의 가이드라인을 펴냈다. 방송심의뿐 아니라 방송제작을 할 때 사용할 수 있도록 규정과 설명, 사례를 담은 소책자다. 책자는 '성 역할 왜곡'을 가장 시급하게 시정해야 한다고 지적했다.

한국의 TV 프로그램들은 여전히 남존여비, 가부장제를 강화시키는 내용으로 가득하고, 순결의 주체를 여성으로만 국한시키기 일쑤다. 가사노동을 평가절하하거나 전업주부를 과소평가하고, 여성을 남성의 단순보조나 부속물로 취급하기도 한다. '남편을 따라 죽지 못한 아내'를 가리키는 '미망인'이라는 단어도 별 거부감 없이 사용된다. 드라마에서는 여성들끼리 부엌에 모여 저녁식사를 준비하면, 남성들은 마루에 모여 술을 마시는 모습이 목격된다(KBS 1 '금쪽같은 내 새끼' 중에서).

외모지상주의를 부추기거나, 출연자의 외모를 조롱하는 사례는 쇼, 코미디 프로그램에서 자주 나타났다. 출연자를 '럭셔리 미모짱', '코끝이 아름다운 여자' 등으로만 소개해 외모가 사람의 전부인 양 표현하고(MBC '일요일 일요일 밤에'), 출연자의 얼굴을 '똥물' 혹은 '폐품'이라고 조롱한다(SBS '웃찾사').

책자는 성폭력, 성희롱도 심각하다고 지적했다. 특히 여성이 남성의 엉덩이를 만질 때 "이 짜릿한 손맛"이라고 말하며 황홀한 표정을 짓는 장면에서 보이듯(SBS '웃찾사'), 남녀를 막론하고 성희롱에 대한 묘사에 주의할 것을 당부했다.

사회 속에선 한부모, 이혼가족, 재혼가족, 동성가족, 입양가족 등 다양한 형태의 가족이 등장하고 있다. 그러나 방송은 여전히 특정한 가족의 형태를 부정적으로 묘사하는 경우가 잦다는 점도 지적됐다. 여성민우회는 "가이드라인을 통해 우리 방송에 '성 평등적 관점'이 자리 잡히길 기대한다"고 밝혔다.

자료 : 경향신문, 2005년 8월 5일자

교사용 자료 III-1-T73 남아선호사상의 유래와 관련 문화

조선 전기까지만 해도
여아가 대접 받는 시대였다고 하더군요.
남자들보다는 여자를 선호하고
데릴사위가 시대적으로 유행이었다고 합니다.
하지만 조선 후기 전쟁 이후부터
남자들이 전쟁 통에 많이 죽고 그러니깐
그때부터 남아선호사상이라는 말이 생기고
남자아이들을 선호하기 시작했다고 합니다.

하지만 요즘 같은 시대에 대를 이어야 한다는
단순한 생각 하나에, 남아를 선호한다는 것은 정말
성차별적인 것이라고 생각합니다.
또한 점점 남자만 독점했던 직업에 대한 벽들이 무너지고
여성들이 진출하여 점점 범위를 넓히며 활약을 하고 있습니다.
그런데도
생각과 이념의 차이는 쉽게 없어지지 않죠.
생각을 바꿔야 한다고는 하지만
사람들은 무의식중에 있는 이념들을 떨치기는 쉽지 않죠.

아무래도 많은 사람들의 생각을 바꾸어 주는 작업이 먼저 필요할 듯 합니다.
아들을 낳아야지만 대를 이을 수 있다는 생각.
단일 민족이라는 역사 아래 꼭 대를 잇지 못하고, 아들을 낳지 못하면
이혼을 하고, 가정의 불화가 생기고
어르신들의 잘못된 관념으로 인해 많은 사람들이 피해를 보고
세상의 빛을 보지도 못한 상태에서 아이들은 죽어 가는 것 같아요.

몇 대 독자 혹은 몇 녀 중에 독남이라는 말이 있는 한
우리나라의 남아선호사상은 쉽게 사라지기 힘들 듯 합니다.
그리고 아들을 낳지 못하면 왠지 죄인처럼 취급하는 사회 분위기 또한
사라져야 하지 않을까 합니다.

여자를 비하하는 말들

- 남자는 부엌에 들어가면 안 된다.
- 암탉이 울면 집안이 망한다.
- 여자가 담을 넘으면 집안이 망한다.
- 여자 셋이 모이면 그릇이 깨진다.
- 팔자가 센 백말 띠, 범띠 계집아이들.
- 가게에 여자가 첫 손님으로 오면 재수가 없다.

이렇게 차별의식이 있었습니다.
남아선호사상을 비판한다면
아들딸 구별 말고 둘 만 낳아 잘 기르자!
남아선호사상 때문에 남녀성비가 불균형으로 바뀌어서
미래에 어떤 일이 일어날지 심히 걱정됩니다.

5/5차시

미래사회의 변화

학습목표 : 미래사회의 비전을 제시할 수 있다.
바람직한 미래형 인재 양성을 위한 부모의 리더십을 알 수 있다.

교수학습 자료 및 준비	교사	교사용 자료 74, 75, 76	수업 준비	OHP 및 멀티미디어 시설
	학생	학습자료 91, 92		
지도시 유의점 교사 Tip	• 부모에게도 전략적인 리더십이 요구됨을 이해시켜서 리더십 함양을 통한 미래 부모됨에 적응할 수 있도록 한다.			

단계	내용	비고
도입	Ⓐ 미래, 우리들의 생활은 어떻게 변화할까요? 학습목표를 제시한다.	생각문 열기
전개	Ⓐ [미래사회의 모습]을 읽어주어 분위기를 조성한다. Ⓒ 미래형 인재란 어떤 사람이어야 하는가를 학습한다. - 우리가 추구하는 미래사회를 발표하게 한다. - 급변하는 사회 속에서 지금의 내가 미래사회에 그대로 내던져 졌을 때 어떤 점에서 가장 어려움을 겪게 될 것인지 생각해 보게 한다. - 미래형 인재의 특성을 머릿속에 그리게 한 뒤 자신의 자녀 상을 마인드맵으로 그려 보게 한다. Ⓐ '미래의 바람직한 부모란?' 이라는 물음을 제시한다. Ⓒ 미래형 인재를 양육하기 위해 지금 우리는 어떤 준비가 필요한가요? - 어떤 부모를 꿈꾸나요? - 나의 자녀가 사회가 기여할 바는 무엇이기를 원하나요? - 그런 자녀 양육을 위한 준비를 위해 나는 무엇을 해야 하나요? 활동지의 의견을 요약 · 발표하게 한다. Ⓒ Ⓡ [미래의 인재 양성을 위한 부모의 역할]을 읽어준다.	다르게 보기 다르게 보기 더불어 살기
정리	Ⓒ 미래형 부모의 리더십에 대해 학습한다. - [미래사회의 부모의 책임과 리더십] 학습지를 통하여 바람직한 사회구현을 위한 미래지향적인 변혁적 리더십 부모 유형을 강조하면서 지금까지 학습한 미래사회를 살아갈 미래형 인재 양성을 위한 부모교육 내용을 총정리한다.	

교사용 자료 III-1-T74 미래사회의 모습

우리 자녀가 살아갈 미래사회는?

21세기? 22세기의 주역으로 살아갈 자녀들을 위해 어떤 준비를 해야 할까? 우리의 자녀들이, 우리의 자손들이 다가오는 미래사회에서도 행복하게 살아가도록 도와주기 위한 첫 단계로서, 우리는 먼저 미래사회의 모습이 어떠할지에 대해 생각해보도록 하자.

미래사회는 어떤 모습일까?

■ 속도의 시대

미래사회는 제 3의 물결을 지나 제 4의 물결 속으로 옮겨가면서 새로운 변화를 이끌어 갈 것이다. 제 3의 물결만 해도 수천 년에 걸친 제 1의 물결이나 300년이 걸린 제 2의 물결에 비하여 불과 20~30년 사이에 일어난 것으로 그 충격은 실로 어마어마한 것이었다. 그렇다면 제 3의 물결을 지나 제 4의 물결이 다가온다면 그 파장은 그 이전과는 비교도 할 수 없을 정도로 깊고 커질 것이다. 이처럼 이렇게 빠른 속도로 변화하는 사회 속에서 살아가고 있는 우리들은 이에 적응하기 위해 어떤 노력을 기울여야 하는 것일까? 답은 바로 교육이다. '교육은 백년지대계(百年之大計)다' 라는 말이 있듯이, 먼 장래의 계획이 바로 미래사회에 대한 준비라면 교육은 이를 위해서 반드시 선행되어야 할 핵심키워드인 것이다.

■ 정보와 기술의 시대

미래사회는 정보와 기술의 시대가 될 것이다. 컴퓨터는 이제 더 이상 컴퓨터에 국한된 문제가 아니라 우리의 삶 그 자체가 되어가고 있다. 집집마다 연결된 정보 고속도로를 통해 우리는 무한정의 자료에 접근할 수 있고, 시간과 공간을 초월하여 많은 사람들을 만날 수 있을 것이다. 유비쿼터스가 우리생활의 중심이 될 것이고, 사이버 세계에서의 수많은 만남과 갈등들은 새로운 윤리를 요구할 것이며, 새로운 도덕성을 필요로 할 것이다.

■ 질의 시대

변화가 많고 복잡하며 심리적 불안감이 증가할수록, 사람들은 이를 상쇄할 수 있는 완충지대를 요구한다. 그 결과 생활의 질이 높아지고 삶의 폭은 넓어질 것이다. 질적인 삶이란 우선 삶을 즐기는 것을 말한다. 단순히 생계를 위한 삶이 아니라 생활 그 자체를 즐기는 마음과 정신의 여유를 말하는 것이다. 양의 시대에서 질의 시대로 전환되면서 모든 분야에서 웰빙을 추구하게 될 것이다. 이는 사치스럽다거나 분수에 맞지 않는 호사스러움을 말하는 것은 아니다. 내 생활의 범위 안에서 적당히 긴장을 풀고, 적극적으로 즐거움을 만들어갈 여유를 말하는 것이다. 이러한 여유로움은 자연을 즐기고 다양한 문화적 경험을 누리는 생활로 이어질 것이다.

■ 창조의 시대

미래사회에서 지도적 역할을 할 수 있는 사람은 독창적이고 다양하며 새로운 생각을 할 수 있는 사람이다. 한 사람이 초등학교 1학년부터 고등학교 졸업 때까지 배우는 모든 지식이 겨우 CD-ROM 1장에 들어갈 수 있는 상황에서 그리고 언제든지 마음만 먹으면 온라인을 통해 전 세계의 정보와 지식을 가질 수 있는 상황에서, 중요한 것은 이러한 지식과 정보를 조립하고 조합하여 전혀 새로운 지식과 정보를 창조해 내는 능력이기 때문이다. 이렇게 되면 새로운 지식, 의외의 지식을 '만들어 내는' 이가 곧 성공하는 사람인데, 이는 곧 아이디어가 풍부한 사람을 뜻한다. 아이디어는 꿈과 환상이 풍부할수록 힘차게 솟는 것인 만큼 정보화 사회에서 성공하는 사람은 자유로운 사고, 창의적인 사고를 할 수 있는 사람인 것이다. 이런 맥락에서 어떤 이는 미래사회를 창조 자본주의 사회라고도 부른다. 이는 21세기 사이버 경제에서 가장 중요한 자원이 바로 창의력이기 때문이다. 아이디어가 최고의 자산이면서 부가가치의 원천이 되는 사회가 미래사회이다. 또한 창의성의 정수인 문화와 예술의 융성으로 역사상 가장 풍요롭고 가치 있는 삶을 영위할 수 있을 것이다.

■ 감성의 시대

감성이란 사전적 의미로 느낌을 받아들이는 성질 또는 감수성이라고도 표현을 하는데 언젠가부터 이러한 감성은 우리 일상에 자연스럽게 파고들기 시작했다. 냉철한 이성을 바탕으로 한 과학의 발전으로 편리한 삶은 이루어지겠지만 무언가 허전한 공백을 느끼게 된다. 그게 바로 감성의 결여가 아닐까 한다. 덴마크의 미래학자 롤프옌센은 그의 저서 'Dream society' 에서 사회가 발전할수록 "감성에 바탕을 둔, 꿈을 대상으로 하는 시장이 정보를 기반으로 하는 시장보다 점점 더 커질 것이고, 정을 대상으로 하는 시장이 물리적 상품을 대상으로 하는 시장을 무색케 할 것이다" 라고 지적하며 앞으로 사회가 꿈과 감성을 파는 사회로 변모할 것이라고 예측했다. 미래사회가 필요로 하는 인재의 자질로서 High-Tech와 더불어 논의되는 것이 High-Touch라는 사실은, 바로 이러한 고도의 감성과 감성지능을 강조하는 것이다.

■ 개성의 시대

탈획일화의 길목에서 개성은 미래사회의 중요한 특성으로 기능할 것이다. 대량 생산, 대량 소비의 시대에는 통일성, 획일성, 대중성이 가치 있는 특성이었다. 그러나 미래사회는 다품종 소량 생산의 시대로 다양성, 다원성, 개성, 독특함이 가치 있게 여겨진다. 남과 다른 무엇, 남과 구별되는 자기만의 색깔이 생산과 직업의 세계에서도 존중될 것이다. 그리고 그 개성이 창의성을 가질 때 더 가치 있을 것이다. 자신의 전문영역에서 자기만이 할 수 있는 독창적 실행은 미래사회가 가장 절실하게 요구하는 모습이 될 것이다.

■ 가정 중심의 시대

생활의 모든 것이 가정을 중심으로 해서 이루어질 것이다. 이는 두 가지 점에서 생각해 볼 수 있는데, 첫째는 급격한 변화 속에서 생존하는 것에 대한 충격을 완화해 주고 위로해 줄 수 있는 집단은 가정밖에 없기 때문이다. 이로 인해 가정이 공동생활의 장으로 확장될 것이다. 서로가 위안을 받고, 존경을 받으며, 함께 사는 만족감을 느낄 수 있는 그러한 공동체의 필요성이 대두된다. 과거 혈연 중심이나 가계 중심의 사고만으로 가정을 지속시키기는 어렵다. 다양한 인간이 만난다는 공동체적 의미를 지닌 가족의 모습이 나타날 것이다. 둘째는 정보화 사회의 흐름 때문이다. 홈쇼핑, 홈뱅킹, 홈서비스, 재택근무, 재택수업 등 모든 활동이 가정을 중심으로 이루어지면서, 가정은 소비 주체 겸 생산 주체로서 연구와 레저까지 겸하는 핵심 집단으로 변화하게 될 것이다. 그러므로 미래사회는 가족 구성원간의 높은 결속력과 함께 서로에 대한 의존도가 높아질 것이다. 정보와 기계 문명이 발달할수록 가족은 다시금 소중한 보금자리로 자리매김 될 것이며, 그 기능 또한 확장될 것이다.

■ 세계화 시대

지역성을 초월하여 시공간에 제한받지 않고 이동하며 의사소통할 수 있는 시대가 될 것이다. 특정 지역의 독특한 문화가 전 세계적으로 공유되면서 다양한 문화가 공존하게 될 것이고, 우린 이러한 다문화를 즐길 수 있게 될 것이다. 아울러 하나의 권력 체제나 중앙 집권적인 체제보다는 인간적인 유대와 정보망을 가지고, 자발적으로 연결되는 네트워크 체제가 나타날 것이다. 이러한 네티즌들은 민족의 구분을 없애고, 피부색도 초월하며, 남녀 차별이나 빈부 차이도 초월할 것이다. 자기 민족만 내세우는 닫힌 민족주의는 사라지고 정신은 이어가되 민족주의는 앞세우지 않는 것이다. 유대인의 사례는 좋은 거울이 될 수 있다. 유대인들은 세계 각국으로 흩어져 각기 다른 민족과 더불어 살아왔다. 핏줄이 섞이고 환경도 다르지만 민족 고유의 전통과 언어를 간직한 채 세계 발전에 한몫을 하고 있다. 주체성을 유지하면서 주변 민족을 향한 이해와 협력을 통해 발전을 꾀하는, 열린 자세가 세계화 시대에 필요한 민족주의의 얼굴이다. 곧 정치, 사회, 경제 모든 면에서 공간, 거리, 지리 제한이 사라지고 하나의 세계가 될 것이다.

자료 : 이은화 외(2004). 유아기 자녀를 위한 총체적 부모교육 프로그램. 창지사.

학습자료 III-1-S91

우리가 추구하는 미래사회의 인재는?

☐학년 ☐반 ☐번 이름: ☐

✲ 미래사회는 어떤 인재를 원할까요?

- 창의적 사고를 할 수 있는 사람
- 자신의 모습을 인정하고, 자신의 가치를 알며, 자신의 일에 자긍심을 느끼는 사람
 - 자신을 사랑할 수 있는 사람
- 내적인 동기에 의해서 자발적으로 일할 수 있는 사람
- 더불어 살아갈 수 있는 사람
- 대화능력이 있는 사람 : 의사소통 능력과 협상 능력(타인과의 감정과 사고 공유)
- 스트레스와 위기를 극복할 수 있는 사람

21세기형 인재의 필수 조건	
우수한 학습 지능(IQ)	탁월한 감성 지수(EQ)
높은 사회성 지수(SQ)	빼어난 도덕성 지수(MQ)

자료 : 이은화 외(2004). 유아기 자녀를 위한 총체적 부모교육 프로그램. 창지사.

Q 미래사회에서 살아가게 될 여러분의 자녀들을 한번 상상해 보세요. 어떤 사람이 환영받을까요? 그림(마인드맵)으로 표현해봅시다.

교사용 자료 Ⅲ-1-T75 미래형 인재 양성을 위한 부모의 역할

미래사회를 살아갈 우리의 자녀! 부모의 역할은?

- 오늘의 자식에서 미래의 자식으로 : 미래를 보는 장기적 교육 목표
- 나의 자식에서 우리의 자식으로 : 더불어 살아가는 사회의 주인으로
- 이기적 개성에서 이타적 개성으로 : 다른 사람의 개성이나 능력과의 조화
- 단순한 수재에서 도덕적인 재능인으로
- 순응성에서 도전성으로 : 순응성은 단순한 적응력을 일컫는 것 → 적극적인 사고방식, 문제해결능력

구 인

• 삼일동안 밤을 새울 수 있는 사람	(건강)
• 삼일동안 놀 수 있는 사람	(여유)
• 노래방에서 서른 곡은 부를 수 있는 사람	(오락)
• 아버지 시계를 분해해 본 경험이 있는 사람	(호기심)
• 세 개 국어는 다 못해도 세 개 나라 이상을 배낭여행한 사람	(경험)
• 서울역에서 고속 터미널까지 걸어가 본 사람	(활동)
• 못생긴 파트너를 만나도 세 시간은 봉사하는 사람	(인내)
• 비 오는 수요일에 빨간 장미를 사 본 사람	(심미, 정서)
• 차비를 몽땅 친구에게 주고 자기는 걸어가는 사람	(자선)
• 학교를 가다말고 무작정 여행을 떠나본 사람	(결단)

☞ 이런 사람 대환영

〈어느 회사의 구인광고에서〉

친구들에게 환영받는 아이로 키우는 방법은 무엇일까요?

- 부모의 양육 태도와 자녀
- 민주적인 부모 : 자녀의 자율성을 인정하고 자녀에게 적합한 규칙을 정하며 합리적이고 일관성 있는 태도로 양육
  ▶ 생기발랄하고 행복한 어린이, 높은 자아감과 자기 통제력을 가진 아이
- 독재적인 부모 : 자녀의 자율성을 제한하는 것을 미덕으로 생각하고 성인에게 순종하는 것에 가치를 두고 양육
  ▶ 걱정이 많고 위축된 어린이, 좌절감을 느낄 때 적대적인 행동을 하는 어린이

- 허용적인 부모 : 자녀의 충동과 행동을 거의 제한하지 않고 수용하면서 양육
  - ▶ 충동적이고 순종하지 않으며 반항적인 어린이, 성인에게 의존적이고 요구가 많은 어린이, 과제를 수행할 때 끈기가 없는 어린이
- 무관심한 부모 : 자녀에게 요구하지도 않고 반응하지도 않으며, 헌신하지 않고 양육
  - ▶ 애착관계 결여, 인지, 놀이, 정서, 사회적 기술이 부족, 공격적이고 자기-과시적 행동을 하는 어린이

자료 : 이은화 외(2004). 유아기 자녀를 위한 총체적 부모교육 프로그램. 창지사.

미래형 인재의 10가지 유형

1. 돌고래형 인재 : 분위기를 즐겁게 할 줄 아는 사람

돌고래를 보면 머리가 좋은 동물이면서 장난치기를 좋아한다. 어울려 놀며 즐거워할 줄 아는 능력을 지닌 사람을 바로 돌고래형 인간이라고 할 수 있다. 유머가 있다는 것은 삶의 여유가 있어야 가능하다. 매사에 밝은 면을 볼 줄 알고 긍정적인 사고를 하는 사람이 행복을 느낄 수 있다. 엉뚱한 소리를 잘하는 사람은 고정관념에 사로잡히지 않는 유연성이 있다. 어려운 상황에서도 미소 지을 수 있는 한마디의 유머를 던질 수 있는 사람이 미래사회에 필요한 인재이다.

- 교육 Tip _ 아이의 말에 자주 웃어준다. 아이와 함께 우스갯소리를 찾아본다.

2. 청개구리형 인재 : 엉뚱한 생각이나 행동을 잘하는 사람

청개구리형 인재란 엉뚱한 소리를 잘하고 새로운 아이디어를 잘 내는 역발상의 소유자들을 말한다. 미래사회가 창조력을 필요로 하는 만큼 개인의 창의성은 중요한 위치를 차지하게 된다.

- 교육 Tip _ 질문을 많이 하게 한다. 다른 사람과 비교하지 않는다.

3. 열정형 인재 : 자신의 일에 애정을 갖고 행복을 느낄 줄 아는 사람

열정형 인재란 적성에 맞는 일을 즐거운 마음으로 하는 사람, 자기 직업에 광적인 열정을 지닌 사람을 말한다. 21세기에는 우리의 인생관과 직업관도 새롭게 바뀌어야 할 것이다.

- 교육 Tip _ 아이가 스스로 시작할 때까지 기다려준다.
  자신의 방은 스스로 정리하게 한다.

4. 긍정형 인재 : 긍정적인 사고와 적극적인 태도를 가진 사람

선진국에서는 긍정적 사고를 성공의 주요 인자로 꼽는다. 낙천성을 성공의 필수요인으로 꼽기도 한다. 인생을 사랑하고 긍정적인 사고와 적극적인 태도로 미래에 도전하는 성품을 길러야 한다.

- 교육 Tip _ 아이와의 애착관계를 돈독히 한다.

5. 창의형 인재 : 다른 사람과 다르게 생각할 줄 아는 사람

앞으로의 사회에서 가장 강조되는 것은 창의성이 뛰어난 사람이다. 똑같은 사물을 보더라도 남다르게 생각하는 사람이 되어야 한다. 똑같은 모습, 똑같은 생각으로는 다른 사람보다 뛰어날 수 없다.

- 교육 Tip _ 실수하더라도 나무라지 않고 격려해준다. 집안에 아이가 가지고 놀 수 있는 공작도구를 장만한다. 주변의 상황을 잘 관찰하게 한다.

6. 실천형 인재 : 주변의 말에 귀 기울이면서도 자신의 생각을 실천할 용기를 지닌 사람

빌 게이츠는 하버드 대학 시절 주변의 반대에도 자신의 생각이 옳다는 생각에 끝까지 결심을 밀고 나가며 결국은 마이크로소프트사를 세계적인 기업으로 키워냈다. 지도자라는 존재는 여러 의견 중 가장 올바른 것을 선택할 줄 아는 능력을 가져야 한다. 생각을 올바르게 정리하고 실천할 줄 아는 사람으로 자라기 위해서는 어려서부터 자신의 판단 하에 실패와 성공을 거듭해야 한다.

- 교육 Tip _ 어릴 때부터 자신의 물건을 선택할 기회를 준다. 책임지는 연습을 시킨다.

7. 문제 해결형 인재 : 문제 해결 능력이 뛰어난 사람

21세기 지식창조의 사회에서는 정보를 수집하고 문제를 해결하는 능력을 갖추어야 현대사회에서 살아남을 수 있다. 정보의 홍수 속에서 제대로 된 정보를 추출해내고, 올바른 의사결정을 내리기 위해서는 문제 해결 능력이 뛰어나야 한다. 지도자의 가장 중요한 임무 중 하나가 최종 의사결정이라고 할 수 있다.

- 교육 Tip _ 문제를 주고 난 후 해답을 너무 빨리 주지 않는다. 어떤 새로운 생각이 떠오르면 그 생각을 계속하게 한다. 나만의 방법으로 풀 수 있게 도와준다. 중요한 것과 중요하지 않은 것을 가려내도록 도와준다. 해답 대신 힌트를 준다.

8. 감성형 인재 : IQ보다 EQ가 뛰어난 사람

감성지능이 높은 사람이 자기 자신을 잘 다스려 사회적으로 인정을 받게 된다. 특히 EQ는 감성지수와 밀접한 관계가 있는 만큼 남을 배려하고 화합하는 능력을 높여준다. 또한 앞으로의 사회가 창의성을 중요시하는 만큼 창의성의 기본 바탕이 되는 감성능력이 필요하다.

- 교육 Tip _ 친구들과 자주 어울릴 수 있게 한다.

9. 도전형 인재 : 실패를 두려워하지 않고 도전할 줄 아는 사람

매사에 도전하는 자세를 갖는 사람들은 실패를 두려워하지 않기 때문에 성공할 가능성이 높아진다. 도전 정신을 가진 아이들은 창의성을 계발하는 데 더욱 이로운 위치를 차지한다. 남들이 해보지 않은 것, 실패할지도 모르는 것에 대한 호기심을 가진 사람은 의욕이 강하기 때문에 학습 의욕도 높아진다.

- 교육 Tip _ 아이가 하는 대로 지켜본다.

10. 투명형 인재 : 도덕 수준이 높은 사람

21세기 고도 정보화 사회는 투명사회다. 모든 것이 전자적으로 점검되고 검증될 수 있다. 많은 정보사회 학자들은 어려서부터 MQ(도덕성 지수)를 높여야 정보사회의 적응력이 높아진다는 것을 강조하고 있다. 깨끗한 사람일수록 지도력을 가진 사람으로 대우받게 된다.

- 교육 Tip _ 아이들의 잘잘못을 즉각 판단해주어야 한다.

자료 : Lots of Love 블로그

학습자료 III-1-S92

미래사회의 부모의 책임과 리더십

☐ 학년 ☐ 반 ☐ 번 이름: ☐

부모됨과 나의 인생계획

■ 제시된 문장을 완성해 보세요. 처음에 떠오른 생각을 적어보세요.

( ) 나는 ______ 을 마치고 싶다.
( ) 올해 말까지 나는 ______ 을 하기를 원한다.
( ) 내가 졸업을 하면, 나는 ______ 을 하고 싶다.
( ) 나는 ______ 을 위해 충분한 돈을 벌고 싶다.
( ) 내가 갖고 싶은 직업은 ______ 이다.
( ) 나는 ______ 한 친구가 되고 싶다.
( ) 내가 정말로 시도하고 싶은 것은 ______ 이다.
( ) 내가 정말로 가고 싶은 장소는 ______ 이다.
( ) 내가 더 많이 발전시키고 싶은 특성 중의 하나는 ______ 이다.

■ 부모의 역할수행에 더욱 필요하다고 생각하는 목표를 찾아 ( ) 안에 ✓표를 해보세요.

Q 부모가 됨으로써 영향을 받을 목표의 수는 모두 몇 개인가요? ( )개

Q 미래사회의 부모됨 준비(결정)가 여러분의 미래 목표에 어떻게 영향을 미칠까요?

Q 미래사회의 부모됨 역할 수행에 필요한 자원에는 어떤 것이 있을까요?

Q 이 사회에 기여할 미래형 인재 양성을 위한 미래형 부모의 자질에 대해 토론하고 그 준비를 위한 우리의 자세를 토론하여 정리해 봅시다.

교사용 자료 III-1-T76 새롭게 요구되는 미래형 리더의 자질

새롭게 요구되는 미래형 리더의 자질 : 변혁적 리더십

부모에게 요구되는 리더십도 변화한다. 미래형 인재 양성을 위한 미래형 부모는 변혁적 리더십을 가지기를 요구한다. 변혁적 리더십을 가진 부모의 특성을 나열하면 다음과 같다.

- 자녀의 욕구에 민감하다.
- 가치 지향적이다.
- 불확실성, 모호성, 복잡함을 다룰 수 있는 능력을 가진 변화 담당자이다.
- 신중한 위험 부담자이다.
- 평생 실습자의 자세를 지닌다.
- 비전을 제시한다.

미래를 여는 5가지 보물지도

성공한 사람들이 어떻게 하는지를 배워서 그대로 따라할 수 있다면 누구나 성공할 수 있다. 지난 세기, 조직에서 큰 성취를 이루었던 성공한 리더들의 리더십을 연구하고 공통된 테마를 추출하여 제시하면 다음과 같다.

- Take 1. 길잡이 비전 : 꿈과 비전을 가져라
- Take 2. 진실성 : 신념과 가치에 따라 행동하라
- Take 3. 관계 형성 : 상호 협력하라
- Take 4. 창조성 : 미래를 창조하라
- Take 5. 도덕성 : 옳은 일을 선택하라

자료 : 서상태(2005). 미래를 여는 5가지 보물지도. 위즈덤 아카데미.

스트레스에 강한 아이로 기르는 방법은

- 원기 왕성하고 생활에 흥미를 가지고 있다.
- 목적의식이 뚜렷하고 긍정적 자아상을 가지고 있다.
- 인생에 대해 긍정적이고 희망찬 전망을 가지고 있다.
- 행복해하고 만족스러워 한다.
- 성공에 대한 확인을 가지고 있고 타인들에 의해 긍정적으로 강화 받는다.
- 신뢰성이 있다.
- 가족과 동료에게 소속되어 있다고 생각한다.
- 동년배에 소속감이 있다.
- 강력한 지원의 조직망이 있다.
- 주변 환경이 안정되어 있다.

참 고 문 헌

동영상

http://dory.mncast.com/mnc_movie.swf?movieID=638 | N20066964242 레나 마리아

http://www.kbs.co.kr/2tv/sisa/happytopia/vod/1238919_1144.html 아버지의 짐 자전거(TV 동화 행복한 세상)

http://www.kbs.co.kr/2tv/sisa/happytopia/vod/1238883_1144.html 어미새의 사랑(TV 동화 행복한 세상)

http://www.kbs.co.kr/2tv/sisa/happytopia/vod/1239293_1144.html 딸이 차려 준 밥상(TV 동화 행복한 세상)

http://www.kbs.co.kr/2tv/sisa/happytopia/vod/1239294_1144.html 잔소리꾼 딸(TV 동화 행복한 세상)

http://www.kbs.co.kr/2tv/sisa/happytopia/vod/1239193_1144.html 보따리 싸는 엄마(TV 동화 행복한 세상)

http://www.kbs.co.kr/2tv/sisa/happytopia/vod/1317378_1144.html 이런 부모가 되겠습니다(TV 동화 행복한 세상)

http://www.kbs.co.kr/2tv/sisa/happytopia/vod/1317268_1144.html 이런 자녀가 되겠습니다(TV 동화 행복한 세상)

http://www.akyangm.net/bbs/view.php?id=lifestory03&page=1&sn1=&divpage=1&sn=off&ss=on&sc=on&select_arrange=headnum&desc=asc&no=251 부모님을 닦아드린 적이 있나요

http://www.yes24.com/home/chyes/story_viewer.asp?mediaFileKey=1189236&AK=330696&pretty=48 세 가지 질문(YES24 플래시 동화)

http://www.yes24.com/home/chyes/story_viewer.asp?mediaFileKey=4103790&AK=118755&pretty=56 언제까지나 너를 사랑해(YES24 플래시 동화)

http://www.yes24.com/home/chyes/story_viewer.asp?mediaFileKey=4180252&AK=1404597&pretty=74 네 모습 그대로 사랑한단다(YES24 플래시 동화)

http://exterior.mgoon.com/mulpi/Mov/ExtLinkViewInfo.aspx?goView=View&mulpi_id=heyfrog&boardType=V&BoardNo=1&idx=54270 차인표 · 신애라 부부 입양 기사

http://taigyo.com/bbs/view.php?id=mpeg&page=1&sn1=&divpage=1&category=1&sn=off&ss=on&sc=on&select_arrange=headnum&desc=asc&no=90 태교는 과학이다

http://taigyo.com/bbs/view.php?id=mpeg&page=1&sn1=&divpage=1&category=4&sn=off&ss=on&sc=on&select_arrange=headnum&desc=asc&no=13 제왕절개술의 나라

http://www.mom-baby.org/together/2004/flash.asp 모유송

http://www.kbs.co.kr/1tv/sisa/health/index.html 생로병사의 비밀 - 엄마 젖의 힘(2005년 8월 2일 방영)

http://www.kbs.co.kr/1tv/sisa/health/index.html 생로병사의 비밀 - 엄마 젖먹이기 성공 5계명(2005년 9월 27일 방영)

http://news.naver.com/news/read.php?mode=LOD&office_id=055&article_id=0000020793 짐승처럼 방치… 버려진 아이들(SBS TV 2004년 5월 4일)

http://news.naver.com/news/read.php?mode=LOD&office_id=052&article_id=0000035795 세 남매 방치한 아버지 자수(YTN TV 2004년 5월 5일)

참고 사이트

http://cartoon.stoo.com 우리의 미래(만화)

http://www.marineblues.net/ 옷가게에서 일어나는 상황(만화)

http://cafe.naver.com/mindcare.cafe 애니어그램과 게슈탈트-자신을 찾아서

http://www.kesi39.or.kr/main/main.php 한국애니어그램영성연구소

www.hyodohaja.com 가족우표, 박 켜기, 부모의 자식사랑, 오리날다(그림)

http://photo.parn.com 신발(그림)

http://www.mom-baby.org/ 함께해요! 엄마 젖~

http://www.mom-baby.org/together/together04.asp 2004년 엄마젖 대국민 홍보작품 공모전 입상작(라디오 CM & 만화 & 포스터), 대한가족보건복지협회 주최

http://www.hangeul.or.kr/cgi-bin/hanboard/read.cgi?board=klt_main&y_number=391&nnew=2 토끼의 숨겨진 사랑(글)

http://www.sosmamma.com 정순옥 모유수유 클리닉

http://blogfiles9.naver.net/data1/2004/7/31/24/10m35421m0.jpg 아름다운 소통(사진)

http://www.ebs.co.kr/Contents/VODList1.asp?category=A02B06C03D01E00&progcd=0001220 EBS 영상자료 5부작 아기 성장보고서

http://blog.naver.com/n22d 지하철 상상(만화)

http://blog.empas.com/deoinga/11383914 우리들의 아기는 살아있는 기도라네(노래)

http://blog.naver.com 부모자격증 시대, 부모칼럼(2005년 4월 6일)

http://www.cacpk.org/ 소비자시민모임

http://www.momilk.co.kr 한국모유수유협회
www.ausung.net 아우성
http://taigyo.com/ 박문일 교수의 태교닷컴
www.sansaeng.org 상생 -> 태아의 발달과정
http://www.momilk.co.kr 한국모유수유협회
http://www.childabuse.or.kr 한국복지재단
http://www.carecamp.com 자살충동 예방 테스트
http://www.kyci.or.kr 한국청소년상담원
http://www.maumsarang.co.kr 마음사랑심리상담센터
http://yesucan.co.kr 임상심리연구소
http://www.kidsq.co.kr 키즈큐
http://ijaram.com 아이자람 교육연구소
http://www.ppfk.or.kr 인구보건복지협회

참고 서적

게리 채프먼, 장동숙 옮김(1997). 5가지 사랑의 언어. 생명의 말씀사.
게리 채프먼, 장동숙 옮김(1998). 자녀를 위한 5가지 사랑의 언어. 생명의 말씀사.
김상복(2004). 엄마, 힘들 땐 울어도 괜찮아. 21세기북스.
김연주 글/고영희 그림(2004). 모유수유, 태교보다 중요하다. 현암사.
김정원(1995). 적응심리에서의 동기와 학습. 상조사.
김현주 · 송은경 · 신혜영(2000). 현장중심 부모교육. 양서원
노경실 글/심은숙 그림(2002). 우리 아빠는 내 친구. 시공주니어.
동덕여자대학교 국정도서 편찬위원회(2004). 인간발달. 교육인적자원부.
레나 마리아, 유석인 옮김(2003). 발로 쓴 내 인생의 악보. 토기장이.
레나 마리아, 유석인 옮김(2002). 해피데이즈. 토기장이.
문미옥(2001). 예비부모교육. 양서원.
민하영 · 윤혜경(2002). 부모교육. 도서출판 양지.
박성연 외(2004). 부모교육. 교육과학사.
박성연 · 김상희 · 김지신 · 박응임 · 전춘애 · 임희수(2003). 자녀와의 진정한 만남을 위한 부모교육. 교육과학사.
박성익(1990). 수업 탐구 방법: 수업모형 · 수업전략 · 수업평가. 교육과학사.
박철(2000). 걸리면 다 행복해. 은행나무.
베르나 티키 퀴스텐마허 · 로타르 J. 자이베르트, 유혜자 옮김(2002). 단순하게 살아라. 김영사.

서상태(2005). 미래를 여는 5가지 보물지도. 위즈덤 아카데미.
숀 코비, 김경섭 · 유광태 옮김(2005). 성공하는 10대들의 7가지 습관. 김영사.
스티브 비덜프 · 샤론 비덜프, 전순영 옮김(2002). 아이에게 행복을 주는 비결 1. 북하우스.
스티브 비덜프 · 샤론 비덜프, 전순영 옮김(2002). 아이에게 행복을 주는 비결 2. 북하우스.
신용주 · 김혜수(2002). 새로운 부모교육. 형설출판사.
심우엽(2000). 교육 심리학. 교육과학사.
앤서니브라운, 허은미 옮김(2001). 돼지책. 웅진닷컴.
양원석(2003). 똑똑한 아이보다 행복한 아이로 키워라. 도서출판 이미지.
양원석(2003). 준비하는 자의 미래 심기. 도서출판 이미지.
오영희 · 엄정애(1997). 부모와 자녀. 동현출판사.
용혜원(2004). 함께 있으면 좋은 사람 1. 책 만드는 집.
유안진 · 김연진(1977). 부모교육. 동문사.
유영주 · 김경신 · 김순옥(1996). 가족관계학. 교문사.
유현민(2002). 행복 수첩 속의 이야기. 예문당.
유재덕(1999). 청소년을 변화시키는 이야기 131가지. 도서출판 호산.
이달석(1997). 교육심리학. 학지사.
이숙 · 우희정 · 최진아 · 이춘아(2002). 부모교육. 학지사.
이숙희 · 고인숙 · 최향순(2003). 현대부모교육론. 교육아카데미.
이은화 외(2004). 유아기 자녀를 위한 총체적 부모교육 프로그램. 창지사.
이정덕 · 김경신 · 문혜숙 · 송현애 · 김일명(2000). 결혼과 가족의 이해. 학지사.
장차현실(2003). 엄마, 외로운 거 그만하고 밥 먹자. 한겨레신문사.
전성연 · 최병연 공역(1999). 학습동기. 학지사.
정현숙(2004). 결혼완전정복. 도서출판 신정.
정현숙 외(2003). 부모학. 도서출판 신정.
정종진(1996). 학교 학습과 동기. 교육과학사.
제니 오버렌드 글/줄리 비바스 그림(2000). 아가야, 안녕? 사계절.
조문현 글/넥스트그림공장 그림(2000). 업어주는 자동차. 두산동아.
한준상(2003). 학습학. 학지사.
코다마 미츠오, 백휘정 옮김(2004). 자연스럽게 몸에 배는 머리가 좋아지는 습관. 베텔스만.
토마스 버니, 한양심 옮김(2002). 신세대 엄마의 고감성 태교법. 나라원.
Keller, J.M., 송상호 옮김(2001). 매력적인 수업설계: 주의집중, 관련성, 자신감 그리고 만족감. 교육과학사.

✕ 참고 신문

경향신문 2005년 8월 5일자

동아일보 2004년 1월 12일자

dongA.com 대구 2003년 2월 18일자

미디어 다음 2005년 6월 23일자

서울신문 2004년 11월 27일자

세계일보 2004년 11월 26일자

세계일보 2005년 5월 19일자

소년한국일보 2006년 1월 13일자

조선일보 2004년 3월 25일자

조선일보 & chosun.com 2005년 3월 7일자

조선일보 2005년 2월 6일자

조선일보 2005년 3월 15일자

조선일보 2005년 4월 13일자

조선일보 2005년 7월 27일자

조선일보 2006년 4월 12일자

주간조선 2004년 10월 21일자

중앙일보 2004년 11월 1일자

중앙일보 2005년 4월 14일자

중앙일보 2005년 5월 16일자

중앙일보 2005년 7월 4일자

한겨레신문 2003년 12월 24일자

한겨레신문 2004년 4월 11일자

한겨레신문 2004년 11월 14일자

한겨레신문 2006년 2월 7일자

✕ 참고 논문 및 학회지

구영순(1997). 협동학습을 적용한 수업에 관한 연구: 고등학교 가족관계 영역을 중심으로. 한국교원대학교 석사학위논문.

김금옥 · 김명자(2000). 협동학습이 가정과목의 학습성취도와 학습태도에 미치는 영향. 한국가정과교육학회지, 12(3), 171~181.

김소라(2002). 가치명료화 이론을 적용한 가정과 옷차림단원 교수-학습 과정안 개발 및 효과. 한국교원대학교 석사학위논문.

김윤경(2001). 문제중심학습(PBL)에 의한 수업이 학생들의 내적동기 및 사회성에 미치는 효과: 고등학교 가정과 주거의 계획과 관리 단원을 중심으로. 중앙대학교 석사학위논문.

김재광 · 채정현(2001). 교사의 관심(CRAM모형)에 기초한 실천적 추론 가정과 수업의 실행 과정에 대한 연구. 한국가정과교육학회지, 13(3), 1~12.

김종로(2000). 중학교 실업 교과에서 남학생의 가정교육 의식에 관한 연구. 울산대학교 석사학위논문.

문성희(1999). 식생활 단원에 적용한 실천적 추론 수업이 여고생의 도덕성에 미치는 효과. 한국교원대학교 석사학위논문.

문성희 · 채정현(2001). 식생활 단원에 적용한 가정과 실천적 추론 수업이 여고생의 도덕성에 미치는 효과. 한국가정과교육학회지, 13(3), 119~130.

문정숙 · 김여숙(2001). 중학교 남학생의 가정교과에 대한 태도 연구. 생활과학연구, 5, 145~164.

박미정(2000). 고등학교 가정과 교육에 대한 학생과 학부모의 인식 및 영역별 필요도. 강원대학교 석사학위논문.

박미정 · 채정현(2002). ICT를 활용한 가정과 Web 기반 문제해결 학습환경의 개발. 대한가정학회지, 40(7), 69~82.

변현진(1999). 실천적 추론 가정과 수업이 비판적 사고력에 미치는 효과: 가족관계와 자원관리 단원을 중심으로. 한국교원대학교 석사학위논문.

변현진 · 채정현(2002). 실천적 추론 가정과 수업이 비판적 사고력에 미치는 효과 검증. 한국가정과교육학회지, 14(3), 1~9.

오현주 · 홍성야(1997). 인천시내 남녀 중학생의 가정교과에 대한 인식 및 학습 효과에 대한 연구. 한국가정교육학회지, 9(1), 19~37.

유은영(2001). 맵(map)식 자료제작 활동을 통한 협동학습 교수-학습과정안 개발 및 적용. 한국교원대학교 석사학위논문.

윤기영 · 서지영(2001). 부모교육 프로그램에 관한 최근 연구 동향 분석. 서원대학교 교육발전, 20(1), 1~14.

윤복순 · 채정현(1998). 남녀 고등학생이 인식한 실천적 문제 중심 가정과 수업의 효과. 대한가정학회지, 36(5), 151~166.

이미숙(1999). 중학교 가정교과 인식에 관한 연구. 한국교원대학교 석사학위논문.

이수영(2001). ARCS 전략을 적용한 수업이 초등학교 학생들의 과학 관련 동기 유발에 미치는 효과. 한국교원대학교 석사학위논문.

이은정 · 신상옥(1992). 중학교 가정과 교육에 대한 인식 및 교과영역별 필요도에 관한 조사 연구. 한국가정과교육학회지, 4(1), 17~30.

이장춘(1998). ARCS 동기요소를 활용한 수업전략이 사회과 학습에 미치는 영향. 안동대학교 석사학위논문.

이재복(1999). 협동학습 교수 · 학습 과정안 개발 및 협동학습이 자아 존중감에 미치는 효과: 가정과 중 2 식생활 단원을 중심으로. 한국교원대학교 석사학위논문.

이준임(1997). 제 6차 가정과 교육과정에 대한 남녀 중학생의 학습 내용 흥미도와 실생활 적용도. 고려대학교 석사학위논문.

이학주(1987). 실천의 의미와 교육. 인천교육대학교 논문집. 21(1), 343~365.

이현미(1999). 실천적 추론 가정과 수업이 여고생들의 창의성에 미치는 효과. 이화여자대학교 석사학위논문.

채정현(1999). 실천적 추론 가정과 수업이 한국 여고생들의 의사결정 능력에 미치는 효과 및 의사결정 능력과 관계하는 요인. 대한가정학회지, 37(3), 43~61.

채정현 · 유태명 · 박미정 · 이지연(2003). 실천적 추론 가정과 수업이 중학생의 도덕성에 미치는 효과. 대한가정학회지, 41(12), 53~68.

채정현 · 유태명(2006). 실천적 추론 수업이 중학생의 자아존중감에 미치는 효과. 한국가정과교육학회지, 18(1), 31～47

최기옥 · 채정현(2000). 중학교 가정과 '인간발달과 가족관계' 영역에서 Gordon의 창의적 문제 해결법의 적용. 한국가정과교육학회지, 12(3), 1~17.

최병연(2002). 자기 결정성 학습동기이론의 교육적 적용. 교육문제연구, 16, 165~184.

황옥주(2001). 집단 유형에 따른 비지시적 수업이 학업성취도와 학습태도에 미치는 영향: 피복 재료 단원의 실험수업 중심으로. 한국교육대학교 석사학위논문.

외국 서적

Arcus, M. E.(1997). Alternative theories of ethical thought. In Thinking for Ethical Action in Families and Communities. AAFCS.

Baldwin, E.E.(1997). Ethical action for policy affecting families: The role of critical theory. In Thinking for Ethical Action in Families and Communities. AAFCS.

Brown, M. M.(1978). Home economics: A definition. AHEA.

Brown, M. M.(1980). What is home economics education? University of Minnesota, Minnesota Research and Development Center for Vocational Education.

Bubolz, M.M. & Clifford, M.C.(1997). A Framework for creating a shared moral ecology in family and consumer Sciences. In Thinking for Ethical Action in Families and Communities. AAFCS.

Coombs, J.R.(1997). Practical reasoning: What is it? How do we enhance It? In Thinking for Ethical Action in Families and Communities. AAFCS.

Gadamer, H.G.(1988). Foundation of a Theory of Hermeneutical Experience. Truth and Method. New York: Crossroad.

Joanna Kister, Sandra Laurenson(1995). PARENTING RESOURCE GUIDE. The Ohio State University.

Keller, J. M.(1983). Motivational design of instruction. In C. M. Reigeluth(Ed.), Instructional design theories and models: An overview of their current status. Hillsdale, NJ : Lawrence Erlbaum Associates.

Keller, J. M.(1987). Development and use of the ARCS model of instructional design. Journal of Instructional Development, 10(3), 2~10.

Ohio Department of Education(1993). Work and Family Life Guide. Columbus, OH.

Slater. E.C.(1992). Relationship. EMC corporation.

Thomas, R.G.(1997). Thinking for Ethical Action in Families: Family and Consumer Sciences Meanings. In Thinking for Ethical Action in Families and Communities. AAFCS.

저자소개

채정현 _ 현재 한국교원대학교 가정교육과 교수이며 가정교육철학, 가정과 교재연구, 현대 사회와 가정 등의 수업을 담당하고 있다. 연세대학교 교육대학원을 거쳐 미국 오하이오주립대학교에서 가정교육전공으로 박사 학위를 취득했다. 교사를 대상으로 주로 가정과철학, 가정과교수법, 교육과정 등에 대한 연수를 여러 해 동안 해왔다. 주요 연구 내용은 실천적 추론 교수법, 새로운 교재 개발, 교육평가, 가정학철학 등이 있다.

박미정 _ 현재 신갈중학교 가정과 교사이며 함께하는 사이버 가정교실(http://homeedu.new21.org)을 운영하고 있다. 한국교원대학교 가정교육과 1회 졸업생이며, 동대학원에서 'ICT를 활용한 가정과 웹 기반 문제해결 학습환경의 개발 및 적용' 으로 석사 학위를, '가정과교육의 미래 발전 전략 탐색: 정체성과 임파워먼트 및 비전을 중심으로' 로 박사 학위를 취득했다. 우리 학생들의 삶(현재와 미래)에 긍정적 · 실천적으로 도움을 줄 수 있는 재미있는 가정과수업 및 교재 개발에 관심을 가지고 있다.

김성교 _ 경북대학교 사범대학 가정교육과를 졸업하고 영남대학교 교육대학원, 한국교원대학교 대학원에서 현장의 가정과교육 관련 논문으로 석사 학위를 받았다. 배우는 즐거움에 푹 빠져 한국교원대학교 대학원 박사 수료를 하고 현재 가정과 교사교육에 관하여 연구 중이다. 일본 큐슈 대학 및 후쿠오카 교육대학에 파견 근무한 경력이 있으며 현재는 경북 포항에 있는 상도중학교 가정과 교사로 근무 중이다.

유난숙 _ 현재 안양고등학교 가정과 교사이다. 서울대학교 농과대학 농가정학과를 거쳐 한국교원대학교 가정교육학과 석사과정을 마치고, 동대학원 박사과정을 밟고 있는 중이다. 가정의 행복을 위해 가정과교육이 한 몫 할 수 있다는 기대를 하며, 가정과교육의 밝은 미래를 위해 공부하고 있다. 인생의 든든한 동반자 남편과 예쁜 두 딸이 있다.

유미숙 _ 한국교원대학교 가정교육과 1회 졸업생이며, 동대학원에서 동기유발 전략을 적용한 가정과수업에 관한 논문으로 석사 학위를 취득했다. 실천적이며 흥미로운 가정과수업을 위한 연구에 관심이 많으며, 현재 부산 모라중학교 가정과 교사로 재직 중이다.

김성희 _ 경기도 일산동중학교 가정과 교사로 근무하다가 한국교원대학교 대학원에 파견받아 학교 평생교육을 가정과와 접목시킨 논문으로 석사 학위를 받았다. 책을 만들기 위해 쓸 만한 수업자료를 뒤적이던 그 시기부터 새로운 생명의 태동을 느껴가며 뱃속 아가와 함께 작업에 몰두했으며 지금은 육아휴직 상태로 사랑스런 아가의 재롱과 함께 삶의 소소한 행복을 느끼며 살고 있다.

교실 속에 들어간 따뜻한
부모준비교육

초판 1쇄 인쇄 2006년 7월 20일
초판 1쇄 발행 2006년 7월 25일

지은이 채정현 외
펴낸이 류 제 동
펴낸곳 ㈜교 문 사

책임교정 조현주
본문편집 우은영
표지디자인 반미현
제작 김선형

우편번호 413-756
주소 경기도 파주시 교하읍 문발리 출판문화정보산업단지 536-2
전화 031) 955-6111 (代)
FAX 031) 955-0955
등록 1960. 10. 28. 제1-2호
홈페이지 www.kyomunsa.co.kr
E-mail webmaster@kyomunsa.co.kr

ISBN 89-363-0802-5(93590)

값 17,000원

* 잘못된 책은 바꿔 드립니다.